平和のための安全保障論

軍事力の役割と限界を知る

渡邊 隆

かもがわ出版

まえがき
――映画「空母いぶき」のこと

「日本の南西諸島の一角、初島という孤島に東南アジアの新興国東亜連合の武装勢力が上陸、占拠。海上保安庁の巡視艇が襲撃され保安官が拉致されてしまう。自国民保護と領土の回復・保全のため空母いぶきを中心とする護衛艦隊が出動、島を巡って日本と東亜連合の戦争が勃発する……」

これは、映画「空母いぶき」の冒頭のシナリオです。シナリオという言葉は、脚本という意味のほかに、計画を実現するための具体的な筋道という意味があります。実は、軍隊・自衛隊はシナリオという言葉をよく使います。戦争や大きな作戦などの推移や流れ、そして作戦の転換点などを予測して作戦計画などを立案することを指します。また、訓練や演習などで部隊にどのような判断をさせ、どのように指揮下の部隊を行動させるのかを考えさせるために、天候や気象、敵の行動や、作戦地域の情勢などの状況を付与する計画をつくりますが、それはまさに映画や芝居のシナリオに相当します。

「空母いぶき」は、戦闘機パイロットから抜擢された異色の艦長と艦上勤務一筋のいぶし銀の副長をメインの登場人物として、空母を中心としたイージス艦、護衛艦、潜水艦からなる護衛隊群が救出に向かう途中の洋上で東亜連合という国の戦闘機、潜水艦の部隊と戦闘状態に突入するストーリーです。国土防衛の厳しい現実に真正面から向き合う現場の自衛官と多くの国民の声を受け止めながら専守防衛に徹しようとする政府首脳、現場の真実を国民に伝えようとするジャーナリスト、クリスマス前の賑やかな一般市民の生活などが混然としてドラマチックに描かれています。戦後、ほぼ三四半世紀続いた平和を根底から覆すシナリオは、我が国の安全保障上の現実に極めて近いリアリティなものと言えるでしょう（因みに、色々な配慮から映画は、敵の国名や戦場の島を架空にしていますが、原作のコミックでは、敵は中国、戦場は尖閣諸島となっていて、さらにリアルな内容になっています）。

フィクションとしてみれば、よくできているシナリオだと思いますが、現実の作戦としてみた場合、色々な疑問点も浮かんでくるのは事実です。特に戦闘の始まり方については大いに疑問があります。映画で描かれているのは防衛出動の前段階、すなわち武力行使に至らないグレーゾーンの戦いです。空母いぶきが戦うのは海上警備行動という警察権の行使なのです。しかし、外国の軍隊が我が国の領土を侵し、国民の安全が脅かされている事実が求めるのは国土防衛作戦そのもので、本来防衛出動で対処するべき事態なのではないかと思われます。

余談になりますが、「シン・ゴジラ」という怪獣映画では、ゴジラを倒すために「防衛出動」が下令されます。我が国の場合、領域内における武力の行使（国土防衛のための防衛出動）は、国会の承認が必要条件となります。すなわち、このような事態に至っても政府・国会が防衛出動を発動できないとすれば、いくら高性能の空母や戦闘機を持っていても意味がないのではないかとの思いはあります。

一方で、専守防衛とは軍事的なオプションではなく国家の政策です。その本旨は、他国の領域で武力を行使しないことであり、国際紛争に参加しないこと、すなわち国際紛争を解決するために武力を行使しないことであって、自衛権の発動とは異なるものです。

現場の自衛官から見れば、部隊の行動が国家間の全面的な武力の衝突につながる可能性があるとすれば、その指揮官の責任は重大であり、そのような判断を現場の指揮官に負わせることは国家のシステムとして問題があります。さらに、現場で行動する自衛官は、極めて曖昧な権限の下で自らの命を懸けるわけですから、その行動に国家は応える必要があるのではないでしょうか。

もちろん、自分の身を守る正当防衛や事態を看過すれば国民の生命や財産に被害が及ぶことを回避するための緊急避難は別です。それでも自己（この映画の場合は自艦）の防衛や自国民保護のための行動がいつの間にか国家間の戦争にエスカレートすることは、誰しも避けたいところでしょう。そのため、軍隊を有する国家では戦闘を開始するための具体的な条件や使用できる武器の種類、使用方法などが作戦の段階に応じて細かく規定されています。この規定を「交戦規定（ROE：Role of Engagement）」といいます。

そして平素から「交戦規定」に基づいて訓練することがシビリアンコントロールの本質なのです。

この交戦規定は「交戦権」に基づくという考え方もあります。実は我が国の憲法は「交戦権」を認めていません。すなわち戦争を放棄するがゆえに戦争に関する手順や決まりが定まっていないのです。ただし、この映画のように防衛出動以前の段階で相手国の軍隊が当初から確信犯的に行動する場合には、相手の行動に対して必要な措置をとるための部内の規定はあるはずです。

国土防衛作戦が、定められた手続きに基づき行われるよりさらに重要なことは、どのように作戦を終わらせるかという作戦の最終目標を確立することです。戦争は敵と我の意志のぶつかり合いです。自分の思い通りに作戦が推移しないこともある。目標が達成できなくなった場合、どうするのか、どこで我慢するのかを考えておくことが政治に求められることです。クラウゼヴィッツ曰く、「戦争は、異なる手段をもってする政治の延長である」（『戦争論』）とするならば、「政治（外交）は、異なる手段をもってする戦争の延長である」からです。

現代の民主主義国家において、安全保障や軍事における政治優越は当たり前のことになりました。一方で政治はどれだけ軍事について知っているでしょうか？　政治家や国家を主導する人々はどれだけ安全保障や軍事について学んでいるでしょうか？

この本は、退職した自衛官がとある大学で安全保障を教える機会を得て、学生とともに世界や我が国の安全保障に関連する色々なことを学んだ講義をまとめたものです。筆者は現役自衛官であった時より、退職した後の方が安全保障を学んでいるのではないかと考えています。もちろん現役時代にも真剣に安全保障を考えていました。しかし、学問的なことよりも現実の国土防衛や災害派遣に対し、組織や隷下《れいか》部隊（直属の部隊）をどのように動かすのか、部下隊員の安全を確保するためにどうすればよいかということに多くの関心があったことは事実です。それは、部隊行動の全責任が指揮官にあったからです。定年退官を迎え、多くの満足と少しの反省を感じ、もう一度最初から安全保障を学び、現在の若い学生とともに、戦争の本質や歴史そして世界や国家の安全保障を学ぶことが老兵の最後の仕事だと認識しています。

安全保障論（学）は、我が国の大学教育の中で明確な位置づけをされていない分野の学問です。それは、国際政治学、国際関係論をはじめ、戦争を中心とする紛争の世界史、日本史、そして科学技術やゲーム理論など非常に広範な分野を扱う学問です。

どのような国家であろうとも、国家の平和と独立を守ることは、極めて重要な問題であることは間違いありません。それが我が国においてあまり真剣に語られていないことに一抹の不安を感じているのは筆者ばかりではありません。そして一般の国民の方々の中に、近い将来について漠然とした不安や心配があることは事実だと思います。映画「空母いぶき」は、そのような不安の表れと見ることもできるのではないでしょうか。

クラウゼヴィッツは、戦争論のまえがきで「戦争の粗暴さを厭うあまり、その本質から目をそむけようとするのは、無益な努力であるだけでなく、道理に合わぬ努力でさえある」と述べています。何れの時代でも冷徹で合理的なものの考え方が問題解決の鍵を握るのだと筆者は確信しています。

もくじ

平和のための安全保障論——軍事力の役割と限界を知る

第1講

安全保障を学ぶために

安全保障の座標軸

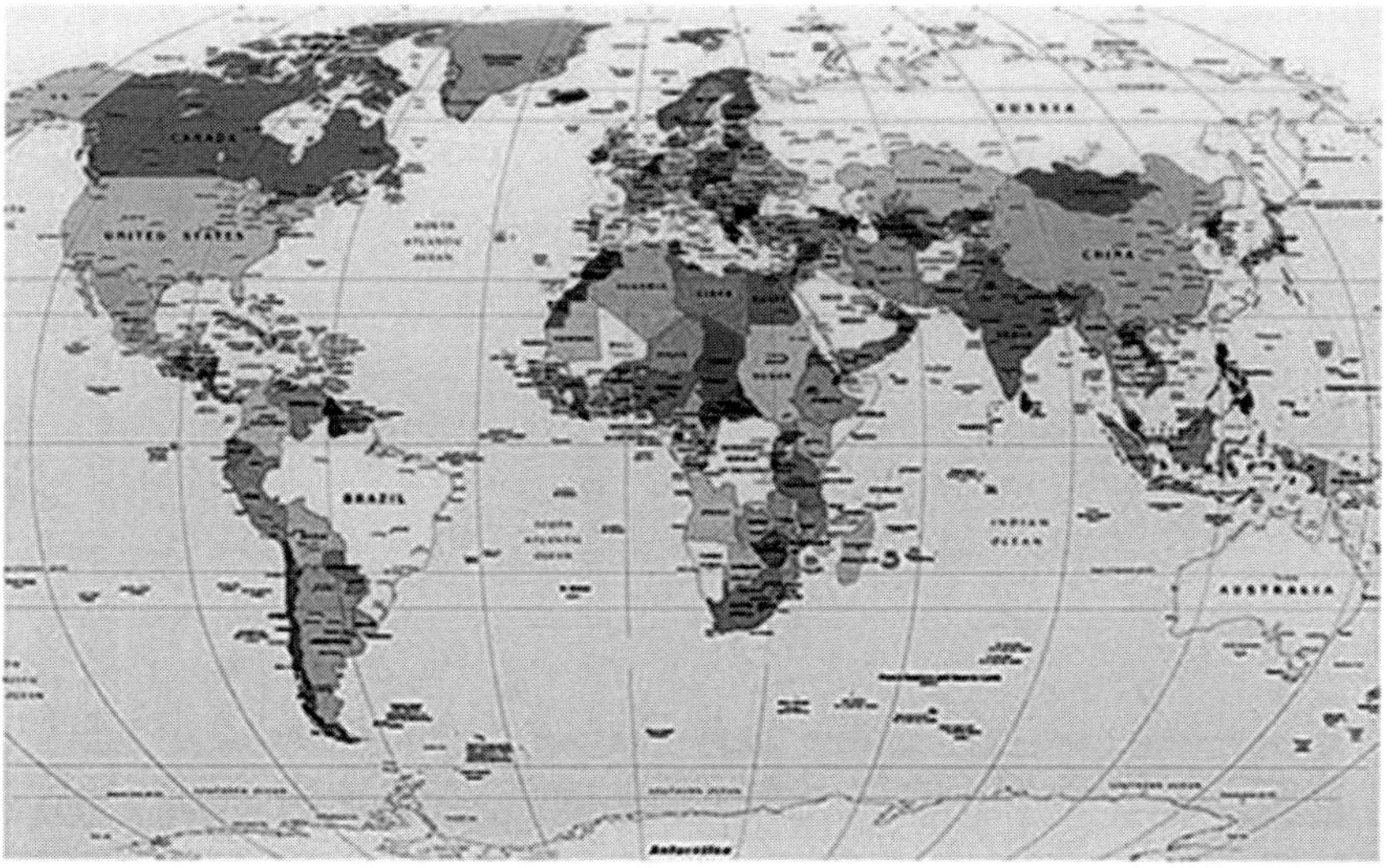

「安全保障」と聞いて皆さんは何を最初に想像するでしょうか？　国際政治、国際関係を思い浮かべた人、あるいは軍隊や兵器や戦争について考えた人、そして歴史、特に近代以降の世界史や戦争史・国際紛争を考えた人、様々だと思います。大学を含む日本の教育において、「安全保障論」は完全に確立された学問とは言い難いところがあります。その理由はいろいろあるのですが、その説明は講義を進める中で皆さんと一緒に考えたいと思います。先ずは、安全保障の入り口、基礎からはじめましょう。

1　地図で地球を知る

最初に皆さんに地図を見てもらいます。

本講義の始まりは、毎回「世界地図」から始まります。色々な地図があります。その時のテーマに即した世界地図を皆さんに紹介します。

この講義は決して「地理」を学ぶ講義ではありません。しかし、実は地理学（Geography）は、「哲学（Philosophy）」と並んで諸科学の母と呼ばれる学問なのです。したがって安全保障を学ぶ場合において、地理学の知識は必要不可欠であると言えます。できれば地理が苦手な学生も先ずは地理、すなわち世界地図に慣れ親しんでほしいと思います。

さて、最初の講義の最初の地図は、我々がよく目にする地図のひとつです。国名が入っていますので、「世界国名地図」という種類の地図です。

よく目にしているものの、よく見るといつも見ている地図とは少し違うことに気が付くと思います。世界地図を見る時に普通の日本人ならば、まず日本がどこかあるかを確認することでしょう。日本人でなくとも、どこの国の人でも世界地図を目にすると自分の国がどこにあるか気になるはずです。その意味では、日本は世界地図の中で一番大きくて目立つ国ではありませんけれど、見つけるのは簡単です。さて、この地図で日本はどこにありますか？　そうですね……一番右端にあります。

なぜグリニッジが基準となったのか

地球は歪んだ楕円状の球体です。一周およそ24時間（正確には23時間56分4秒ほど）で自転しています。自転しながら365と4分の1日で太陽の周りを回っています。それぞれが1日であり1年なのですが、時間や暦《こよみ》についてはあらためて考えることにして、今日は空間的な要素だけを見ることにしましょう。

地球の回転軸と地表の交点を極といい、それが北極と南極です。地球の中心を通り、地軸に垂直な平面が天体表面を切断する理論上の線（一番断面積が大きい円の円周）が赤道です。赤道は太陽に一番近いと思われていますが、実際は地球の回転軸が太陽に対して23・４度傾いているので一番近いわけではありません。これが地球に夏と冬がある大きな原因なのですが、それも後ほど見ることにしましょう。

赤道は、緯度０度を示します。北極・南極が90度です。因みに東京は北緯35度41分にあります。地球上の位置を示す座標が緯度と経度で表されるのは、知っていることと思います。緯度の基準は赤道です。それでは、経度の基準はどこでしょうか？

赤道からの傾き、すなわち日付と太陽の高さでわかる緯度に対して、経度には明確な基準がありません。それぞれの国が勝手に自分の国が経度（子午線）の基準だと主張した時代もありました。議論の結果、当時の世界が選択したのはグリニッジ天文台のあるロンドンでした。１８８４年、ロンドンのグリニッジ天文台を通る子午線を本初子午線とするということが決まりました。何故グリニッジ天文台が経度の基準なのかは、大英帝国が世界の七つの海を支配していたからだともいえますけれど、天文台長であったジョン・フラムスティード（John Flamsteed）という17世紀のイギリスの天文学者が出版した「天球図譜」が非常に正確だったからなのです。この図表は、大航海時代にイギリスをはじめ多くの帆船が自分の位置を計測するために使われました。現在、ロンドンの緯度経度は、N51.09 W0.11という数字で表されます。

横メルカトル図法の意味

話が横道にそれてしまいました。何れにしても地図は、この３次元の地表面上の色々な地形情報などを２次元に表したものと言えます。目的によって色々な地図がありま す。最初に見せた地図は国名地図ですから、それぞれの国がどこにあって、どんな国と国境を接しているか、わかり易いように色分けされています。もちろん、国境は実際の地面には書いてありません。このように地図には人為的あるいは政治的な意図も書かれています。しかし最も地図が地図らしいところは、数字や文字であらわせば複雑で膨大な情報を一枚の紙に表すことができる、人間の視覚に訴えることができるというところにあるのだと思います。では次の地図を見てもらいましょう。

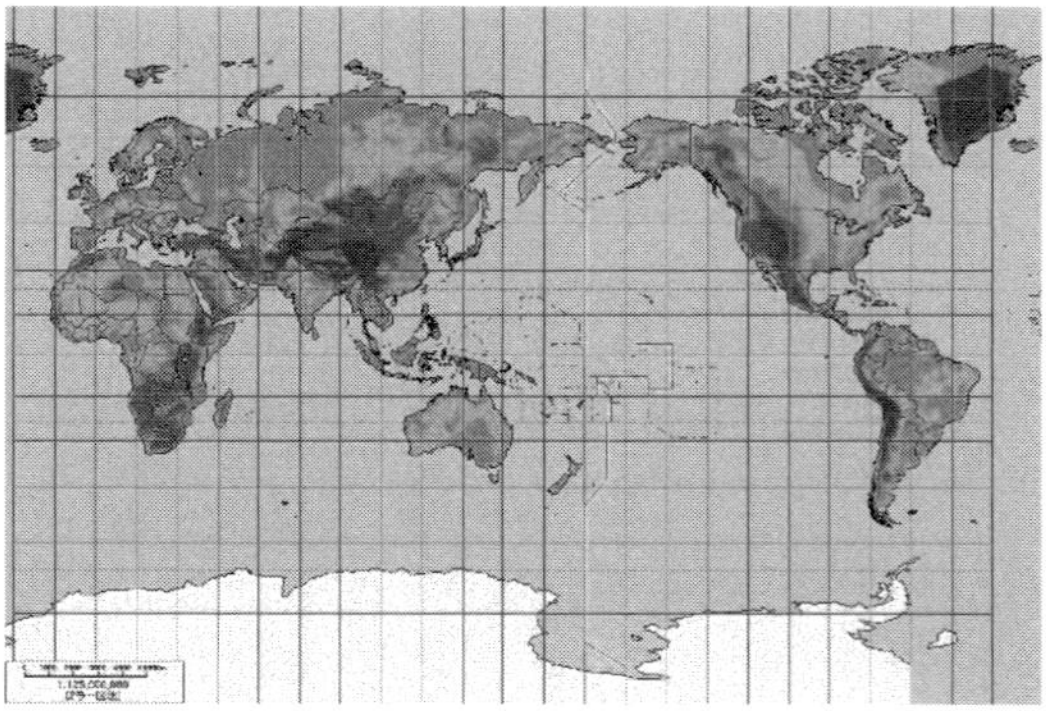

先ほどの地図と違ってこの地図は太平洋が中心です。この地図は、昔はよく見かけましたが、今ではほとんど使われていません。さて、この地図は何という地図でしょうか？ 横メルカトル図法と言います。太平洋の真ん中に日付変更線があります。したがって、世界で一番早く1日を迎えるのは、ニュージーランド、そしてオーストラリア、次いで日本という順番になります。

地球は楕円の球体ですから、3次元のものを2次元にするため、地図は必ずどこかで歪みが生じることになります。この地図は、赤道付近の縮尺をそのまま展開した地図です。したがって赤道付近は実際とほぼ同じ縮尺なのですが、上下すなわち極に近づけば近づくほど、見かけの地図は実際より拡大してしまうことになります。見てわかるように地図の一番下にある南極大陸が世界で一番大きな大陸に見えるわけです。

はっきり言えば、不正確ともいえるこの地図に何か意味があるのでしょうか？ 実は、この地図は経線（子午線）と交差する角度が一定であるという利点があるのです。磁石は常に北を指しますから、この地図上のどの地点でも自分の目的地に方向と磁石の方向（すなわち磁北）が交差する角度が変わらずに一定なのです。したがって東京湾を出発した船がアメリカのサンフランシスコに向かう場合、磁石が示す北と地図上の目的地に向かう方向の角度は一定ですから、北太平洋を航行する船舶にとって非常に便利であるということになります。ＧＰＳも衛星通信もない大航海時代に、この地図が如何に有益だったかは説明するまでもないと思います。

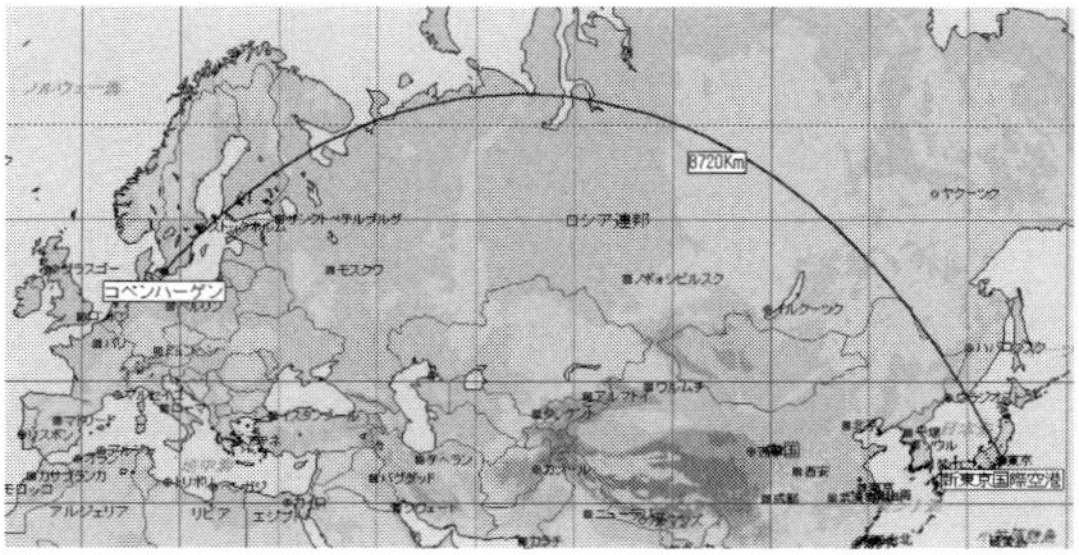

飛行機はどこを飛ぶか

次の地図は、成田発の国際便の飛行機がヨーロッパの空の玄関口と言われるコペンハーゲンに向かう場合の飛行経路を現しています。大きく曲線を描いています。２０１４年７月、ウクライナ上空でマレーシア航空がミサイルで撃墜されました。また１９８３年９月に大韓航空機が当時ソ連の領空を侵犯したとしてサハリン沖で撃墜されたこともありました。ミサイルで撃たれては大変ですから、仕方がないので遠回りの飛行経路になっているのでしょうか?

航空燃料は高価なので、通常、航空機は目的地に向けてまっすぐ飛ぶはずです。成田発コペンハーゲン行の航空機の飛行経路を直線にしてそれに合うように地図の縮尺を変えてみましょう。

そうすると、下の右のような地図になります。そうです、

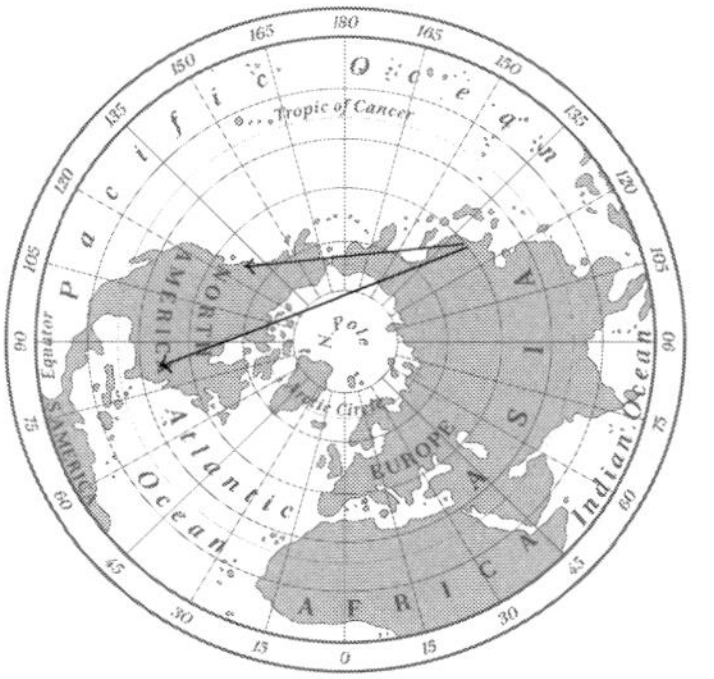

実際には航空機はこのようにまっすぐに飛んでいるのです。

宇宙から北極を中心に地球をみると左の図のように見えます。いつも平面の世界地図を見ている人には、なかなかなじみがないと思います。思ったほど、ロシアもグリーンランドも大きくない。北米大陸とユーラシア大陸は、北極を挟んで実は非常に近いということがわかります。少し前までは、核兵器をたくさん持ってアメリカとソ連が対立していました。その時代は「冷戦」、冷たい戦争というふうに呼ばれ

ていました。見てわかるように米ソの核ミサイルは、太平洋上を飛翔するのではなく、北極海の上空を飛翔するわけです。

現在、北朝鮮の弾道ミサイル（彼らは人工衛星と言っていますが）が我が国の安全保障にとって脅威であるといわれていることを皆さんも新聞などで読まれたことがあると思います。前回の発射実験で北朝鮮は、何故南に向かってミサイルを発射したのか。南北をひっくり返してみれば、それはそのまま北米大陸を目指していることがわかります。

2 安全保障の視点・座標軸

安全保障を学ぶためには、安全保障の視点を持たなければなりません。その重要なひとつがしっかりした座標軸を持つことです。座標軸は、二つあります。

ひとつは、「空間軸」です。空間軸とは現在の世界の相対的な位置関係を知ることです。すなわち、地図（地理）を学ぶことです。

もうひとつの座標軸は、「時間軸」です。これは世界が現在の状態になるまでの時間的推移を知ることであり、今後どうなるのかという未来を予想することです。すなわち、歴史（国際関係史・国際紛争史）を学ぶことです。

「地理」と「歴史」というと、嫌いな課目だという人も多いかと思います。わたしは地図を見るのは大好きでしたけれど、歴史は嫌いというか苦手でした。余談ですが、受験のための「地理」や「歴史」は何故あんなに面白くないのかと本当に思います。実は「地理」も「歴史」も非常にダイナミックでドラマチックな学問なのですが、共通一次、今はセンター試験というのでしょうか、そのような受験科目となると本当に面白くないのです。特定の分野、特定の時代を切り貼りして知識だけを求めるような勉強の仕方が楽しいはずがない、むしろ歴史の流れや地球規模の人間社会の大きな動きなどを把握することの方が実際の知識として大事ですし、楽しいのではないかと個人的に思っています。

さて、地図の話ばかりしていてちっとも安全保障の話をしていないといわれそうですが、もう少し地図の紹介をさせてください。

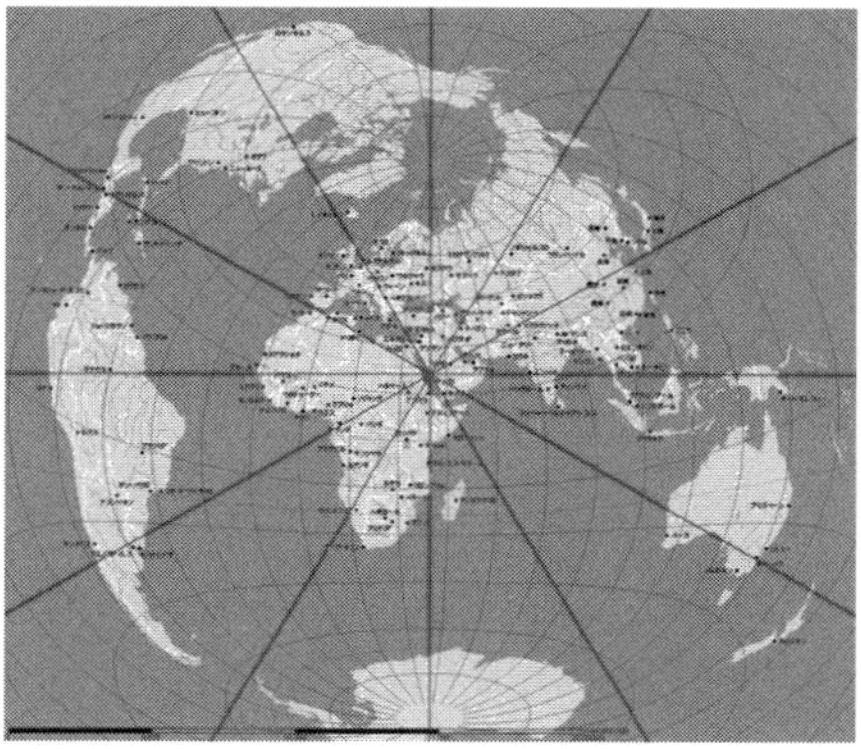

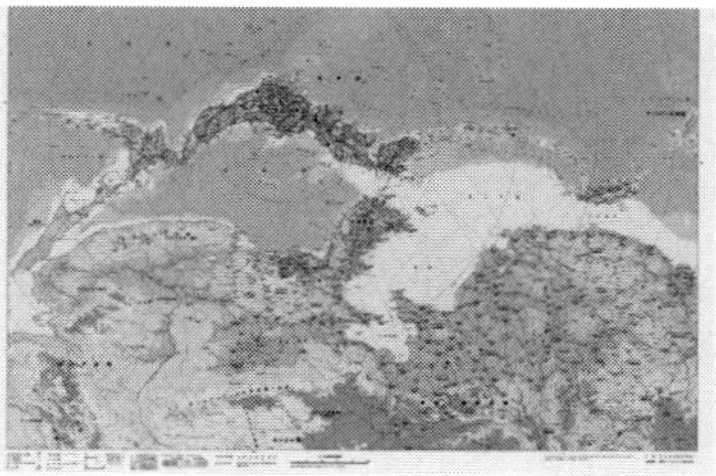

次の頁にあるのは、どんな地図でしょうか？　よーく見てください。これまで見てきた地図とはだいぶ変わっています。地図の中心はどこでしょうか？

これはイスラム教の聖地のひとつ「メッカ」を中心にした世界地図です。イスラム教は、一日に五回、カーバ神殿のある聖地メッカに向かって拝礼することを義務付けています。これを「サラート」と呼び、イスラム教の五行のひとつなのですが、この地図はイスラム教徒が「サラート」、つまりお祈りするための地図です。世界各地のどこにいてもこの地図を持っていれば、イスラム教徒は正しくカーバ神殿の方向に向かって礼拝することが出来るわけです。

最後にもうひとつ、変わった地図を紹介します。これは名前のとおり日本海を中心にユーラシア大陸から日本列島を見た地図です。

「環日本海諸国図」という名前のこの地図を見ると、極東ロシアと中国の太平洋への進出経路を日本列島が塞いでいることが分かると思います。地理的な特性なのですが、同時に「地政学的特性」という言葉もよく聞きます。こうやって視点を変えると、中国や極東ロシアの人々がどのように日本という国を見ているのか、少しわかったような気になるのは不思議なことです。

3　何を学ぶか？

本書で皆さんと安全保障を一緒に学ぼうとする目的は、次の言葉で言い表すことができます。

Not to promote war, But to preserve peace.

いわゆる Not But 構文ですね。直訳すれば、「戦争を遂行するためでなく、平和を守るために」ということでしょうか。これはわたしが昔留学した米陸軍大学のモットーです。

よく言われることですが、医者は誰よりも病気について知らなければなりません。病気を治すのが医者の仕事なのですから、当然のことです。なぜ人は病気になるのか？その原因は何なのか？それを知らずして病気をなくすことはできません。

「安全保障論」も同じような立場に立ちます。戦争や国際紛争をなくしたいのであれば、戦争について知らなければなりません。何故、戦争が起きたのか？その原因はどこにあるのか？そのために国家や指導者が何をし、何ができなかったのかについて考えていきます。

次回から、本日話したもうひとつの座標軸である「時間軸」を見ていきます。すなわち、戦争を中心とした世界の歴史を見ていきます。歴史は皆さんも嫌いでしょうが、安全保障、特に戦争について学びたいのであれば、どうしても世界史を振り返る必要があります。何故なら人類の歴史はまさに戦争の歴史であるからです。

今、日本は平和で、戦争は起きていません。しかし、世界のどこかで人類同士が武器をもってこの瞬間も争っています。世界の全てが平和であった時はほとんどないか、あったとしてもごくわずかな時間であることを先ず知ることから始めようと思います。

そして、その後、戦争の本質を考えます。その上で、皆さんに次のテーマで、討議してもらいます。

「（人類は……）戦争をなくすことが出来るだろうか？」

アメリカ陸軍大学での思い出

アメリカは、世界中の60か国近くと国と同盟関係を結んでいます。しかし、同盟には非常に強い同盟もあれば、形だけになっているものもあります。自国の安全保障を米国と同盟することで担保するために、それぞれの国が多くの分野で信頼関係を向上するための施策を行っています。中でも軍・軍関係、すなわち軍人同士のヒューマンネットワークの構築は同盟の大きな要素となります。そのため安全保障に関する人材交流の一環として、毎年多くの自衛隊員が米国の大学や軍の学校に留学し、アメリカの安全保障や軍事科学技術を学んでいます。

わたしは、1996年から1997年にかけて、米陸軍大学（戦略大学）に留学する機会を得ました。米陸軍大学は、中佐から大佐クラスの米陸軍軍人と海・空軍・海兵隊の軍人とシビリアン。そして当時40か国からの留学生を受け入れていました。留学生の顔ぶれを見ると米国のその時の関心事がどこにあるかある程度分かってきます。当時は湾岸戦争が終わって米国の軍隊が輝きを取り戻した時期と言えます。40名の留学生の内訳は、トルコを含む欧州・NATOから９名、中東から８名、アフリカから２名、オーストラリアを含むアジアから８名、北米・中南米から８名でした。日本や英国、ドイツなどのように毎年留学生を受け入れる国がある一方で、隔年ごと、３年毎に入れ替わる国もありました。

印象深かったのは、毎年、台湾からの留学生を受け入れていたことです。「ひとつの中国政策」の建前上、台湾の陸軍軍人を受け入れることは出来ません。彼は大佐でしたがMr.〇〇と呼ばれ、制服を着ることが許されず、国旗を掲げることも許されていませんでした。軍人が軍服を着用できないこと以上に、国旗すら掲げることができないのは本当に屈辱的なことです。それでも彼は、聡明かつ温厚な軍人でした。日本国内では「自衛隊は軍隊ではない」と説明しなければならない立場の自衛官も、留学すると自虐的な言い訳の必要がありません。何故なら、大佐を１等陸佐とする階級呼称も、工兵を施設科とする職種（兵科）も英語にすると同じになるからです。米国軍人とともに、留学生同士の議論や交流を通じて経験したことは、多くの財産となりました。

第2講

戦争の始まり、戦争の起源

戦争の歴史　その１

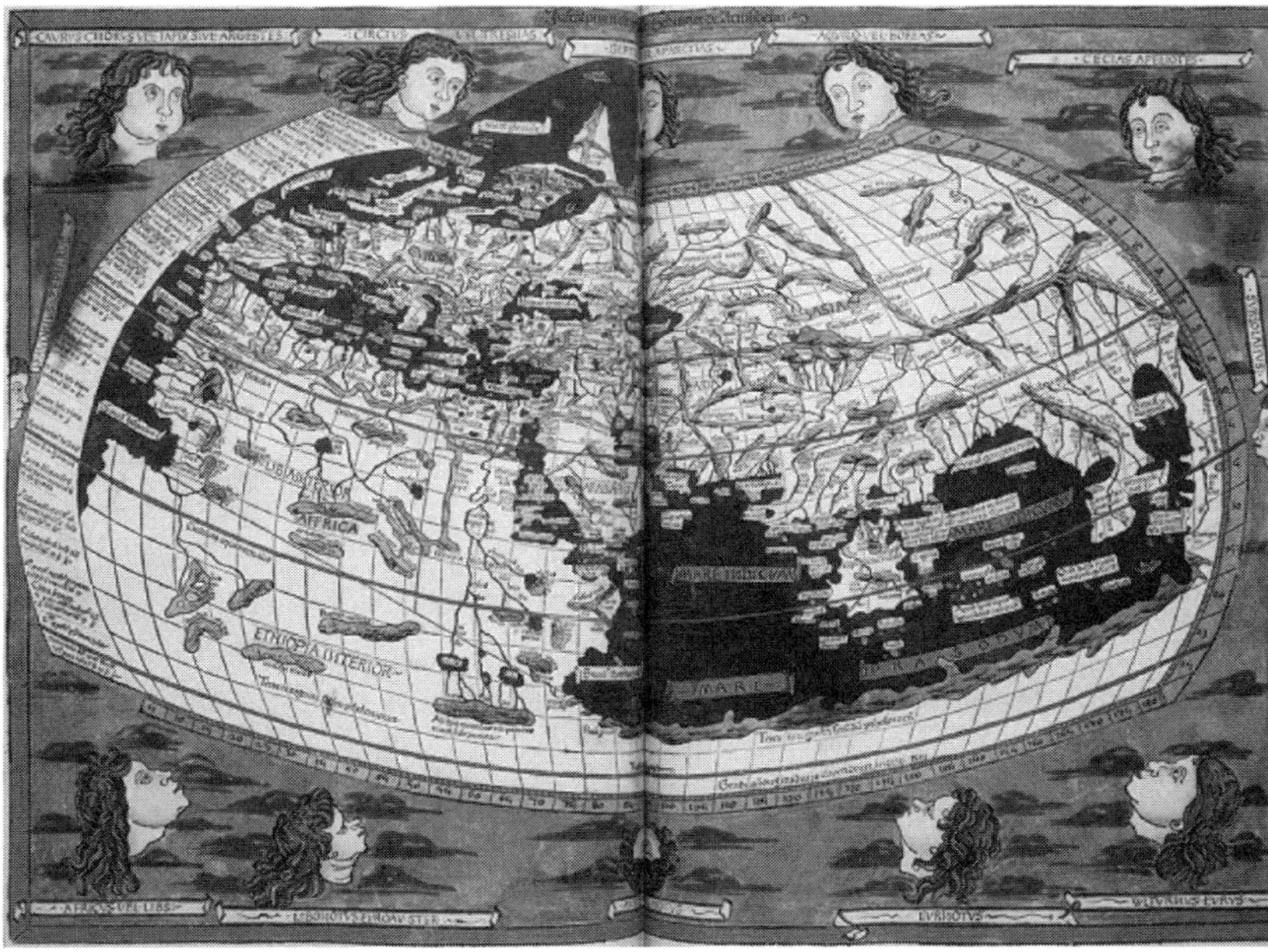

今日の最初の世界地図は、この地図です（前頁）。これが地図か？と思う人がいるかもしれませんが、これもれっきとした地図です。もっとも作られたのは紀元前のギリシャ時代の頃です。

これは、トレミー（プトレマイオス）の世界地図と呼ばれているものです。古代の人びとは、地球は円盤状で、天空がこれをおおい、自分たちはその中心に住んでいると考えていました。ギリシャ時代では、陸地はオケアノスとよばれる大洋に囲まれ、ギリシャ神話の神アトラスがこの天空を支えていると考えていました。

確かに現在の目で見れば、正しくないところが目立ちます。しかし、皆さんには是非この図を記憶してもらいたいと思います。それは現在の基準で過去を判断してはいけないということです。トレミーの世界地図で世界を見ていた古代の人々と宇宙から実際の地球・世界を見ている我々現代人とでは、視座というか座標軸が違うということです。何故、過去の人々がそのような判断をしたのか、彼らが判断した合理的な基準があったはずです。それを皆さんと考える。それが本講義の目的のひとつです。

これから安全保障の歴史、国際紛争史について見ていきますが、歴史を一つひとつ細かく見ていきません。そんな時間もありませんし、それが目的ではないからです。しかし、人類の歴史は、まさに戦争の歴史です。その戦いの歴史を概括することは意義あることだと思います。今日は、戦争の始まりと戦争の本質について見ていきましょう。

1　人類の歴史は戦争の歴史である

異論はあるでしょうが、「人類の歴史は戦争の歴史である」というのは、間違いがないとわたしは思っています。

人類がいつごろ出現したのかは諸説ありますが、「アフリカ単一起源説」が現在定着しつつあります。これは、地球上のヒトの祖先、すなわちホモサピエンスはアフリカで誕生し、その後世界中に伝播していったとする学説です。この説を裏付けたのは、ミトコンドリアDNAという人間の遺伝情報を持つ細胞内の核酸です。ミトコンドリアDNAは必ず母親から子に受け継がれる。したがってミトコンドリアDNAを調べれば、母親、母親の母親、さらに母の母の母の…と女系をたどることができる。このようにしてたどっていくと現在の人類の祖先は、ミトコンドリアイヴ

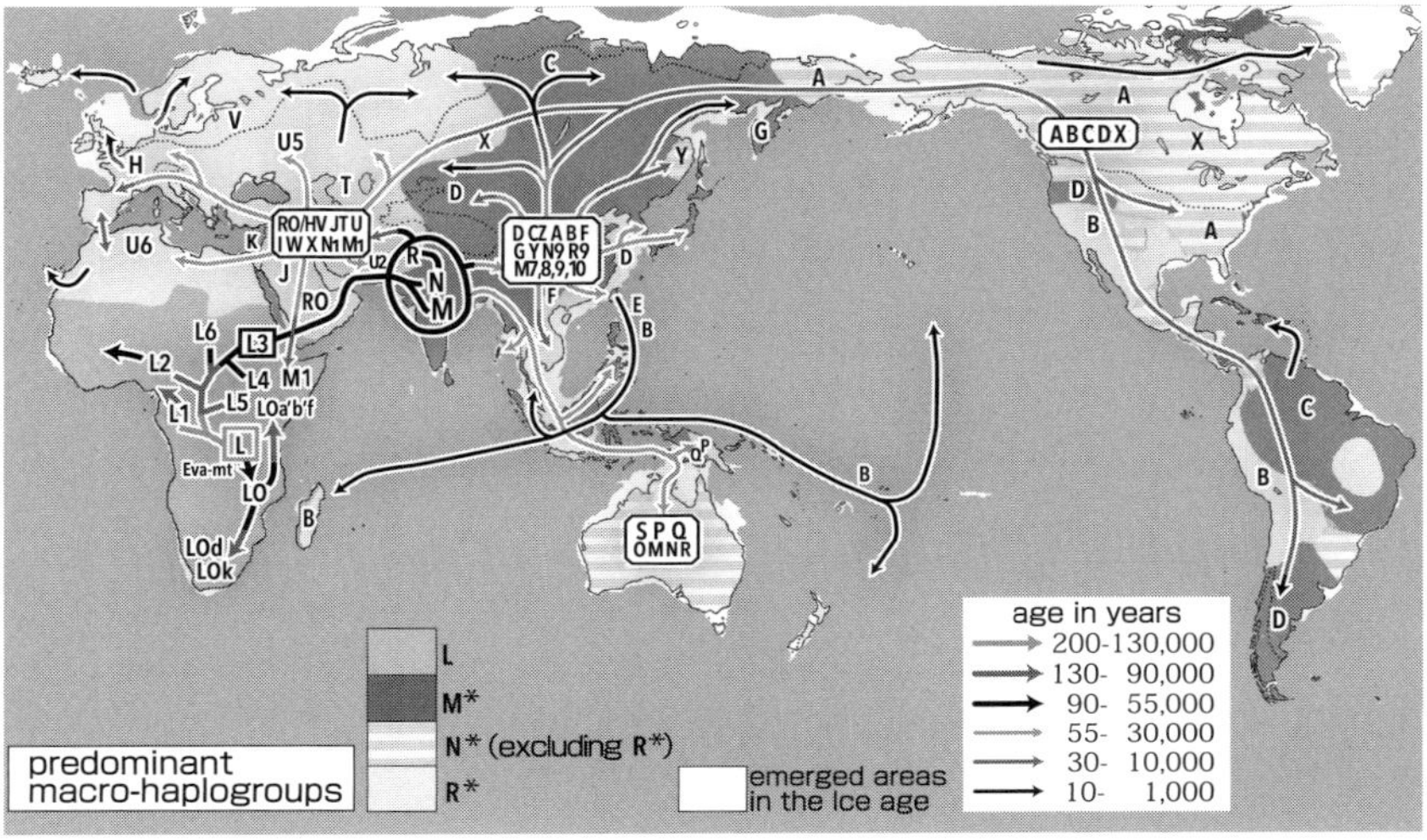

ミトコンドリアDNAの拡散

（アダムとイブのイブ）と呼ばれる７人の女性に集約される。これが上図にあるようなアフリカ単一起源説です。

戦争と国家の起源は

そもそも人間は自然界では非常に弱い存在でした。それが狩猟民族として小集団を作り、獲物を追って移動する民族となりました。狩猟とは戦いの連続ですが、それは戦争とは呼べないと思います。よく歴史の時代区分に「先史時代」という時代があります。「先史時代」とは、歴史の先、すなわち人類が文字をもって記録し始めた前の時代という意味です。

一方、紀元前３２００年ころのシュメール人がすでに絵文字を使用していたという記録があります。メソポタミアの楔形文字、中国殷王朝の甲骨文字などによる記録ではすでに戦争（集団・部族間の争い）に関する記述があるといいますから、集団同氏の戦いがどこかの時点で戦争という概念になっていったとみるべきかもしれません。石器時代末期から農耕が始まり、人類の祖先が集落を築き、ひとつの土地に定着するようになった以降、土地や水や食料などを巡って争いが起きるようになったと考えられます。すなわち集落間・部族間の争いです。強い相手と戦うために、小さな部族は寄せ集まり大きくなり、この大きな集団を率いるリーダー（指導者）が現れてきます。

マルクス経済学で有名な、エンゲルスが『家族・私有財産・国家の起源』という本を書いていますが、国家の起源については多くの説があって、一概にこれだというこことが出来ません。しかし何れにしても、紀元前には、ひとつの地域に、農耕する住民がいて、富が蓄積され、指導者が選ばれ、仕事が分業されるようになり、やがて国家の原型は作られて行きます。

本講義では戦争や国家の起源がどのようなものであろうと余り影響を受けませんので、国家の発達とともに戦争も規模が大きくなり、武器の発達とともに戦争の形態も変わっていったという仮説で進みたいと思います。逆に言えば国家ができるずっと以前から戦争に近い形で人類は戦ってきたのだということができます。

アレキサンダー大王と始皇帝

さて、その中で、我々が注目すべき英雄が二人います。一人は、アレキサンダー大王です。イッソスの戦いでペルシャを打ち破った大王は、和睦を拒否して東に向かって進撃を続けます。紀元前３２３年に遠征先で急逝するまでに、それまで考えられなかったほどの東西４５００㎞に及ぶ広大な帝国を樹立しました。彼が大王という尊称を受けているのはそのためです。この大帝国の名前はありません。単にアレキサンダー大王の帝国と呼ばれています。そして、遠征先で彼が倒れて死んだ後、帝国は分裂し、内戦に陥ってしまいます。

もう一人の英雄は、秦の始皇帝です。紀元前２２１年に史上初の中国統一を成し遂げると最初の皇帝となりました。配下の一族等に領地を与えて世襲させる従来の封建制から、中央が選任・派遣する官僚が治める郡県制への全国的な転換（中央集権）を行い、国家単位での貨幣や計量単位の統一、交通規則の制定などを行ったことで知られています。また、巨大プロジェクトとしての万里の長城の建設や、等身大の兵馬俑《へいばよう》で知られる秦始皇帝陵の建設などを成し遂げた人物です。

アレキサンダー大王と同様に、始皇帝の場合も彼の死後、国は再び混乱し、項羽と劉邦の対立を経て、漢という国家成立の基礎を作ることになります。

古代の戦争については、取り敢えず本日は、ここまでとしましょう。アレキサンダー大王と秦の始皇帝は、ともに古代において強大な帝国を築きましたが、ともに一代限りで長続きしませんでした。システムとして国家が継続するためには、英雄が一人だけいても無理なようです。この後、ヨーロッパではローマという国が地中海に強大な国家（後に帝国）を築きます。また中国では、「漢」という国家が続くのですが、それは次回以降に考察することにしましょう。

2 戦争をなくすことは出来るか？

本日は、人類の歴史が戦争の歴史であったということを受けて、それでは「（人類は）戦争をなくすことが出来るのか？」というテーマで、皆さんに考えてもらいます。講義が進んだ後にこのテーマを再び研究したいのですが、本日は講義が開始された時点での皆さんの素直な直感に期待します。但し、考えるための視座は必要ですから、皆さんの討議に必要な情報をわたしの方から二つほど提示したいと思います。

アナーキーと相互依存と

ひとつめの視座は、「世界は基本的にアナーキーである」ということです。アナーキーというのは無政府状態だということです。国家（政府）以上の存在は、世界にはありません。すなわち現時点で世界政府はないということです。国際連合という組織はありますが、これは世界の国家・地域の集合体であって、決して世界政府ではありません。将来はわかりませんが、当面という時間で見れば、ウェストファリア体制（後述）と言いますが、国際社会においては主権国家が最高の権威です。同時に、近い将来、世界規模の大戦争が起こってひとつの国家が世界の全てを支配するという可能性は考えづらいということです。

国家そのものを性善説や性悪説で説明する人もいますが、実際に「悪の帝国」があるわけではありません。ショッカーや地球を滅ぼすエイリアンは、マンガやＳＦの世界だけです。同時に、世界を救うスーパーマンやスパイダーマンも現実には存在しません。善も悪もそれぞれ相対的な存在だということです。

第２番目の視座は、国家を含む地球上のあらゆる組織・存在は、互いに依存しているということです。そしてその相互依存度は、ますます増大しているということです。世界の経済は、一国だけではどうにもならないところに来てしまいました。ギリシャという国が、デフォルトという対外債務不履行を宣言しましたが、その影響はEU全体に及んでいます。その前提となるのは、インターネットを中心とする情報・通信インフラの発達です。さらに輸送手段の高速化・大型化は、人口の新たな集中を生み出しました。そして、世界の人口はどんどん増え続けています。

　これらをプラス要因とすれば、同時にマイナス要因も増大しています。他国や他文化に対する無理解、偏見は未だに解消されていませんし、色々な意味での格差も増大しています。経済格差は貧富の格差でもあります。文化的な隔たり、特に宗教・民族間の隔たりは縮まりません。そしてこの格差と隔たりが対立と不信を生みだしています。

　では、しばらくの時間、考えてみてください。

………

　さて、わたしは大学で安全保障論を教えている学生に対して、このテーマで討議をしてもらいました。クラスを二つのグループに分け、それぞれのグループにはリーダーを選出し、議論の結果として、「出来る」、「出来ない」のどちらかを決めてもらったのです。その際、結論に至った理由も併せて考え、提示するように求めました。

　その結果は以下のようなものでした。

Aグループの結論：「出来ない」

理由　：これまでの長い歴史の中で戦争が無くなることはなかったから。

Bグループの結論：「出来ない」

理由　：宗教や民族などの対立が無くなることはないから。

　学生たちの討議を聞いて、やはり非常に現実的に世界を見ているな、という気がしました。担当講師としては、もっと若者的な理想論を期待していたところもありますが、これはこれで良しとしましょう。

　読者の皆さんはどんな結論を出したでしょうか？

3 過去の検討経緯

さて、実は人類は、過去にこの問題を検討したことがあります。いつの事でしょうか? それは第1次世界大戦と第2次世界大戦の間の事です。そのことについて、皆さんと少し考えてみましょう。

第1次世界大戦が終わって、国際連盟という組織が出来ました。これは当時のアメリカ大統領ウッドロウ・ウィルソンの発案によるものですが、人類が初めて手にした国家の上位概念としての国際機関でした。

やっとできた国際連盟でしたが、設立当初から色々な壁にぶつかっていました。そして欧州とアジアでは新たな戦争の影が再び浮かび上がってきていました。そんな中、国際連盟は、どうしたら戦争を起こさないですむか、ある人物に相談を持ち掛けます。

国際連盟にそのような相談を持ち掛けられた人物は、悩みましたが、「今の文明で最も重要な問い」を次のように決め、ある人物に手紙を書きました。

「人間を戦争というくびきから解き放つことはできるのか?」

国際連盟から相談を受けたのは、政治家でも宗教家でもありません。ノーベル賞を受賞し、相対性理論で有名な理論物理学者、アルベルト・アインシュタインです。

そしてアインシュタインからの問い掛けの手紙をもらったのは、心理学者のジークムント・フロイトです。

ふたりの手紙の一部は次のようなものです。

「私のような人間から見れば、戦争の問題を解決する外的な枠組みを整えるのは易しいように思えてしまいます。すべての国家が一致協力して、一つの機関を創りあげればよいのです。この機関に国家間の問題についての立法と司法の権限を与え、国際的な紛争が生じた時にはこの機関に解決を委ねるのです。(アインシュタインの問いかけ)」

それに対してフロイトはこう答えます。

「人間のあいだで利害が対立した時に、決着をつけるのは原則として「暴力」なのです。逆説的に聞こえるかもしれませんが、戦争はわたしたちが望む「永遠の平和」を作り出す手段として、必ずしも不適切なものではないことも認めるべきなのです。戦争は大きな統一を作り出すことが出来ます。統一された領土を支配する強力で中央集権的な支配者が、二度と戦争が起きないようにすることもできるのです。(フロイトの返信)」

さて、アインシュタイン、フロイトの往復書簡と比べて、皆さんたちが考えた結果はどうだったか？　この講義が終わったときに皆さんの考えがどのように変わっているか、変わっていないのか、担当講師としてはとても興味あるところです。

4　戦争の定義

フロイトがここでいう「暴力」に目を向けた社会経済学者がいます。マックス・ウェーバーという19世紀、ドイツの人です。彼は『職業としての政治』という本の中で、「暴力の独占」こそが、主権国家の定義であると言いました。国家の公権力が個人や集団の武装を解除し、暴力（武力、自衛力、治安維持能力）を独占、一元管理することによって、秩序が維持されるというものです。この考えは、一方で権力による暴力の独占が非武装の個人や集団に対する決定的な支配構造ともなることを意味しています。すなわち、警察でも軍隊でも国家だけが暴力を持つ正統な装置であり、国民や集団・組織は勝手に武装し、争ってはならないということです。主権国家の戦争において、国家が戦争するにあたっての重要な根拠となりましたが、それについては後ほど講義の中で、考えていくことにしましょう。

最後に「戦争」がどのように定義されてきたかをざっと見てみましょう。

「戦争とは一種の強力行為であり、その旨とするところは相手にわが方の意志を強要するにある」「戦争は政治とは異なる手段をもってする政治の継続である」（クラウゼヴィッツ『戦争論』）

「兵は、国の大事。百年兵を養うは、一日の為」「百戦百勝は、善の善なるに非ず。戦わずして勝つことこそ、善の善なるもの」（孫子『孫子』）

「法的意味においては、戦争とは、二つあるいはそれ以上の政治集団が軍事力により対立を解決するようにひとしく権利を与えられた状況、と考えられる」、「社会学的な意味において、戦争とは、かなりの規模の軍事力によって行われる政治集団間の対立をいう」（Q・ライト『国際関係における安定と前進』）

「戦争とは、二つあるいはそれ以上の政治体間の軍事力による継続する対立によって特徴づけられた、闘争の一時的状態である」（シャミス『国際関係における戦争とテロリズム』）

「戦争とは、独立した政治体の組織された軍事力間の実質的な武装対立である」（リーヴァイ『現代大国システムにおける戦争』）

いずれにしても、３つの基本的な要素があります。すなわち①戦争の主体としての「主権国家・政体・準国家」、②手段としての「軍事力、すなわちパワー（ハード・ソフト）」、そして③「戦う場所（戦場）」です。

時間がきました。本日の講義はここまでとします。

第3講

主権国家の戦争と英雄の戦争

戦争の歴史　その2

第一次ポエニ戦争前勢力図（紀元前 264 年）

本日、最初の世界地図は、紀元前264年頃の地中海地域の地図です（前頁）。先週の講義で触れたアレキサンダー大王の帝国は既に滅んでいます。地中海地域は群雄割拠といった感じです。

この時代で一番栄えていたのは、カルタゴです。カルタゴは海の民、地中海貿易で栄えていた国家でした。小アジア、今のトルコにはセレウコス朝シリア、現在のエジプトにはプトレマイオス朝の王国がありました。プトレマイオス朝エジプトというのは、アレキサンダー大王の部下のマケドニア人が起こした王朝です。有名なクレオパトラは、このプトレマイオス朝エジプトの最後の女王です。

そしてイタリア半島に濃く描かれているのがローマです。この頃のローマは、まだ小さな共和国でした。そして地中海の覇権を巡ってカルタゴと戦うことになります。

実はこのカルタゴとローマの戦い（ポエニ戦争）は、非常にドラマチックな歴史です。興味のある学生は、塩野七生さんの『ローマ人の物語』を読んでください。装丁本で15巻に及ぶ大変長い歴史小説です。ローマの誕生とカルタゴとの戦いは、第1巻から2巻に書かれています。

ローマとカルタゴは、1世紀近くにわたって三回戦われているのですが、もちろん第2次ポエニ戦争が一番有名です。二人の英雄が出て来るからです。多分知っている人も多いと思います。カルタゴの英雄はハンニバル、そしてこれを迎え撃ったローマの英雄がスピキオでした。三度にわたるカルタゴとの戦いに勝って地中海を制したローマは、次々に領域を拡大していきます。今のオーストリア、ギリシャ、ルーマニア、トルコ、中東、北アフリカ、スペイン、フランス、イギリス（イングランド）に至るまでの大帝国になります。

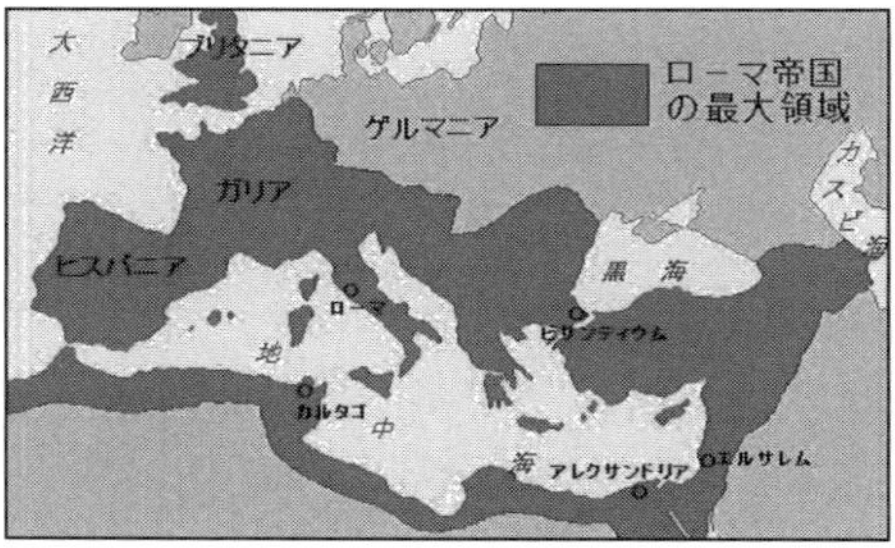

右の図はそれから数世紀を経て、帝国となったローマの領域が最大となったときの地図です。

1 世界史を概括する

大学受験で世界史を選んだ人はご存じでしょうが、「世界史対照年表」というものがあります。５０００年の人類の歴史を1枚の紙に表すものですから、色々と無理があるのですが、全体を概括して大づかみすることができます。

この年表の特徴は、国家の成立からその滅亡までを横軸で、その領土（領域）の大きさを縦軸で表していることです。この年表の前半部分は、紀元七〇〇年までを描いていますが、それを見ると、ローマ帝国が世界史の中でいかに強大で長続きした国家であったかがわかります。

同時に、古代ローマ（帝国）を例外とすれば、世界のそれぞれの地域でいかに多くの国が興り滅んだか、実に目まぐるしいことが分かります。それは、人類が未熟だった昔の話だからだと思う人もいるかもしれません。

一方、年表の後半の部分は、それ以降、現代までを描いています。これを見てわかることは、現代に近くなればなるほど、むしろ世界はどんどんと細かく小さくなっていることです。つまり、帝国のような大きな国は少なくなり、しかも一国の寿命が長続きしなくなっている（滅びる国が多い）ということです。

そして国家が変わる最大の原因は何といっても戦争です。わたしが、人類の歴史は「戦争の歴史である」というのは、お分かりだろうと思います。

さて世界史の中で唯一２５００年以上の間、滅んだことがなく、最初の王朝が現在も続いている国家があります。どこですか？　そうですね、我が国日本です。別に誇るべきことかどうか、だから何なんだという人もいますが、世界史の中の例外であることは間違いないと思います。

2 国家の誕生と発達

古代から中世にかけて世界の中心であったヨーロッパにおいて一番特筆すべきは、キリスト教という世界宗教の存在です。キリスト教は、今の中東、ユダヤ教を信じていた人々の地域で生まれました。イエス・キリストが生まれたのはＡＤ4年と言われています。

そもそもＡＤ何年という年の数え方がキリスト教によるものなのです。それに対比されるＢＣというのは Before Christ すなわち「キリスト以前」という意味で、ＡＤというのは Anno Domini すなわち「主の御年の〇〇年」という意味です。

今では世界標準として使われていますから、誰も違和感なく使っていますが、全ての国が西暦を使っているわけではありません。イスラム教を信じる国家は、この西暦を使っていません。ムスリム国家は、ヒジュラ暦という1か月29日と30日、1年12か月３５４日の完全な太陰暦を採用しています。月の満ち欠けだけで暦を作っていますから、太陽暦と比較すると1年が11日ほど短い暦になります。砂漠の遊牧民ではそれで問題がなかったのかもしれません。

しかし、暦と季節が合わないと困る農耕民族は、太陰暦を採用しながらも太陽の動きで補正する「太陽太陰暦」を使用していました。明治以前の日本もその一つです。これを「旧暦」とか「陰暦」と呼ぶのですが、桃の節句や八十八夜、二百十日、立春などの季節の用語は旧暦を基準に作られています。ですから日本文学を学ぼうと思えば旧暦の知識が必要です。しかし、日本の義務教育ではあまり旧暦を教えていません。これはとても残念なことです。

話がそれました。日本は明治維新後、西洋暦を取り入れました。それでも公文書（政府の文書）などは昭和○○年、平成○○年などの和暦で記載されています。暦《こよみ》、年を数え記録する方法を暦法・紀年法といいますが、この話はあらためて授業で取り上げることとして次に進みましょう。

3 中世・封建国家の時代

ローマ帝国が滅んだ後も、ヨーロッパの各国家は戦争に明け暮れました。西洋史を見る場合に古代―中世―近世という三つに区分されるようになりました。

中世の戦争を見る場合に象徴的であるのは、頻繁に戦争は起こってもどれも規模は比較的小さく、そして短期だったことです。中世は、封建時代とも言われます。欧州と中国では違いますし、日本でも荘園制度や封建制度と呼ばれる時代がありました。封建制度とは、土地（領地）を中心とした国王・領主・家臣の間の緩やかな主従関係により形成される国家システムのことで、近世以降の中央集権制を基盤とした絶対王政が確立するまで続きました。したがって封建時代の戦争は、土地を巡って争われました。富と権力が土地に依存する時代であったからです。

このような政治社会システムが成立したひとつの原因はヨーロッパにおいて民族が大規模に移動したということにあります。西暦３００年から７００年頃にかけて東から西へ民族が大移動します。言い換えれば東方の民族が

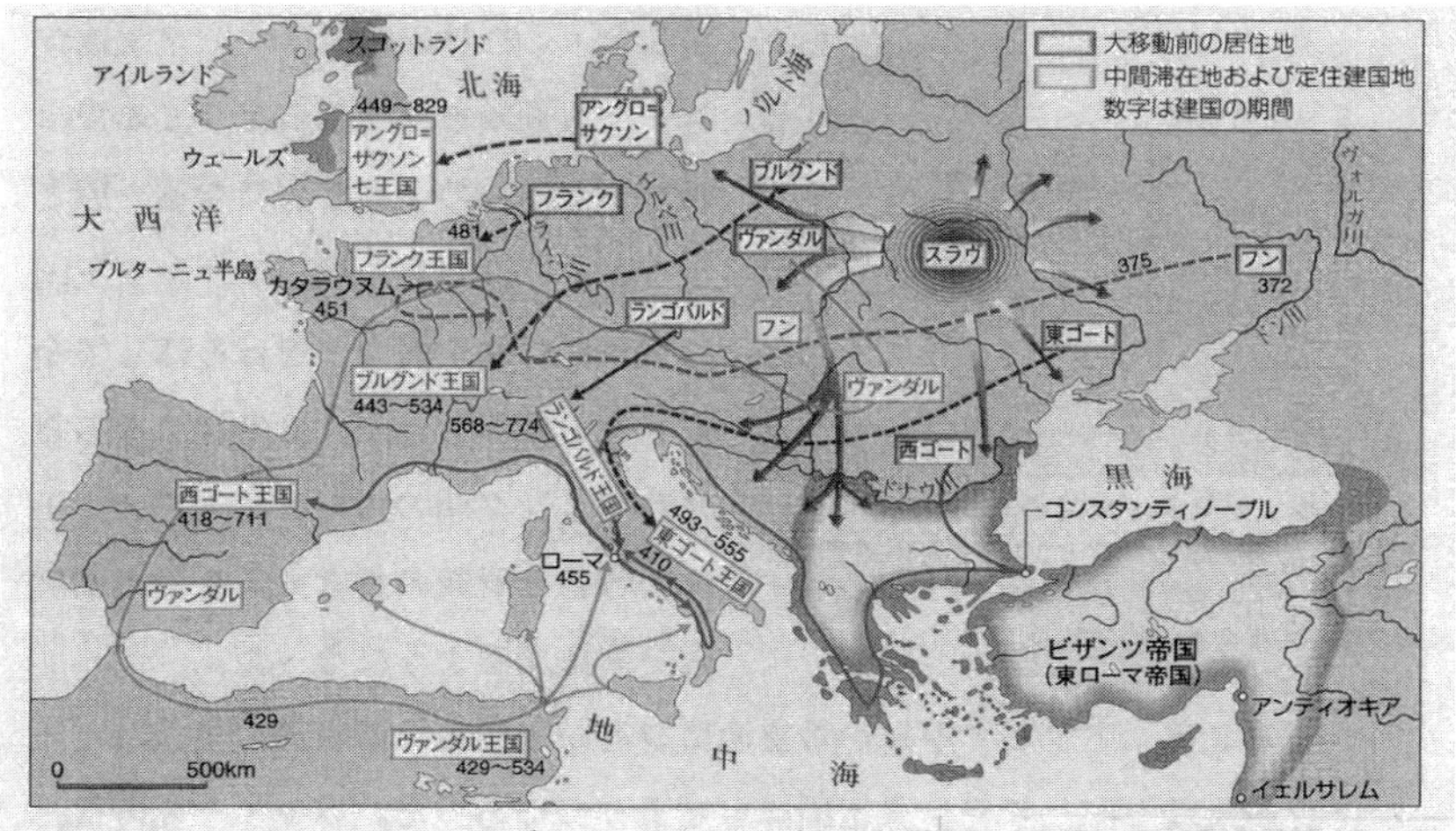

ゲルマン人とスラヴ人の移動（山川出版社刊「詳説世界史B」より）

古代ローマ帝国の領域に侵略したということです。その原因は人口の増加、気候変動、疫病の蔓延などと言われていますが、何れにしてもこの民族の大移動が古代を終わらせ、中世がはじまったわけです。

まずフン族（もともとは中国北部の匈奴《きょうど》の子孫で、今のハンガリーを起こす）が東からスラブ人を圧迫します。スラブ人の移動に押されて、ヴァンダル、アングル、サクソンと呼ばれるゲルマン人の部族が西ヨーロッパに大移動しました。これらの民族の子孫が今のヨーロッパの原型を作るわけです。土地を持っている領主は、自分の土地を守らなければならない。侵略する側は戦いで敵を滅ぼせば土地が手に入る。ローマ帝国末期に盛んに使われた土地の褒章制度とキリスト教が結びつき、騎士（ナイト）という我が国の武士道に似た主従関係が出来るのです。

4 ウェストファリア体制

ローマ帝国が東西に分裂したのは、３９５年のことです。西ローマ帝国は、４７６年早々と崩壊してローマ時代にガリアと呼ばれていた地域、フランク帝国として現在のフランスの原型を作っていきます。

ローマ教皇から西ローマ帝国の後継者として認められたのは、ドイツの一地方の領主が集まった小さな国家に過ぎませんでした。このことから、17世紀のフランスの哲学者ヴォルテールは、「神聖ローマ帝国と自称し、そしていまだにそうしているこの集団は、いかなる点においても神聖でもなければ、ローマ的でもなく、ましてや帝国ですらない（『歴史哲学序論 諸国民の風俗と精神について70章』）」と辛辣に批評しています。

　左にある図は1600年当時のヨーロッパの国名地図です。スペイン、イタリア、フランス、イギリスなど現在とあまり変わらない国家があります。

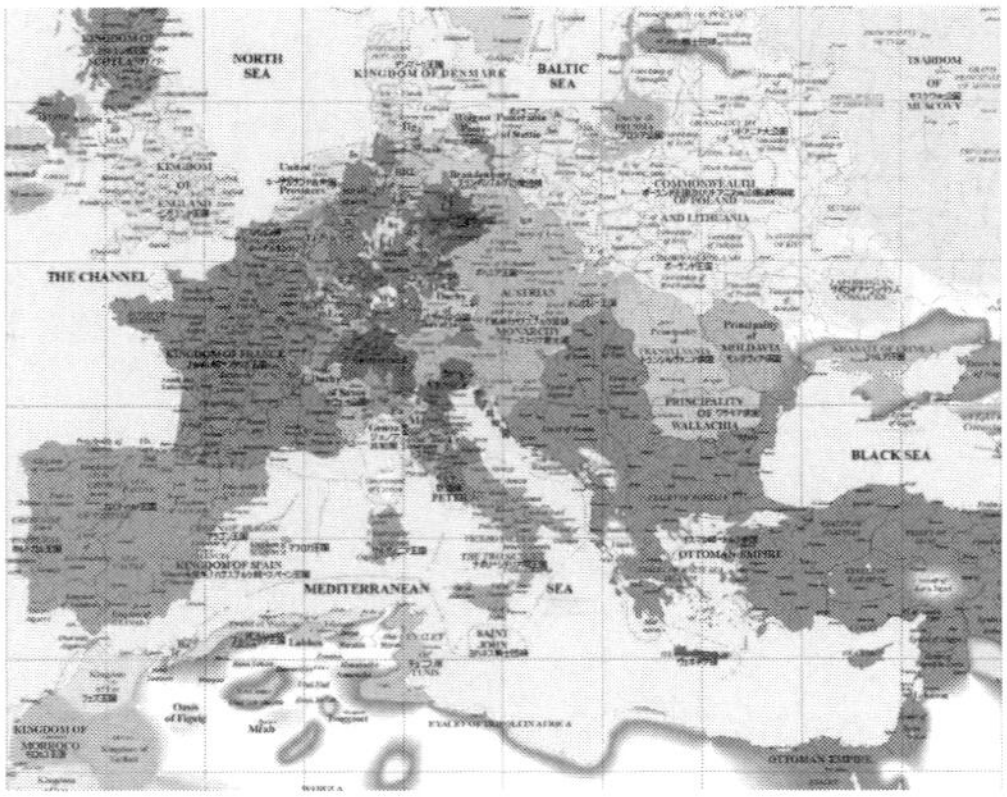

　ただ今のヨーロッパと大きく違っているところがあります。ひとつは、ギリシャからトルコ、北アフリカに広がる広大な国家です。これはオスマン帝国、またはオスマントルコと呼ばれている帝国です。そして、もうひとつが今のドイツのある地域です。左に詳細な地図がありますが、この時にはドイツという国家はまだ存在していません。実に小さな国家が複雑に入り組んでいるのがわかります。

ウェストファリア条約の内容

　この地域で「30年戦争」と呼ばれる戦争が起きます。その名のとおり30年続く戦争ですが、その終わりに現在の国際社会を決定づける大きな条約が結ばれます。それがウェストファリア（ヴェストファーレン）条約です。30年戦争は、当初ローマ・カトリック派とプロテスタント派の諸侯が対立したいわば宗教戦争の色彩が濃い戦争です。1648年、「30年戦争」の講和条約

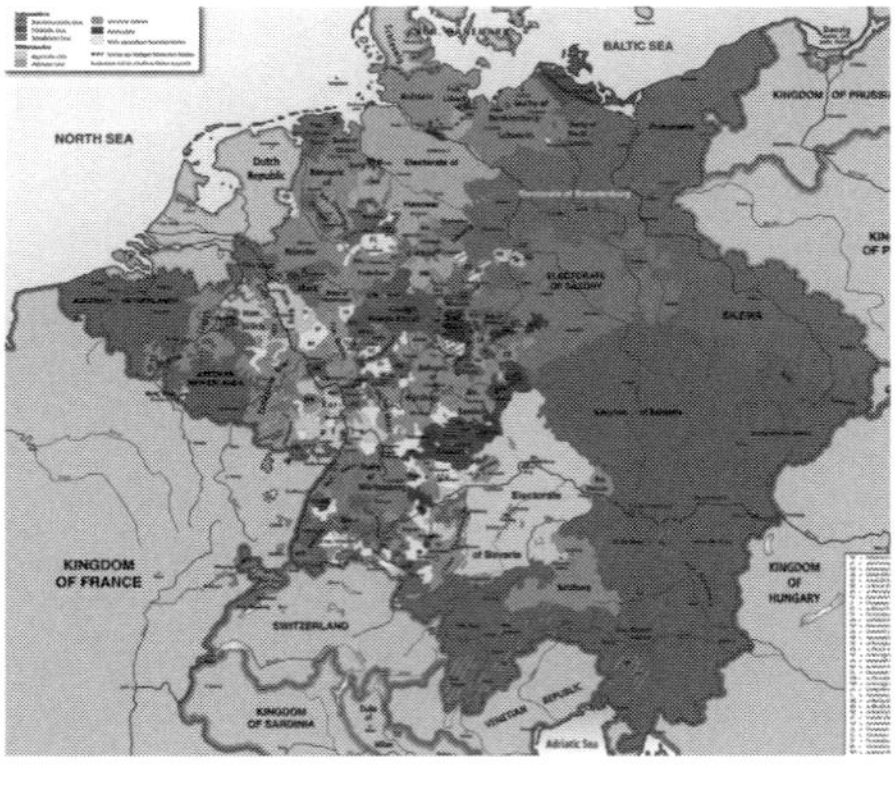

が締結された地名をとってウェストファリア条約とよび、それがその後の国際社会の基本ルールを決めることとなりました。この講和条約によってプロテスタント（カルヴィン派）が承認されるのですが、安全保障の面から見ると、次のことが決まりました。

①神聖ローマ帝国内のそれぞれの領域に主権が認められた（主権国家）

②国家における領土権、領土内の法的主権が認められた（領土・主権不可侵）

③主権国家の内政に他の国家介入することが禁止された（内政不可侵）

主権国家は、国際的に国家を超える裁判官を持たず、国内的に暴力を独占して他の社会集団に優位するという二重の至高性を持つことが決まりました。要するに現在の主権国家の概念が固まったのです。この概念をウェストファリア体制といい、この言葉は、現在でも国際連合やいろいろな国際社会で使われています。

それまでのヨーロッパの国家は絶対王政の国家でした。その権威は神から授かったものである、これを「王権神授説」といい、ローマ・カトリックの法皇が王権を授けていました。それが崩壊したわけです。宗教改革、産業革命を経てヨーロッパは市民革命の時代へと移っていきます。主権国家がそれぞれ国民国家となっていくわけです。一方、30年戦争で今のドイツ地域は荒廃して人口は激減、戦争後は小さな国家から自由都市までが国家として独立することになった結果、ドイツの近代化は遅れることになります。

この後、英国で清教徒革命、名誉革命が起きて立憲議会制民主主義の原型が形作られ、フランスでは革命が起きてブルボン王朝が倒れて共和制になります。フランス革命の後、フランスは、革命に反対する勢力とフランス革命に危機感を持った欧州各国の対仏大同盟に対することになります。その混乱に頭角を現し、軍事クーデターを起こして一躍英雄になるのがナポレオン・ボナパルトです。

なぜナポレオンは強かったのか

ナポレオン、正式にはナポレオン・ボナパルトですが、皇帝になりましたから、ナポレオン1世とも呼ばれます。ナポレオンが司令官として最初に戦ったのは、対立するオーストリアとの戦争におけるイタリア方面の作戦でした。ドイツ方面の作戦が失敗したのに比べ、ナポレオンの戦いは連戦連勝で、あっというまにウィーンにまで迫り、勝手に和平交渉までしてしまいます。イタリア作戦開始直後の白馬に跨がったナポレオンを描いた「アルプス越えのナポレオン」という題名がついた有名な絵画がベルサイユ宮殿に残されています。

さてナポレオンは、なぜそんなに強かったのでしょうか？ 上の地図で見るとおり、結果的にナポレオンは、イギリスとロシア、北欧を除くほとんどのヨーロッパを占領してしまいます。革命を起こしたフランス国民にとっての英雄であり、軍事的な天才と呼ばれるのにふさわしいように思えます。

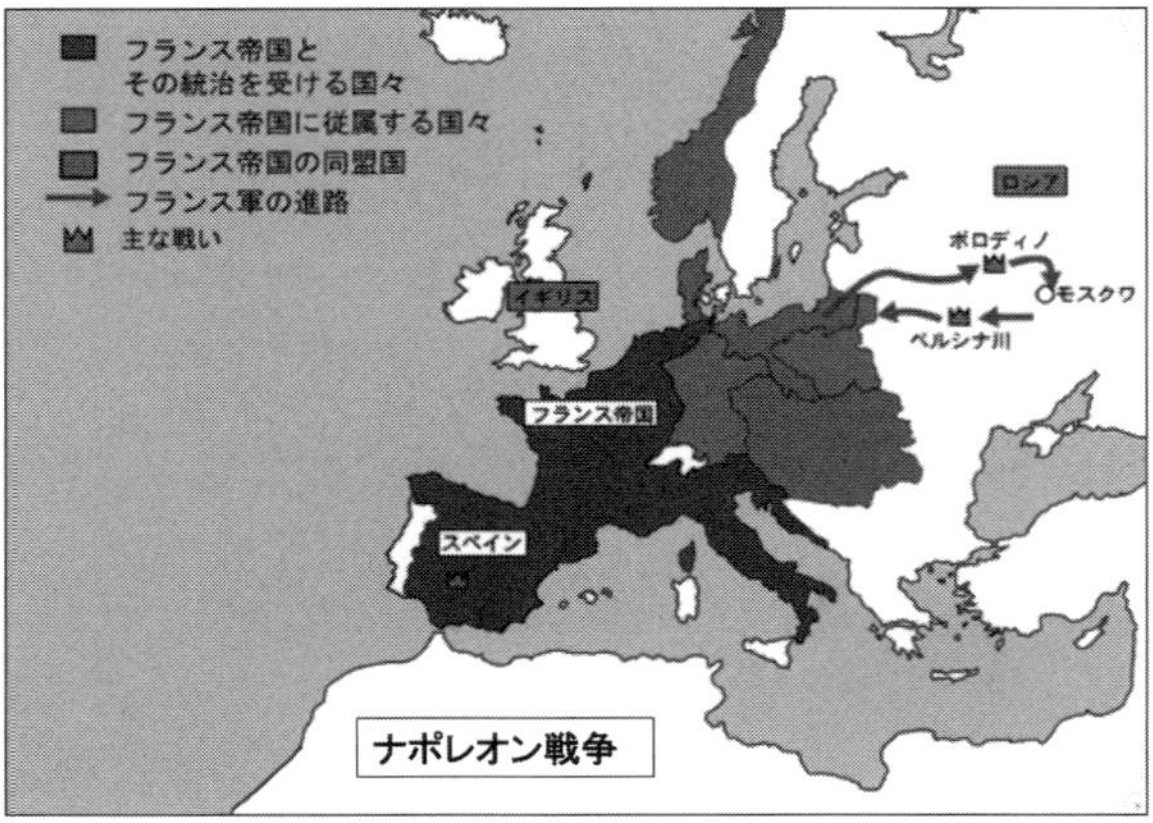

しかし、ナポレオンが強かったのには当然理由があります。当時の各王国の軍隊は国王の軍隊であり、いわば傭兵です。しかし当時のフランスは、国王を革命で倒した共和国の軍隊であり国民軍です。しかも、大仏同盟というヨーロッパ各国の包囲の中にありました。つまりフランスの戦いは、生きるか死ぬかの戦いであり、兵士の士気が全然違っていたということです。

国王の軍隊すなわち傭兵軍はお金がかかります。持っている傭兵をなるべく減らしたくないし、もちろん雇われている兵士も死にたくないのは当然です。したがって、当時の戦争は駆け引きが多く、ぶつかってある程度戦ったら、あとは外交と話し合いで決着をつけるようなところがありました。ナポレオンは、従来の戦争の方法をまったく無視しました。「ナポレオンは戦争を知らない！」といったのは、ナポレオンと戦った相手の司令官の言葉です。ナポレオンは徹底的に戦う。兵士が死のうと構わない、徴兵制の軍隊ですからいくらでも補充がきく。どこまでも追いかけて行って、徹底的に叩きのめす。これを軍事用語では「決戦戦術」といいます。反対に決戦をしないような戦い方を「持久戦術」といいますが、ナポレオンの強さは、それまでの戦争の常識をことごとく無視したことにあります。

ナポレオンが英雄視される理由

ナポレオンだけが強かったわけではありません、ナポレオンの部下たちも非常に強かったと言われています。ルイ・ニコラ・ダヴーという司令官は、生涯で全戦全勝とまで言われる司令官です。後年、「ライプツィヒの戦い」では、上官のナポレオンが負けているにも関わらず、彼の軍だけは孤軍奮闘して一年以上も包囲の中で粘りとおしています。彼が仕方なく城を明け渡したのは、ナポレオンがロシア遠征で敗れ皇帝を退位した1か月後というから驚きです。また現在、軍隊は司令官を支える参謀組織（自衛隊では幕僚組織といいます）を構成します。この参謀というシステムを作り上げたのもナポレオンが最初といわれています。

ナポレオンがフランスをはじめ西欧社会で今でも英雄視されているのは、彼が単なる軍事の天才であったからだけではありません。政治、法律、文化など多くの分野で業績を残しています。ナポレオンが作った「ナポレオン法典」は、その後の近代的法典の基礎とされ、修正を加えながらオランダ・ポルトガルや日本などの現在の民法に影響を与えています。しかも、フランスにおいては現在に至るまでナポレオン法典が現行法なのです。余談ですが、皆さんは缶詰を食べたことがあるでしょう。これを研究させ作らせたのもナポレオンです。戦争では兵士の食事が極めて重要ですが、それまではあまり顧みられていませんでした。兵士が携行し、いつでも食べることができる缶詰の発明は、ナポレオンの軍隊が非常に強かった要因の一つと考えられています。さらに余談ですが、世界最高と呼ばれるパリのルーブル美術館もナポレオンが建てたものです。

5　ウィーン体制と第１次世界大戦

一時期、連戦連勝でヨーロッパのほぼ全部を手中にし、自ら皇帝に即位したナポレオンでしたが、ネルソン提督率いる英国艦隊にトラファルガー沖で敗れ、ロシア遠征では、ロシアの焦土作戦によって失敗し、皇帝を退位、エルバ島に流されます。ナポレオン後のヨーロッパをどうするかについて話し合われたのがウィーン会議です。

「会議は踊る、されど進まず」という大変有名な言葉が起きたこの国際会議は、各国の利害が衝突して進みません。そうこうしているうちにエルバ島を脱出したナポレオンが皇帝に復位して、フランスに優位にウィーン会議を進めようとしますが、受け入れられず、ワーテルローで英国のウェリントン将軍指揮する連合国軍に敗れセント・ヘレナに流されてそこで一生を終えることになります。

この会議で決まったナポレオン後のヨーロッパをウィーン体制と呼びます。

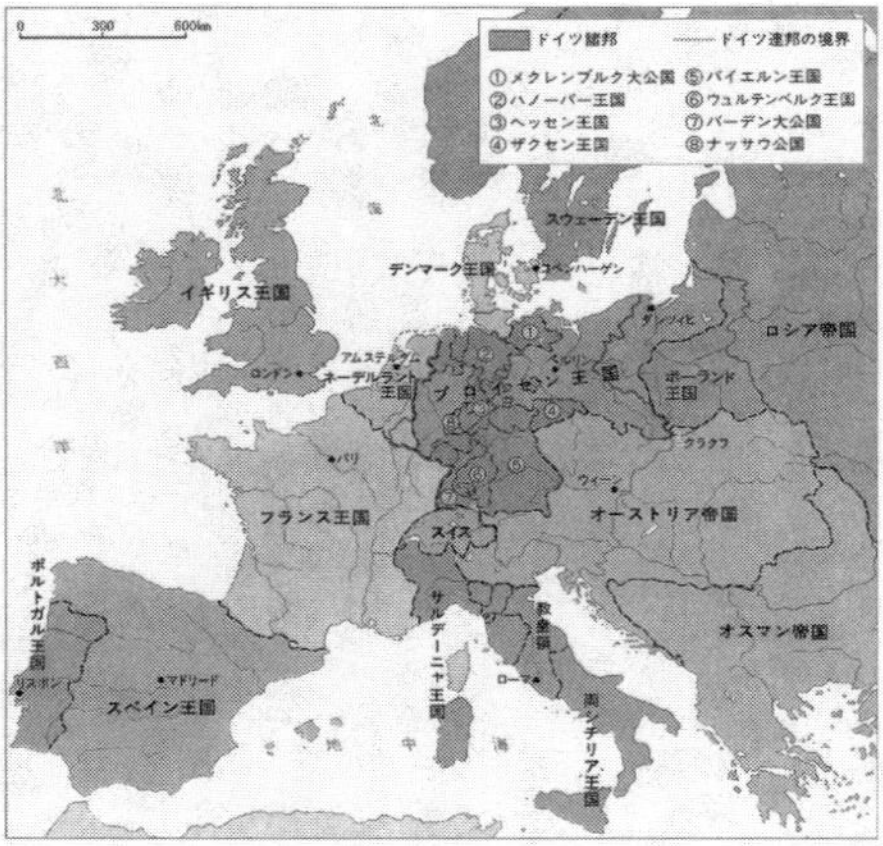

ウィーン会議でナポレオンを倒した諸国家が目指したのは、正統主義に基づきヨーロッパをフランス革命以前の形に戻して各大国の勢力均衡をはかることでした。いわば保守反動体制といえるウィーン体制は、ヨーロッパの協調という名目のためにフランス革命で起こった自由主義・国民主義を抑圧する結果になりました。このウィーン会議の中心となった人物がオーストリア帝国の宰相メッテルニヒです。したがってこの体制を欧米ではメッテルニヒ体制と呼ぶこともあります。

上の図は１８１５年当時のヨーロッパの地図です。ナポレオンが統治していた時と比べて、フランスはほぼ現在の大きさに戻り、結果として現在のドイツがプロイセン帝国としてようやくまとまりかけているのがわかります。

この体制は「諸国民の春」と言われた１８４８年の革命で崩壊してしまいます。１８４８年2月、フランスで起こった革命が特筆すべきなのは、それまでの革命はブルジョア革命であったのに対し、2月革命は、労働者、農民、学生によるデモ、ストライキであったことです。この革命は、オーストリア、ドイツ、イタリアなどヨーロッパ各地に飛び火していきます。欧州各国のいわゆる守旧勢力が目指したナポレオン以前の秩序は、長く続きませんでした。

その後、世界は相互不信と疑心暗鬼の中、サラエヴォでの一発の銃声が各国を第1次世界大戦へと突入させていくことになります。

第4講

第一次世界大戦と国際連盟

戦争の歴史　その3

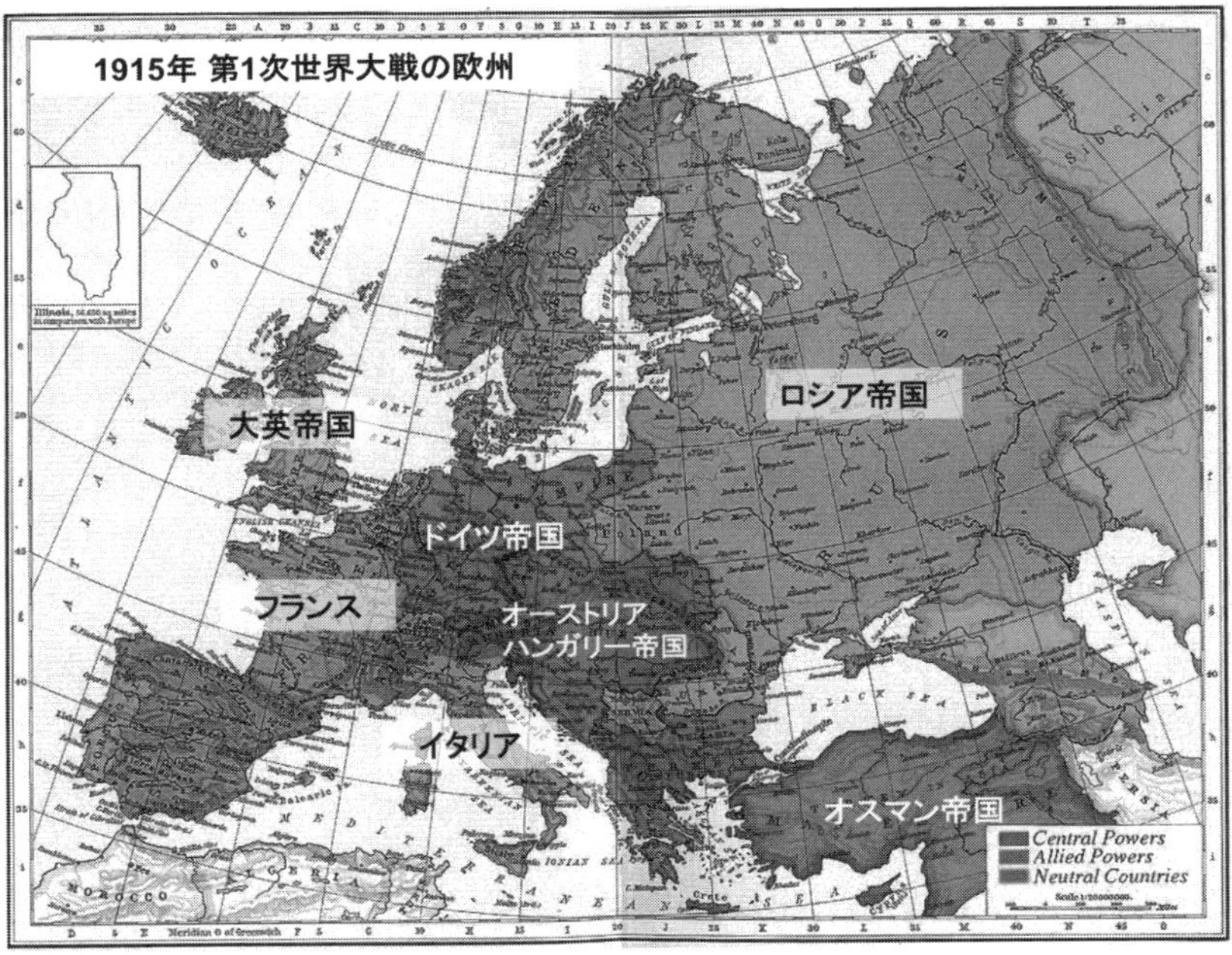

前回は、第1次世界大戦までの世界、特にヨーロッパの戦争を中心に見てきました。日本も含めて世界中で戦争は起きていましたが、ヨーロッパの戦争をことさら見てきたのは、ヨーロッパがその後の世界の在り方、すなわち国際秩序を形作ってきたからです。

第1次世界大戦の前に、ヨーロッパでは普墺（プロシア対オーストリア）戦争で勝利したプロシアがドイツの中心として勢力を拡大し、アジアでは日本が清国との戦争に勝利して、韓半島と台湾を併合し、南下するロシアと対峙した結果、日露戦争が起きるのですが、日本の戦争については後ほど語ることにしましょう。

1　第1次世界大戦

第1次世界大戦は、第2次世界大戦が起こったためにこの名前がついていますが、起きた時は「世界大戦争」とか、「諸戦争を終わらせる戦争（War to end wars）」と呼ばれました。当時のヨーロッパの人々から見ればこれ以上の戦争はない、最終戦争なのだという思いでした。

この大戦は、ドイツ・オーストリア・トルコを中心とする中央同盟国と英国・フランス・ロシアを中心とする連合国の間で行われました。教科書では三国同盟対三国協商というような図式を当てはめたりしていますが、ドイツと仲の悪かったイタリアはさっさと脱退して連合国側の一員となり、ロシアは戦争初期にタンネンベルクの戦いでドイツに大敗した後、国内で2月革命が起きて戦争どころではない状態になってしまいます。

地図（前頁）を見ていただくと良くわかりますが、中央同盟は文字通りヨーロッパの中央でフランスとロシアに挟まれています。すなわち、ドイツは二正面作戦を行わなければならないわけです。これを軍事用語では「内線作戦」といいます。その反対の概念は「外線作戦」です。ドイツのような内陸国は地政学的に内線作戦を取らざるを得ないわけです。

内線作戦の成功の要訣《ようけつ》は、「主体的に各個に撃破する」ということです。すなわち二正面作戦で同時に決戦することは出来ない、そのような戦力を二分する作戦は、どちらの正面も中途半端になってしまい長引くことになる。だから主体的に動く、すなわち機先を制して一正面に全戦力を集中してその敵を倒し、その後、第二の正面に戦力を振り向ける。つまり内線作戦では速度とタイミングが重要です。

一方、外線作戦では「戦力を統一する」ことが重要になります。複数の国が参加する連合作戦では、この統一が一番難しいのです。当時は、ようやく鉄道網にそって電信電話網（電報）が発達している程度で、遠く離れている同盟国の軍隊同士が連絡を取り合うことは極めて難しい時代でした。

例えば軍事作戦では暗号を使います。秘密の作戦に関する通信を生文（平文ともいいます）でやり取りすれば敵に全部知られてしまうわけですから、分からないような暗号を使う。しかし信用の無い同盟国にこの暗号のコード表を渡すことは躊躇われるわけです。それでなくとも遠く離れた同盟軍と歩調を合わせた作戦することはとても難しいということはわかると思います。

ドイツの戦争計画とその誤算

ドイツの戦争（作戦）計画は、考案者の参謀総長の名前を採ってシュリーフェンプランと呼ばれていました。下の図のように西部戦線の右翼を出来るだけ強大にして片翼からフランス（パリ）を包囲し勝利する。こうしてフランスを降伏させれば、返す刀で東のロシアに向かって攻撃するというものです。

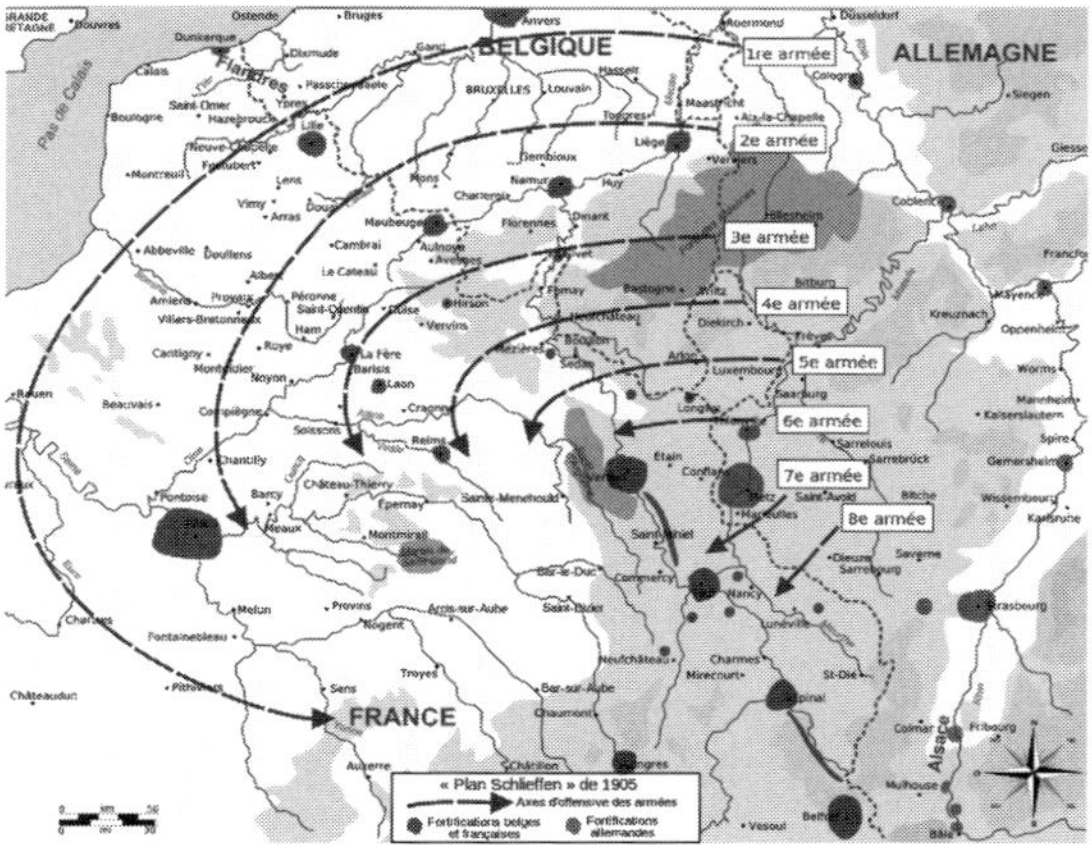

この作戦で勝利するためには、次の条件が必要です。第１に、フランスを攻撃している間、最小限の勢力でロシア正面を持久することです。当時の大規模な軍事作戦には、総動員令が必要です。徴兵令によって沢山の兵士を集め、これを短期間で訓練し、前線に送らなくてはなりません。このために当時の欧州ではようやく整備された鉄道網を基準に作戦が立案されました。大規模な兵員や物資の輸送には、鉄道が最も便利だからです。しかしながら、ロシアの交通網は近代化が遅れていたので、ドイツやフラ

ンスのように総動員令がかかっても直ちに兵士が集まるわけではない。当時のドイツの参謀本部は、ロシアが総動員令を発令してから攻勢にでるまで少なくとも6週間はかかるだろうと見積もっていました。つま1か月半でフランスを降伏させる。これがシュリーフェンプランの核心です。

第2に、英国を本格的に大陸の戦争に参戦させないこと、最悪でも遅れて参戦させることとです。そのためシュリーフェンプランは、当時のドイツの参謀総長小モルトケ（普仏戦争当時の参謀総長と同じ名前でそちらを大モルトケ、こちらは小モルトケと呼びます）によって一部修正されます。それは英国の同盟国オランダを侵攻せず、ベルギーとルクセンブルグから侵攻するという計画です。これはオランダ領域を避けることで英国の参戦をためらわせる、あるいは遅らせる政治的な意図がありました。

結果は、ドイツの予想に反して中立国ベルギーが強く抵抗しました。これはドイツにとって誤算でした。しかもベルギー軍は撤退時に鉄道や橋を破壊したので後続のドイツ軍の前進速度は遅れることになりました。英国は5個師団をフランスに派遣し、マルヌ会戦で戦線は膠着することになります。戦争は果てしない塹壕戦となりました。

第1次世界大戦の規模

第1次世界大戦の塹壕戦を理解するために二つの映画を紹介します。

ひとつは、「西部戦線異状なし」。これは、ドイツのレマルクという作家が書いた長編小説の映画化です。1930年第3回アカデミー賞の最優秀作品賞をとっていますが、ちょっと古い映画なので、マニア向けの映画です。もうひとつは、「戦場のアリア（原題：Joyeux Noël（仏）Merry Christmas（英））」です。仏・英・独合作で2005年の作品。こちらもアカデミー賞の最優秀外国語映画賞をとっています。実は、この映画は実話に基づくもので、塹壕で対峙しているスコットランド・フランス軍とドイツ軍の間に起ったクリスマスイブの奇跡について描かれています。これはお勧めです。

第1次世界大戦は、結果的にアメリカの参戦が戦局に有利に働き連合国側の勝利に終わります。ここで第1次世界大戦がどれ程の規模であったのかみてみましょう。次ページの表は16世紀以降の主な戦争の犠牲者数をグラフにしたものです。ご覧のように桁外れに犠牲者の多い二つの戦争があります。第1次世界大戦と第2次世界大戦です。

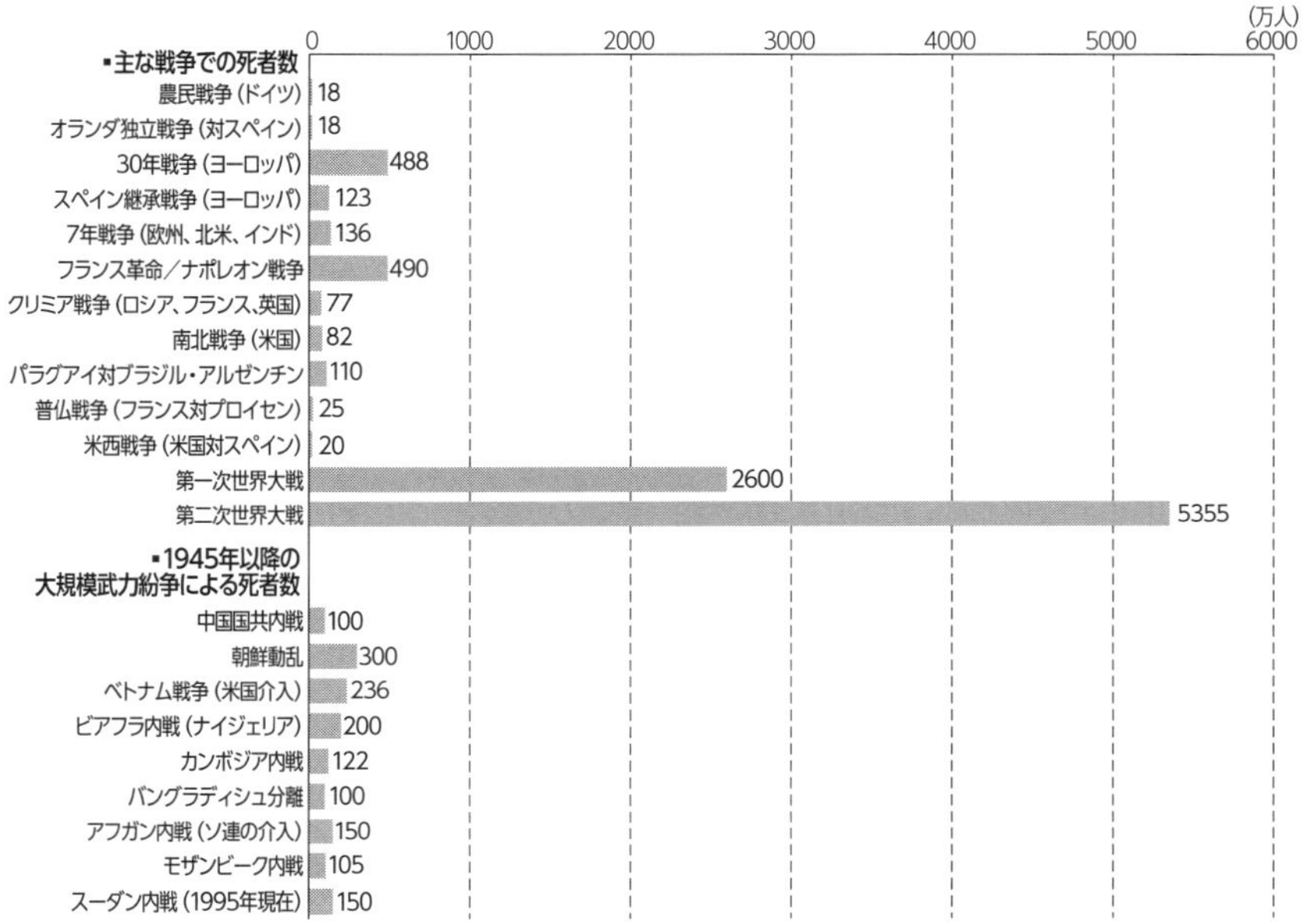

世界の主な戦争および大規模武力紛争による犠牲者数（16世紀以降）
（注）Ruth Leger Sivard, World Military and Social Expenditures（1991,1996）による。
（資料）レスター・R・ブラウン「地球白書1999-2000」（1999）

第２次世界大戦は、空間的にも戦闘の激しさも第１次世界大戦を上回る戦争でしたから、やはり犠牲者の数は第２次世界大戦の方が多いのですが、もし第１次世界大戦が終わった時点でこのグラフを見れば、誰もが世界戦争の恐ろしさと悲惨さを理解したことでしょう。

第１次世界大戦では、それまでになかった新兵器が出現します。戦車、航空機、そして毒ガス（化学兵器）です。化学兵器は、その後国際条約で禁止されたため、第２次世界大戦では使われませんでしたが、戦車と航空機の出現はそれまでの戦争の在り方を大きく変える契機となりました。

2 開戦に至る経緯

さて、皆さんに考えてもらいたいのは、第１次世界大戦は何が原因で起きたのか？ということです。それまでの二国間の戦争であれば、原因は意外と容易に判断できます。しかし、このような世界規模の戦争では、何故、戦争が起きたのかを考えることは、戦争を考える意味で非常に重要だと考えます。

その前に、実際に第1次世界大戦がどのようにして起きたかをおさらいしておきましょう。きっかけとなったのはサラエヴォ事件でした。1914年6月28日、オーストリア・ハンガリー帝国の皇位継承者であるフランツ・フェルデナント大公が今のボスニア、サラエヴォにおいて暗殺されました。実行犯はセルビア人の居住地の統合を標榜する暗殺集団の一員です。

そのことを知ったオーストリア・ハンガリー政府は、懲罰的軍事行動を視野に入れてセルビア政府に絶対受け入れられない最後通牒を送付して宣戦布告を行います。民族的にセルビアに近かったロシアは、オーストリアと戦争することを予期して、オーストリア正面だけの部分的動員令を発令しようとします。しかし、ロシアの軍部はニコライ2世に対して部分的動員令は不可能であると上申、7月31日にロシアは総動員令を発令します。

露仏同盟で国家の両端を挟まれたドイツは、先のシュリーフェンプランの成功条件がロシアの総動員令から攻勢までの6週間にあるわけですから、8月1日ロシアに対して、8月3日にはフランスに対して宣戦を布告します。これを受けて8月5日、英国もドイツに対して宣戦布告します。こうしてヨーロッパの主要5か国が戦争へと突入していきました。

3 当時のヨーロッパはどうなっていたか

当時のヨーロッパの情勢がどのようになっていたのか見てみましょう。

第1次世界大戦前の1870年、当時のプロイセン王国とフランスが戦争します。普仏戦争と呼ばれるこの戦争はプロイセン王国を中心にしたドイツ連合軍がナポレオン3世指揮するフランス軍に対して圧倒的な勝利を収めます。ドイツは50億フランの賠償金とアルザス・ロレーヌ地方を獲得、この戦争でドイツが統一されドイツ帝国となります。その中心となったのが鉄血宰相ビスマルクです。また、軍事的に見ると大モルトケが作ったドイツの参謀本部をはじめとする革新的な軍隊と軍事制度です。フランスが勝つと思っていた国際社会は短期間でドイツがフランスを破った戦いを見て驚き、一斉にドイツの参謀本部、動員制度など

を取り入れることになりました。

そして、戦争後にヨーロッパ諸国が目にしたのは、それまでの分裂し内部対立を繰り返していたドイツではなく、プロイセンを中心に統一された強力なドイツ帝国でした。

その他の地域を見ていきましょう。東ローマ帝国を滅ぼして東欧を支配したのはオスマントルコです。バルカン半島から現在のハンガリー、ブルガリア、ウクライナ、イラクまでにわたって栄えた強大な国家でした。しかし17世紀になるとオスマントルコは次第に力が衰え、南下政策をとるロシアと衝突します。さらにギリシャがトルコに勝って独立を勝ち取ると、ハプスブルグ家のオーストリアもバルカン方面への進出を窺うようになります。

英国とフランスは勢力均衡を図ろうとします。すなわちこの地域で共倒れになってくれれば一番いいと距離を置くわけです。オスマントルコの弱体化に伴う国際的な動きは歴史的に「東方問題」と呼ばれています。結局ロシアと対立していたトルコは、第1次世界大戦では必然的にドイツ・オーストリア側に立って参戦し、敗戦後オスマントルコ帝国も崩壊することになります。

4　初の世界規模の戦争は何故起きたのか？

それでは皆さんに考えてもらいます。テーマは、「主要な大国がすべて参加して戦った第1次世界大戦は何故起きたか？　最も重要な要因は何か？」ということです。出来れば、幾つかの重要な要因を明らかにして、結果としてこの要因を選んだ、というようことも考えてください。

さて、この戦争の概要を聞いただけではなかなか原因のすべてを把握していないでしょうから、講師の方から原因を列挙しておきますので（次頁）、その中から話し合って選んでいただいて構いません。もちろん、自分たちで考えても一向にかまいません。

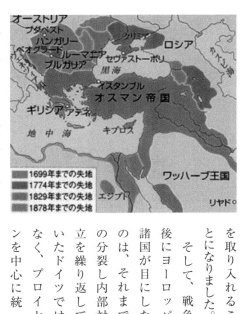

第1次世界大戦の原因(1)	第1次世界大戦の原因(2)	第1次世界大戦の原因(3)
●18世紀末からの経済同時不況 •市場の拡大⇒植民地獲得競争 ● 複雑な同盟関係 •中央同盟vs三国協商＋日英同盟 ●秘密外交（謀略＋王室外交） •オーストリアの最後通牒	●普仏戦争 ⇒ドイツvsフランス •ドイツ　:フランスを恐れる •フランス:ドイツに恨み・因縁 ●領土問題 •アルザス・ロレーヌ地区 ●ナショナリズム •ナポレオン戦争後の革命勢力の抑圧	●産業革命 •新兵器の出現:機関銃、航空機、毒ガス •鉄道、電信電話網の発達 ●軍拡競争＝バランスの崩壊 ●ドイツ軍の戦争計画の硬直性 •シュリーフェンプランへの過信 •軍事的妥当性＞政治的リスク

３つにカテゴライズしました。①は、政治、国際関係などの原因、②は、国民感情や当時の社会的背景などの原因、そして③は、軍事科学技術や社会インフラなどにその原因を求めるものです。

秘密外交とは、この時代の外交のスタイルです。実は、当時の国と国の関係は、秘密や陰謀、嘘やごまかしが大変多かったのです。第１次世界大戦の契機となった皇太子の暗殺に際し、オーストリアがおこなったセルビアへの最後通牒は、当時の英国外務大臣が「今までで見た最も恐ろしい文書」と言ったほどです。相手が絶対に受け入れられないことを要求したのは、オーストリアがセルビアに侵入する論拠を作るための手段にすぎなかったと言われています。

②の領土問題にあるアルザス・ロレーヌ地区は鉄鉱石と石炭を有することから、ドイツとフランスの間で長く係争地となった地域です。もともとはドイツ語を話す地区でしたが、歴史的には神聖ローマ帝国の支配下にあり、後にフランク王国の一部となりました。中心都市はストラスブールで現在はフランスの領域内にあります。

③の戦争計画の硬直性とは、ロシアの総動員令という相手の行動をもって無条件に戦争を開始してしまうことなのですが、ドイツがその前の普仏戦争でフランスを相手に完全勝利したという事実がドイツ参謀本部に意味のない自信を抱かせたこともひとつの原因ではないかということです。

それでは、考えてください。

……

5 国際連盟の創設

第1次世界大戦が終わって、世界はこの世界大戦がいかに悲惨であったかに気づきました。ようやくこんな戦争は二度と起こしてはいけないという市民の声が大きな世論として巻き起こりました。この世論を一身に集めたのが、アメリカの大統領ウッドロウ・ウィルソンです。ウィルソンは、戦後処理の一環として14か条を提案しました。ウィルソンの平和原則と呼ばれているものです。

彼の平和原則は次の3点に要約されます。

ひとつめは、第1条の「秘密外交の廃止」で、戦争の原因となっていた外交官による秘密交渉（秘密条約）を廃止して、公開すべきという原則です。ふたつ目は、第5条の「植民地問題の公正解決」いわゆる「民族自決の原則」です。しかし、当然アフリカに多くの植民地を抱えている英国とフランスはこれに大反対ですから結局、ドイツとオーストリア・ハンガリーそしてオスマントルコの植民地に限定されることになりました。つまり、負けた国からは植民地を取り上げ、勝利した国の植民地は、そのままという不満の残る結果となりました。

そして三つ目が、国際連盟の創設です。

第1次世界大戦の講和会議の重要な議題のひとつとなり、ヴェルサイユ講和条約の第1編が国際連盟の規約となっています。しかしながら、世界始まって以来の国際平和機構は、上手く機能しませんでした。原因は多くありましたが、最大の原因はこの機構の設立に最も情熱と努力を注いだウィンルソン大統領のアメリカ合衆国が講和条約を批准せず、連盟に参加しなかったからです。

国際連盟については、この後の講義で研究する国際連合と比較することによってより理解が深まると思われますので、本日はここまでとしましょう。

人類に多くの悲劇をもたらした第1次世界大戦が終わって、僅か20年。国際連盟が創設され、不戦条約が批准され、初めて戦争の抑止が期待される……。

それでも第2次世界大戦は起きました。何故、国際連盟の集団安全保障は挫折したのか？　その背景を見ていきたいと思いますが、その前に、日本の歴史の中で戦争がどのようなものであったのか、考える必要があると思います。

次回は、日本と戦争の歴史について見ていきます。

第5講

第二次世界大戦と国際連合（1）

日本の選択　日本の戦争

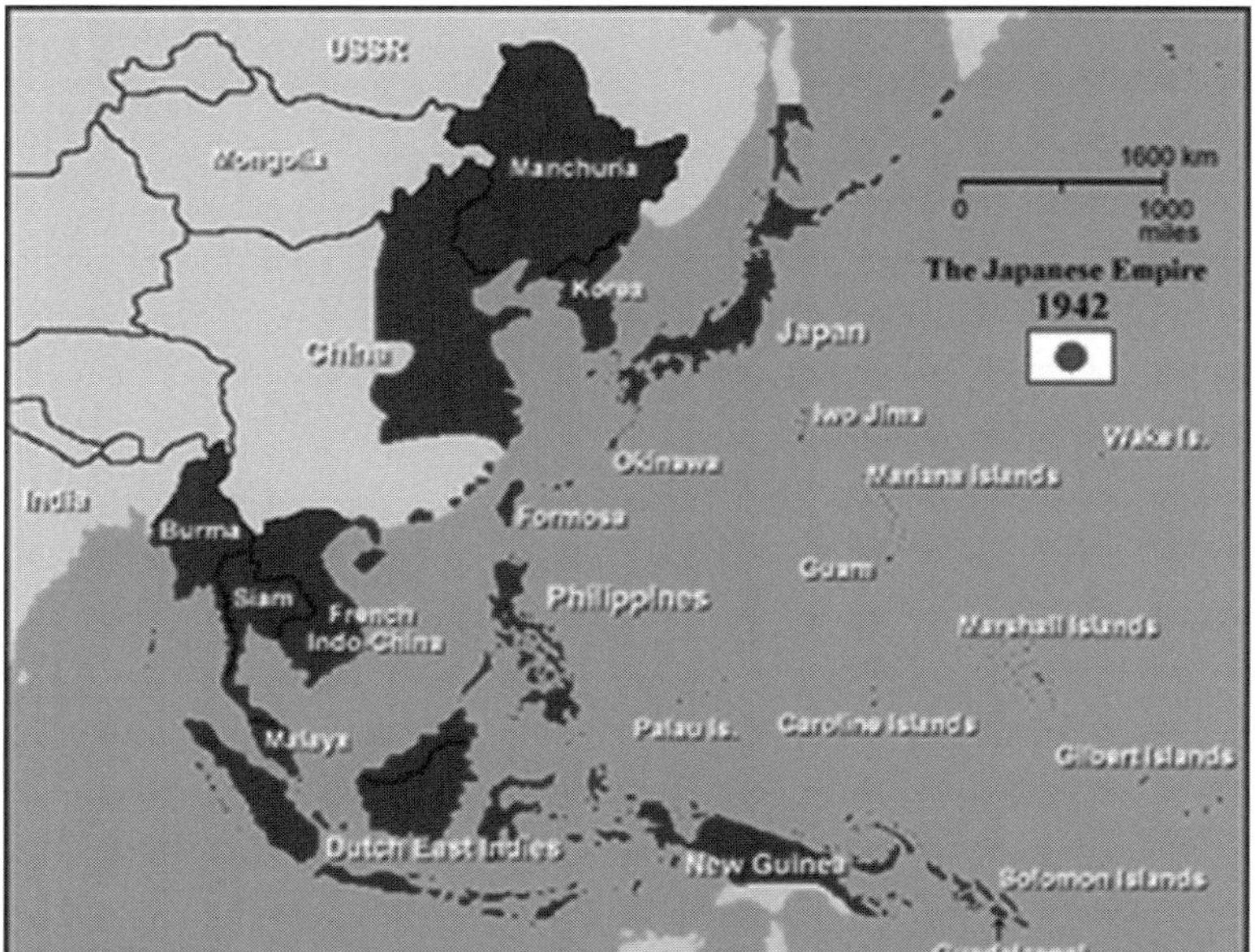

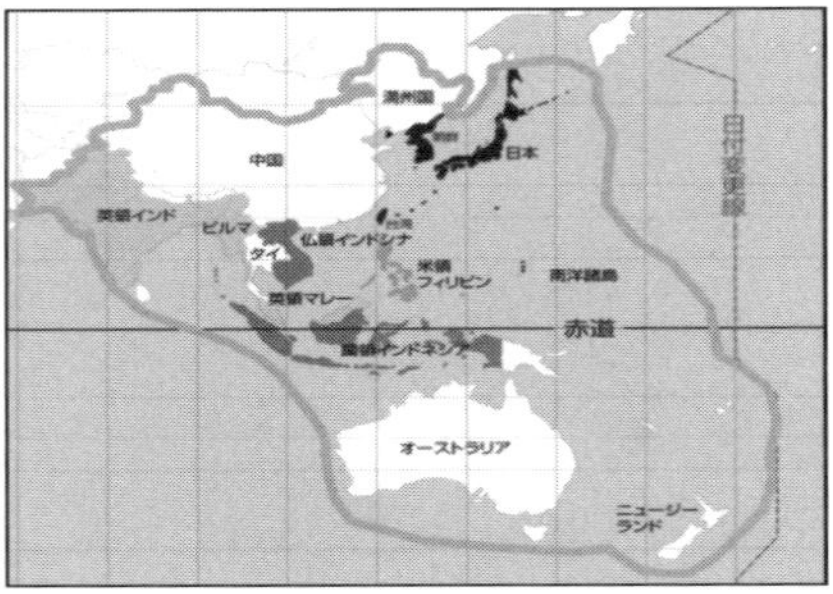

本日の最初の世界地図は、見てわかるように、１９４２年当時の東アジアの勢力地図です。表題にThe Japanese Empire 1942と書かれていますから、当然日本が作った地図ではありません。地図上に黒く塗られているのは、歴史上日本の領域が最も拡大した時のものです。日本は日清、日露戦争を経て、アジア大陸に植民地を持ちました。日本がどこまで領域を拡大しようとしていたのかは、実は地形的には明確ではありません。

ただし、「大東亜共栄圏構想」という概念・言葉は残っています。これを地図上に表すと上の地図のようになります。今では考えられないほどの広大な範囲ですが、本当に当時の日本がこのように勢力圏を作ろうとしていたのかどうか、そこは定かではありません。

前回は、第1次世界大戦を見てきました。同盟国と連合国に分かれて戦った最初の世界戦争は、それまでの戦争と比べても大変に大きなものでしたが、さすがにこれほどの戦争を経験すると人は賢くなるというか、懲りて考えるものです。その答えが国際連盟であり、不戦条約なのですが、それを見る前に、日本、我が国の戦争の歴史を概観する必要があるように思います。日本の歴史もまた、戦争の歴史と言えるものです。

本日は、そこから見ていきましょう。

1 『それでも日本人は『戦争』を選んだ』から

最近出版された本の中で、日本の近代史の中における戦争について書かれた本があります。東大の加藤陽子先生が書かれた2冊の本です（いずれも朝日出版社）。

『それでも日本人は「戦争」を選んだ』

『戦争まで』」

本の表紙には、次のようにキャプションがついています。最初の本には、「普通の良き日本人が、世界最高の頭脳たちが『もう戦争しかない』と思ったのは何故か？」もう一冊には、こうあります。「かつて日本は、世界から『どちらを選ぶか』と三度、問われた。より良き道を選べなかったのは何故か？」

この本は、高校生を対象に加藤先生が日本の戦争について語った6回の講義を基に書かれています。ですから若者にわかりやすく丁寧に書かれています。、是非読んでほしいと思います。

2 どこから歴史を語るのか？

さて日本の歴史、中でも戦争について語りたいのですが、全部を語るとそれだけで何十時間もかかってしまいます。あくまでも安全保障を学ぶひとつの題材としてみるだけでも対象は多く、どこかに焦点を当てざるを得ません。

個人的な見解ですけれど、歴史を語る上で大事なことは、「どこから歴史を語るのか？」ということだと思います。第三者的に見て、日本の戦争の歴史を語り始める場合、大きく次の5つくらいに絞られます。列挙すると、①「白村江の戦い」、②「元寇」、③明治維新、④日露戦争、⑤終戦の5つです。余談ですが、我々世代は、①を「はくすきのえの戦い」と教わりました。今では「はくそんこうの戦い」と教えているはずです。③と④は、ほぼ同じ時代ですから一緒にしてもかまわないと思います。

すなわち、古代から戦争の歴史を語るのか、封建時代から語るのか、近代から語るのか、そして現代を語るのかということになります。何故、このような区分をするのか、それは語り始める時代によって、その人がどのように歴史を見ているか大体のところが類推出来てしまうからです。独断的に言えば、⑤の終戦から語る人は、日本が悪い戦争、すなわち侵略戦争をして世界に迷惑をかけたのだという事実からスタートします。一方で、日露戦争から語る人は、明治維新後、世界の列強の植民地政策の中で、日本は世界の強国を相手にして勝ったという歴史から語ることになります。どうですか、それだけでその人のその後の話が予想できてしまいませんか？　わたしが言いたいのは、そういうことです。

⑤を「終戦」という表現を使いましたが、わたし個人は、この言葉はあまり使いません。正しくは「敗戦」というべきだと思っているからです。「終戦記念日」と日本では呼んでいますけれど、実態は「敗戦の日」なんです。まあ、こんな話をしているといつまで経っても本題に入れないので、日本の戦争の歴史を概括しましょう。

3　日本の戦争の歴史（概括）

左図は、「白村江の戦い」から秀吉の「朝鮮出兵」までを一覧にしたものです。横軸は時間軸、すなわち西暦年を表わしています。横軸から上の部分は、比較的にみて日本が海外と協調していた時代、横軸から下の部分は日本が外国から攻められたり、こちらから攻めていったりという戦いの時代です。

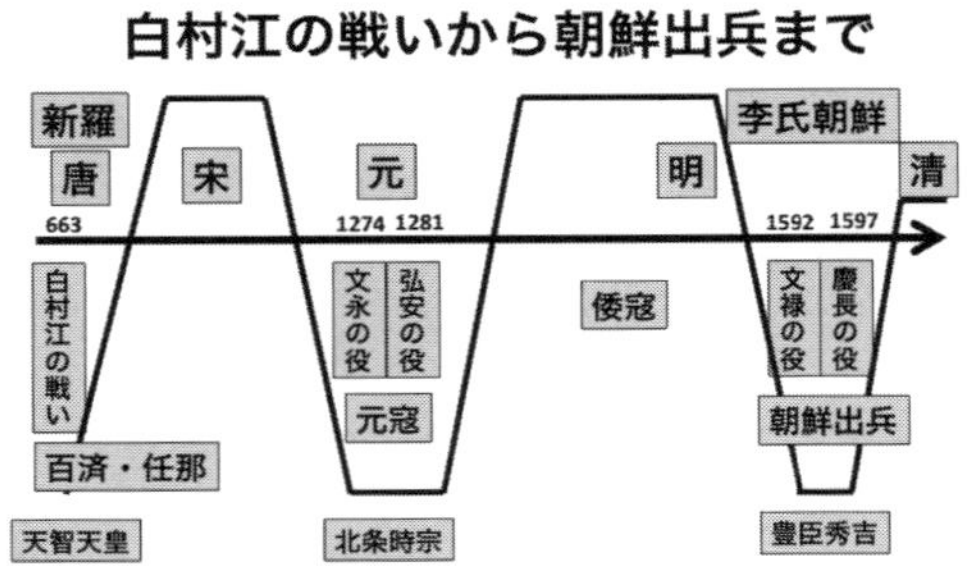

６６３年白村江の戦いでは、日本と百済《くだら》、任那《みまな》の連合軍は、唐・新羅《しらぎ》の連合軍と戦って完膚なきまでに負けてしまいます。朝鮮半島における日本のいわば信託統治領であった「任那」は消滅、百済も滅んでしまいました。日本では６４５年、「大化の改新」を経てようやく天皇を中心とする集権国家が誕生しようとしていた時代です。この事件は、中大兄皇子、後の天智天皇が藤原鎌足と一緒になって起こした一種のクーデターです。見方は色々あるのですが、日本が抱えている対外的な問題、即ち朝鮮半島情勢を見る限り、国内で対立などしている場合ではないと天智天皇が見ていたのは間違いないところでしょう。

白村江の戦いで負けた以降、日本は九州北部の国土防衛が国家の最大の課題となります。さて、そのために日本は何をしたのでしょうか？

日本史の勉強のようで申し訳ないのですが、九州北部、今の福岡県に当時の唐・新羅連合軍を食い止めるための防衛施設を建設するのです。「水城《みずき》」と呼ばれる土塁や「山城」と呼ばれる砦を築きます。その司令部となったのが大宰府で、現在でも「都府楼跡」として土台が残っています。また、侵攻をいち早く朝廷に届けるための「飛火《とぶひ》」と呼ばれる烽火《のろし》による緊急通報システムを構築するとともに、九州北部に防衛のための部隊を配置します。これが「防人《さきもり》」と呼ばれるものでした。実際に唐は攻めてこなかったわけですが、そのための国家としての防衛努力は行われていたわけです。

左の図は、当時西日本地域に作られた山城です。自然の山をそのまま生かして内部に井戸や食料などを貯蔵して、敵の侵攻を食い止めるための砦のようなもので、現在日本に多く残っている「城」というような建物ではありません。そのような準備は、鎌倉時代になって「元」というモンゴルの国家が日本に侵略した「元寇」のときに活かされます。日本では「元寇」を打ち破ることができたのは、神風（台風）が吹いたからだと言われるのですが、国を守るシステムはちゃんとあったことを知るべきだと思います。

この後、日本は国内で争う戦国時代が続くのですが、豊臣秀吉が天下を統一します。もう日本に戦う場所はない。秀吉が目を付けたのは、朝鮮半島でした。「文禄・慶長の役」と日本は呼びますが、韓国では「壬辰倭乱《じんしんわらん》」、「丁酉倭乱《ていゆうわらん》」と呼んでいます。

韓国の首都ソウル市内には、「李舜臣」という李氏朝鮮の海軍提督の銅像があります。韓国にとっては、日本を破った英雄として今でも人気のある人物です。大きな銅像が立っているのは、韓国の日本に対する感情を表わしています。

１９１０（明治43）年、日本は韓国を併合するわけですが、その背景にあったのは、ロシアの南下政策に伴う安全保障上の危機意識でした。もともと中国は、朝鮮半島は属国だと思っていました。今でもそうかもしれません。この時代は、日本との戦争（日清戦争）に負けて、一番力が劣っていた頃です。その間隙をついて帝政ロシアが旅順港を自分の港にし、この地域に権益を広げていました。日韓併合は、日本の理論でいえば韓国をロシアに取られるよりはという感覚だったのでしょう。

この日韓併合は、アメリカによって承認されます。当時の首相桂太郎とアメリカの国務長官タフトとの間で協定が結ばれます。米国は日本の朝鮮統治を認める、一方で日本は米国のフィリッピン統治を認めるというものです。

韓国併合は、韓国ばかりでなく日本においてもあまりよく受け取られていません。しかし、日本の統治は客観的に見て非常に合理的なものであったと一部で評価されています。例えば、身分開放や土地政策、教育文化施策、そして社会インフラ整備などは、日本統治時代に押し進められました。

4 洪思翊中将のこと

この時代の韓国の人々が日本の統治下で、植民地として搾取されていた、日本は韓国に圧政を引いていたという指摘は、総じて正しいと思われます。しかし、世界と比べて著しく酷いものだったかどうか、一人の朝鮮人の将軍をご紹介しましょう。

彼の名前は、「洪思翊《ホンサイク》」、朝鮮半島出身の日本陸軍中将です。彼は留学生として日本陸軍の幼年学校に入学します。入学中に韓国が併合され、じ後、陸軍士官学校を首席で卒業、日本陸軍の軍人として第2次世界大戦を戦います。彼は、最後まで宗氏改名を行わず、呼び名も「ホン・サイク」のままでした。

彼は、フィリピンで山下奉文将軍とともに軍事裁判にかけられ絞首刑になるのですが、山下軍司令官の裁判で証人として証言しているのとは対照的に、自分の裁判では完全な沈黙を貫いています。「日本人とユダヤ人」というエッセイで有名な山本七平という作家が「洪思翊中将の処刑」という大変考えさせられる本を書いています。興味のある方は、一度読まれることをお勧めします。

5 日清戦争から第1次世界大戦まで

明治維新後、日本は世界の列強に追い付こうとして、激動の歴史を歩むことになります。10年ごとに海外に軍隊を送り戦争を繰り返すわけです。中でも注目すべきは、日露戦争です。極東の小さな帝国が、強国ロシアを相手取って何とか勝つのですから、世界史の中でも特筆すべき戦争でした。

この戦争について多くを語ることはしません。深く知り

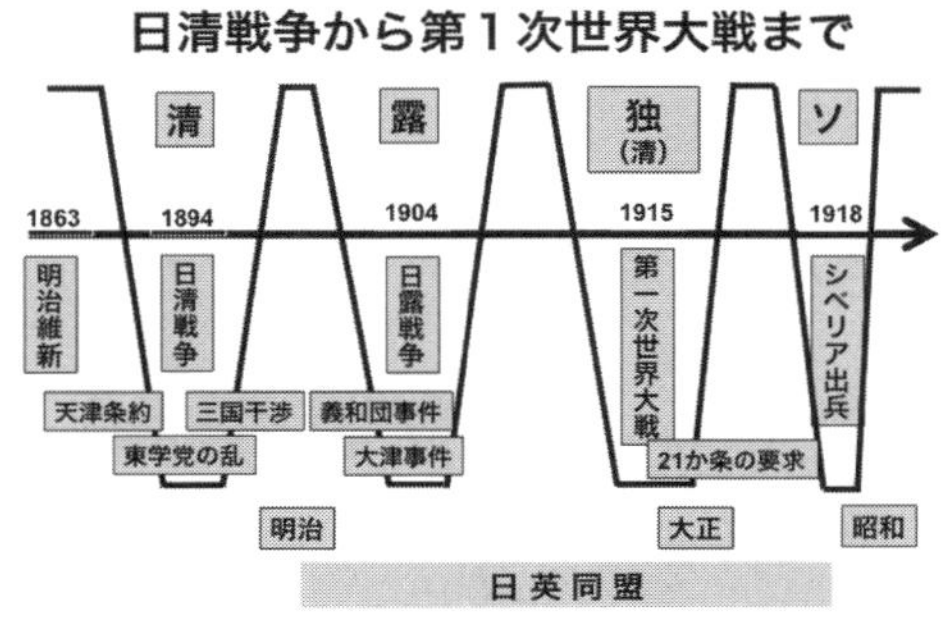

たい人は、小説で恐縮ですが、司馬遼太郎という歴史小説家が『坂の上の雲』という小説を書いていますので、読んでください。この小説、実は大変長い長編小説なのですが、わたしは、これまでに4回通読しています。学生時代、30代、40代、50代……それぞれの世代で新たな発見と感動がありました。近代日本を知る上でとても貴重な資料だと思っています。ただ、日本が大国ロシアにかろうじて勝てた最大の要因は、「日英同盟」があったからだという指摘は、間違いないと言えるでしょう。

6　第1次世界大戦後の日本を取り巻く状況

さて、日露戦争に辛うじて勝った日本でしたが、相手国であったロシアは、革命を経てソビエト連邦となります。ロシア帝国は社会主義国となりましたが、日本に対する脅威が減ったわけではありません。清朝の衰退に伴って、日本は中国の東北部、満州に目を向けます。この地域を安定化しない限り、またロシア（ソ連）が南下してくることは明らかであったからです。1911年辛亥革命が起きて清朝が倒れ、日本で学んだ「孫文」が臨時大統領となる中華民国が設立されます。しかし、その後、袁世凱という軍人のクーデターにより共和政は崩壊、中国は一時期軍事独裁政権になります。この袁世凱の死後、中国国内は混乱することになります。

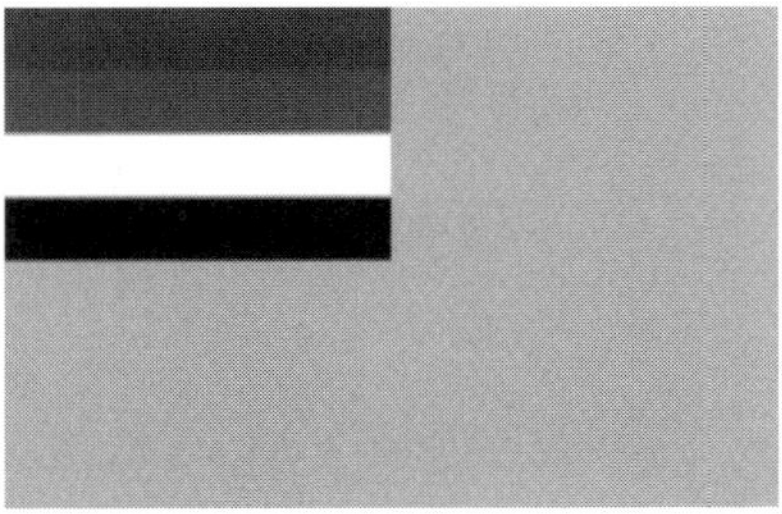

さて、皆さんは、この国旗をみたことがありますか？これは、現在の地球上には存在しない国家の国旗です。満州帝国の国旗です。教科書では、1931年日本は柳条湖事件を起こし、満州に日本の傀儡国家を作りましたと書いてあったりします。いわゆる満州事変です。この事件を画策し国を建

国した張本人は、石原莞爾という日本の陸軍中佐なのですが、その話をすると止まらなくなるかもしれないので、これも本の紹介だけにとどめておきましょう。

福田和也という文芸評論家、歴史小説家が『地ひらく——石原莞爾と昭和の夢』という小説で石原莞爾と当時の日本の置かれた立場について書いています。これも読みごたえのある本です。

日本は、清朝最後の皇帝である第12代皇帝「愛新覚羅溥儀」を満州国初代皇帝として満州国を建国しました。いわゆる正当性のある先の王朝の末裔を国王に据えたということです。ラストエンペラーという映画にもなりました。この後、日本は盧溝橋事件を経て、本格的に中国との戦いに突入していくことになります。

さて、当時の世界、国際連盟はこの日本の行動をどう見ていたでしょうか？　あまり、良く思っていなかったというのは事実です。アジアにおいて日本が強大になることを世界は良く思っていませんでした。特にアジアに自国の権益を伸ばそうと思っている国は多く、中でも最も日本について脅威を感じていたのは、米国です。

7 日本は米国との戦争を望んでいたのか？

皆さんは、第2次世界大戦において日本が米国を中心とする連合国と戦って負けたことを知っているでしょう。世界の歴史の中でロシアとアメリカを敵に回して本格的に戦った国はそう多くありません。ご存知のように日本は、ロシアにはようやく勝つのですが、アメリカには完膚なきまでに敗れてしまいます。当時の日本はそれほどまでに身の程知らずだったのでしょうか？　まあ、やるだけやって負ければ仕方がない、そう思って戦争を始めたのでしょうか？

１９４１年12月8日、日本と米国の戦いは、真珠湾に対する奇襲攻撃で始まりました。

次頁の図は日本と米国の空母の保有数の比較を表したものです。１９４１年当時では、日本の方が空母の数は多いのです。

当時の海軍の戦いの基本は戦艦でした。できるだけ大きい戦艦が有利です。何故なら船が大きければそれだけ大きな大砲を積める。大砲が大きければより遠くまで弾を撃つことができるからです。ですから日本は戦艦「大和」や「武蔵」を作ったのです。これを「大艦巨砲主義」と言います。

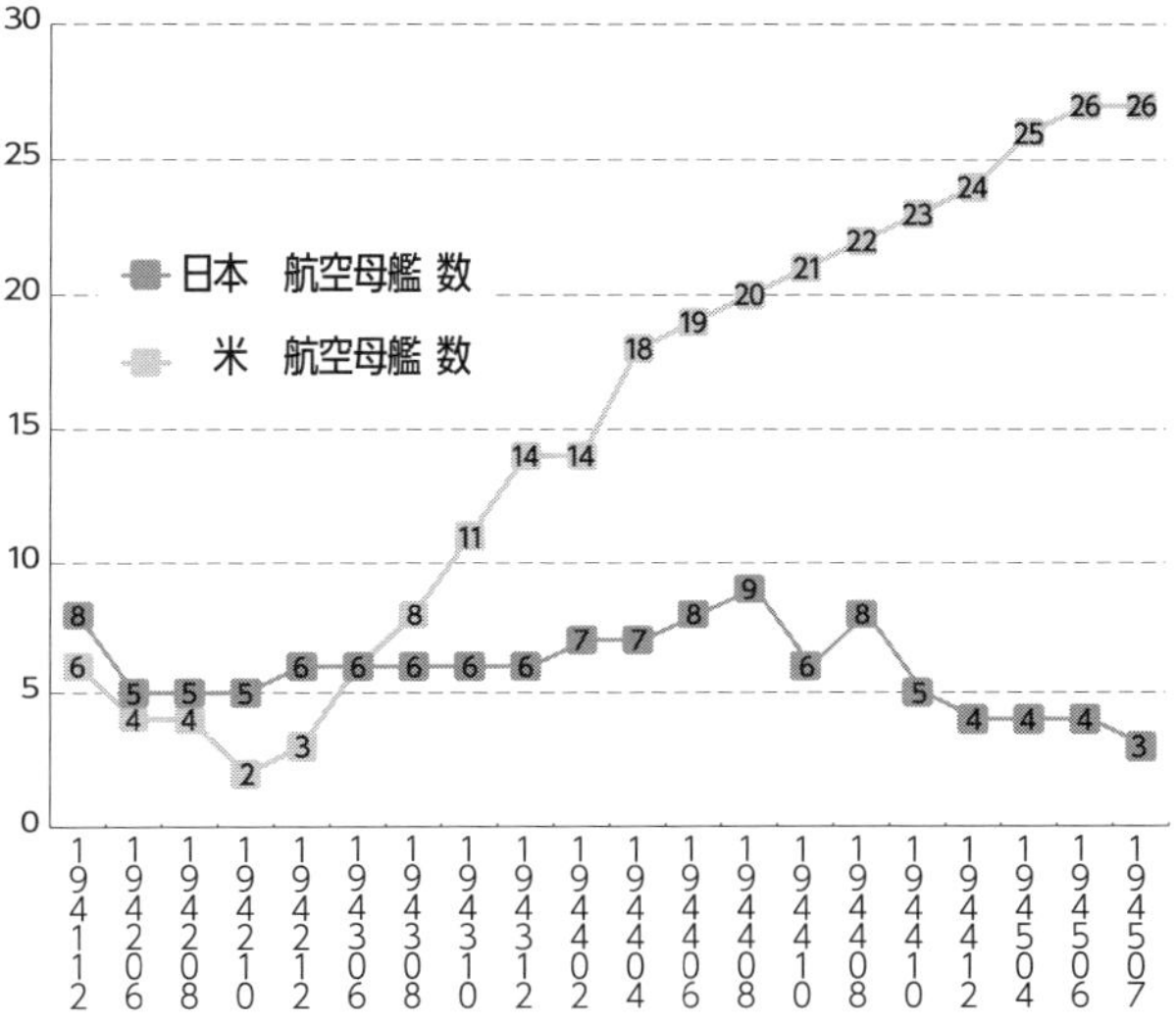

日米　航空母艦数　変遷

昔のやり方に固執して図体の大きさだけにこだわる守旧派を揶揄する場合、この言葉は使われます。

しかし、航空機の発達とともに海の上の戦い方は変わってきました。大砲の弾よりも航空機の方が遠くまで行ける、すなわち魚雷や爆弾を積んだ航空機を空母から飛ばすことができれば、大きな力になるわけです。それは現代でも変わっていません。日本が初戦で行った空母機動打撃部隊による奇襲攻撃は、いわば世界が驚くほどの最先端の戦い方だったのです。しかし、表で見るとおり、日米の国力の差は歴然です。

真珠湾攻撃の半年ほど前、１９４１年の春に政府の密命を受けて、当時の日本の若きエリートが「総力戦研究所」の研究生として集められました。日本と米国がもし戦ったらどうなるかということを内密に研究する為でした。その年の夏、彼らは模擬内閣を作り、日米戦争の行方を検討しました。結果は、戦いの当初、奇襲攻撃で勝利するものの国力の差から劣勢となり敗戦に至るというものでした。

この史実は、これも本の紹介で恐縮ですが、猪瀬直樹が『１９４１年夏の敗戦』という本に書いています。『１９４５年夏の敗戦ではありません、『１９４１年夏の敗戦』です。このように、当時の日本の指導層の多くは米国と戦って勝てるとは決して思っていなかったのです。海軍だけでなく陸軍も「南方の資源を獲得して長期不敗の体制を構築する」としていました。すなわち、まともに戦えば負けると分かっていたのです。それでも日本は戦争に突入しました。それは何故なのでしょうか？

8 戦前の対米交渉

満州事変後、中国大陸に多くの戦力を投入していた日本は、国際連盟を脱退して孤立の道を選んでいました。日本は、最後まで米国との戦いを避けるためにアメリカとぎりぎりの外交交渉を行っています。しかし、アメリカ、イギリス、オランダ、中国による経済封鎖が行われます。これをそれぞれの国の頭文字をとってＡＢＣＤ包囲網と言います。

折しもヒットラーのドイツがフランスとの戦いで勝って、日本はフランスの植民地であった北部仏印（今のベトナム）へ軍隊を進めます。ヨーロッパでドイツと戦っていたイギリス・オランダは、１９４１年8月、米国と協調して日本に対する石油の輸出を停止します。それから開戦の12月8日までの対米交渉を見ていきたいと思います。

対米交渉の結果、日米が一定の合意に達した「日米諒解案」と呼ばれるものがあります。すなわち、両国がこれに同意できれば戦争は回避できるという案です。これを読むと不満はあるけれど、何とかお互いに妥協できる案ではないかと思います。

しかし、この諒解案にルーズベルト大統領は同意しませんでした。代わって、日本に通知されたのが有名な「ハル・ノート」と呼ばれるものです。このハル・ノートには、３つの対日要求が記されています。①満州国を含む支那大陸及び仏印からの軍隊、警察の全面撤退、②大陸における全ての権益の放棄、③三国同盟の破棄。「日米諒解案」と比較すると、妥協の余地が一切ない、その強硬さに驚いてしまうほどです。戦後、極東軍事裁判といわれる戦争犯罪を裁く裁判が東京で行われるのですが、その判事を務めたインドのパール博士は、裁判の意見書の中でこう言っています。

「ハル・ノートのようなものをつきつけられれば、モナコ公国やルクセンブルク大公国でさえ銃をとって立ち上がっただろう」

古代ギリシアのスパルタとアテネの戦争、ペロポネソス戦争（紀元前４３１～４０４年）について記した『歴史』という本の中で、著者ツキディデスは、戦争が勃発する原因として「利益」「名誉」「恐怖」という3つの要素を挙げています。国益の追求、名誉を守りたい欲望、そして恐怖から逃れようとする行為が、国家を戦争へと駆り立てる要因であるわけです。現代でも多くの安全保障専門家が「ツキディデスの罠」としてこの3要素を引用しています。日米開戦に至るまでの両国の外交の流れをふり返ると、日本が米国との戦いに突入していった要因は、この三つの要素すべてが当てはまります。すなわち日本は、この「ツキディデスの罠」にはまってしまったのだと言えるのかもしれません。

9 戦後から振り返る日本の戦争

さて、日本の戦争を短い時間でざっとふり返ってみました。最後の戦争から70年以上が経過して、日本は過去の戦争を反省し、戦争を放棄した憲法を制定して平和国家になったと主張する人がいます。恐らく皆さんも日本人は平和な国民だと思っているでしょう。しかし、こうやって2000年以上の日本の歴史を見ると、他の国と同じように日本も戦争に明け暮れていた歴史を持っていることは間違いない。2000年から比べるとたった70年の平和をもって「平和国家」だと断言するのは、まだまだ早いのではないかという気もするのですが皆さんはどう思いますか？

下の地図は、1914年、第1次世界大戦が終わった頃の世界の植民地の状況を表わした地図です。世界の多くの地域で植民地があったことを表わしています。特にアフリカとアジアに多いことが分かります。中国と朝鮮半島を除くと、日本が戦争した地域は、第2次世界大戦後、宗主国（支配していた国）に対して独立運動が起こり、結果的にすべて独立を勝ち取りました。北部の地中海沿岸地域を除いて、ほとんど戦争のなかったアフリカと比べると対照的です。

1914年当時の植民地分布と列強支配地域

第2次世界大戦における日本の東南アジアへの侵攻は、建前的には植民地解放と言われていました。そして、日本の敗戦後はその通りになりました。オランダの植民地だったインドネシアのジャワ島を侵攻した日本軍の司令官は今村均大将という人で、実はわたしが最も尊敬する日本陸軍軍人です。彼は現地の情勢に非常に配慮した占領政策を実施しました。敗戦を迎えたインドネシアに再びオランダが帰って来た時、現地で独立運動が起こりました。この独立運動を支えたのは敗戦で武装解除したはずの日本陸軍でした。インドネシアを筆頭に、結果的にインド、インドシナ、フィリピンすべての日本の占領地で独立運動が起こり、アジアの植民地は独立を果たしました。

我々は、この独立運動と結果をどのように評価すべきでしょうか？ 例えば、日本の東南アジアの宗主国との戦争が現地の人々に多大な犠牲をもたらしたことは決して忘れてはなりませんが、第2次世界大戦後も引き続き植民地であったアフリカと比較すると、アジアとの違いは非常に鮮明です。アジアでの例外は、ソ連の反日侵攻作戦で蹂躙された中国東北部とそして南北に分断された朝鮮半島です。

ヨーロッパは、どうでしょうか？

結論から言いますと、欧州ではソ連が反攻した地域はすべてソ連の衛星国となりました。ポーランドの亡命政府はすでに述べたとおりですが、チェコスロバキア、ユーゴスラビア、アルバニアすべての亡命政府は帰国することができませんでした。ドイツは東西に分裂され、チャーチルが言ったようにヨーロッパのバルト海からアドリアのトリエステまで鉄のカーテンが下ろされ、中部ヨーロッパ、東ヨーロッパの歴史ある主要な都市はすべてそのカーテンの向こうにあることとなりました。

このように見てみると、「チャーチルは誇りある英国の存続だけを考え、ルーズベルトは戦争に勝つことだけを考え、そしてスターリンは戦争に勝った後のことを考えた」というのはその通りです。英国も米国も、ソ連（スターリン）という国の本質を見誤ったとも言えるわけですが、第2次世界大戦が終わったと思ったら、世界は新たな対立に直面することになりました。これが冷戦という時代に引き継がれるわけです。

次回は、第2次世界大戦と国際連合を見ていきます。特に国際連盟がありながら、何故、第1次世界大戦が終わってわずか20年でさらに大きな戦争が起きたのか、見ていくことにしましょう。

防衛大学校で考えた「終戦」と「敗戦」

防衛大学校は、陸・海・空自衛隊の幹部を養成する４年生の大学校です。文部省の管轄する大学ではありませんが、学士号を授与される教育機関です。わたしが入校したのは昭和48（1973）年のことでした。その年の９月、自衛隊の合憲性を問う「長沼ナイキ訴訟」の第１審判決がでます。「自衛隊は憲法第９条が禁ずる陸海空軍に該当し違憲である」とし、「世界の各国はいずれも自国の防衛のために軍備を保有するのであって、単に自国の防衛のために必要であるという理由では、それが軍隊ないし戦力であることを否定する根拠にはならない」とする初の違憲判決で原告・住民側の請求を認めました。将来、自衛隊の幹部として勤務することを漠然と決めていた18歳のわたしにとって、この判決のインパクトは非常に大きかったことを覚えています。

当時の防衛大学校のカリキュラムは、４年生の理工系の大学と何ら変わらないものでした。しかし、本来の課目の他に週４時間ほどの訓練課目があり、また防衛学という防衛大独自の課目が設定されていました。課目の中味のほとんどは忘れてしまいましたが、東洋史を教えてくれた阿南維啓先生のことは覚えています。阿南先生はその後体調を崩され急逝されましたが、授業中に８月15日が「終戦」の日ではなく「敗戦」の日であると言われたのを記憶しています。以来、自分の中では８月15日は「敗戦の日」であると位置づけられました。「先の大戦」や「戦争」に特段の想い入れや思想があるわけではありません。ただ、連合国のポツダム宣言を受け入れ無条件降伏したという事実は、「終戦」ではなく「敗戦」というべきではないかと個人的に思っているだけです。「何故、負けたのか？」「どうすればよかったのか？」という疑問も「敗戦」を前提にすることから始めるべきなのではないかと思うのです。

もちろん、「先の大戦」に命を捧げた兵士及び広島・長崎はじめ国内で犠牲になられた方々の御霊に意を尽くすことは当然です。因みに「先の大戦」には、統一された名前がありません。「大東亜戦争」も「太平洋戦争」もそれぞれの立場で異論があるようです。

第6講

第二次世界大戦と国際連合（2）

国際連盟の集団安全保障体制はなぜ挫折したのか

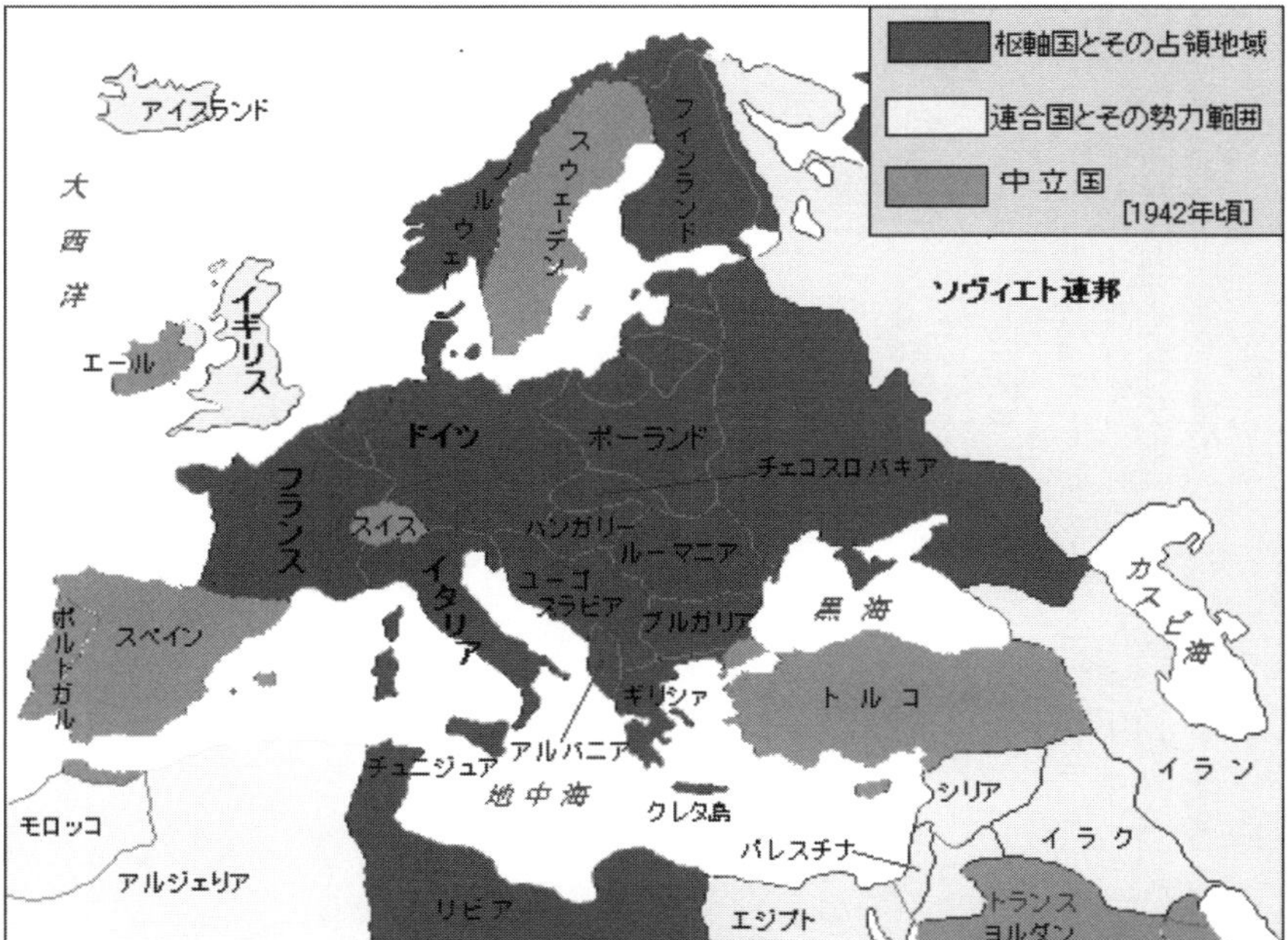

これが本日の最初の世界地図です。見てわかるように、1942年当時のヨーロッパの勢力地図です。前回の講義で東アジアの勢力図を紹介しましたが、地図上で濃いのは、ヒトラーのドイツが占領した地域を表わしています。中立国を除くほとんどの地域がナチスドイツ、別の名前で言えば「第3帝国」によって席巻されました。「3帝国」とは、古くからキリスト教神学で「来るべき理想の国家」を意味する概念として用いられました。神聖ローマ帝国が第1帝国、ビスマルクのいたドイツ帝国が第2帝国、そしてヒトラーのドイツが第3帝国です。その大衆受けする概念をヒトラーは見事にドイツに当てはめたわけです。ドイツの占領地域の広さは実はナポレオンの占領地域よりも大きいことがわかります。当時のドイツ人がいかにヒトラーを崇拝していたのか、この地図からも理解できると思います。

さて、前回はアジア太平洋地域の戦争、すなわち日本の戦争の歴史を見てきました。自国の戦争の歴史をしっかりと見てほしいと思ったからです。今回は、第2次世界大戦のもうひとつの戦場、ヨーロッパを見ていきます。その前に、第1次世界大戦をもう一度振り返ってみましょう。第1次世界大戦は、同盟国と連合国に分かれて戦った最初の世界戦争で、それまでの戦争と比べても大変に大きなものでしたが、さすがにこれほどの戦争を経験すると人は賢くなるというか、懲りて考えるものです。それが国際連盟であり、不戦条約でした。しかし、その平和は長続きしませんでした。

1 国際連盟と不戦条約

第1次世界大戦が終わりました。もう戦争はしたくないと思った欧州各国で考えられた安全保障体制が三つあります。ひとつは、国際連盟です。二つ目がロカルノ条約です。三つめがパリ不戦条約です。これらを簡単に説明しておきましょう。

国際連盟

国際連盟は、第1次世界大戦の戦勝国である42か国で発足しました。日英同盟の下で連合国の一員として参加した日本は、原加盟国の一員です。後にドイツやオーストリアなどの敗戦国も参加する国際的な組織になりました。

その最高決定機関は加盟国が全員参加する総会（General

Assembly）で、その決定方法は全会一致が原則となっていました。考えてみれば、どんな議案でも全会一致でなければ決まらないとすれば、おそらく何も決まらないというのが現実だと思います。当時は、多数決で決められると困ると考えていた国が多かったというのが正しい見方だと思います。

　国際連盟の常任理事国は、現在の国際連合と同じ5か国。同じく戦勝国の中から選ばれました。日本は戦勝国のひとつであり、しかも日露戦争、第1次世界大戦に勝利して国際的な評価が高かったころですから、アジア、非白人国で唯一常任理事国に選ばれています。国際連盟の初代の事務総長はイギリスのドラモンド伯爵が就任、その事務次長は、日本人です。さて、誰かわかりますか？ そう、「武士道」を英語で書いて有名となった農業経済学者の新渡戸《にいとべ》稲造です。日本は、国際連盟の設立当初から非常に大きな貢献をしていたのです。

　しかしながら、国際連盟の成立にあたり最初にして最大のつまづきは、提案国であったアメリカが上院の反対で批准ができず参加しなかったことです。実はアメリカは、歴史的に見て戦争が終わると一気に内向きに目を向ける国民性があります。これを「孤立主義」、または「モンロー主義」といいます。1823年当時の米国議会に送った大統領教書の宣言で、当時の大統領の名前をとって「モンロー宣言」とも呼ばれています。その中身は、次のようなものです。

①ヨーロッパ諸国の紛争に干渉しない。
②南北アメリカに現存する植民地や属領を承認し干渉しない。
③南北アメリカの植民地化を、これ以上望まない。
④現在（当時）、独立に向けた動きがある旧スペイン領に対して干渉することは、アメリカの平和に対する脅威とみなす。

　要するにヨーロッパには干渉しないけれど、南アメリカは自分の裏庭だから、お前たちも手を出すな、というものです。この孤立主義・非関与主義は、繰り返しアメリカの歴史に何度も出てきます。

ロカルノ条約とパリ不戦条約

　ロカルノ条約は、ヨーロッパ主要5か国による集団安全保障条約です。ただし、当時の国際連盟には、後の国際連合憲章第51条にある集団的自衛権や地域的取り決めのような考えはありませんでした。

何よりも、この集団安全保障条約が何から関係国を守ろうとしていたのかはっきりしていません。この辺りは国際連合を見ていく際にあらためて振り返りたいと思います。

次に、パリ不戦条約は、どのようなものだったのでしょうか？「パリ不戦条約」というのは調印した場所を冠した言い方で、条約締結のきっかけとなった米国と仏国の外務大臣の名前をとって「ケロッグ・ブリアン条約」とも呼ばれています。内容をとって戦争放棄条約という言い方もされます。

当時の国際情勢を見て、国際連盟ができ、ロカルノ条約のような集団安全保障体制ができ、そしてパリ不戦条約が締結されれば、さすがにもう二度と戦争が起きないと思うのですが、皆さんはどう思われますか？このわずか十数年後にもっと大規模で悲惨な戦争が起きるなどと誰が想像するでしょうか？

条約とは国と国との約束です。しかしながら、約束を守るというのは国家の信用度の問題であり、当時、条約はいとも簡単に破られていました。これが国際社会の現実です。

この不戦条約については、それぞれが自分に都合のよいように解釈しました。例えば、米国のケロッグ国務長官は、条約には「自衛戦争は含まない」と議会に説明しました。同時に「領域外で自国の利益にかかわることで軍事力を行使しても、それは侵略ではない」とも言いました。さらに彼は、「経済封鎖は戦争行為そのものだ」と非難しましたが、その10年後に日本に向けてＡＢＣＤ包囲網（後述）を構築して経済封鎖を実施しました。一方、英国は、「国益にかかわる地域」がどこなのか明言しませんでした。当時の英国は世界中に植民地を持っていたわけですから、当然といえば当然です。

ここでパリ不戦条約の条文を見てみましょう。条約第1条の条文です。

締約國ハ國際紛争解決ノ爲戰爭ニ訴フルコトヲ非トシ且其ノ相互關係ニ於テ國家ノ政策ノ手段トシテノ戰爭ヲ抛棄スルコトヲ其ノ各自ノ人民ノ名ニ於テ嚴肅ニ宣言ス
どこかで見たり聞いたりしたことがありませんか？そうですね、この第1条は日本国憲法第9条の1項に非常に似ています。まさに日本国憲法の戦争の放棄を謳った第9

条はこのパリ不戦条約を下敷きにして作られていると言われています。

2 各国の状況と思惑

第1次世界大戦から第2次世界大戦に至る過程で各国がどんな状況にあってどんな思惑を持っていたのかそれぞれ見ていきたいと思います。

英国の場合

当時の英国の首相はチェンバレンでした。大陸からやや離れていた英国は、フランスがドイツに対して非常に苛酷であったのとは対照的にドイツに対して同情的でした。それチェンバレンはドイツに対する融和政策を進めます。それはもう二度と戦争は出来ないという理由ばかりでなく、当時のヨーロッパ最大の脅威であるソ連に目を向けたものと思います。チェンバレンは3度にわたってドイツを訪問し、チェコのズデーテンをドイツが併合することを承認しましたが、チャーチルから「狼の群れに羊を投げ込んだようなもの」と非難されました。半年後にナチスドイツがチェコ全土を制圧し、ソ連と連携してポーランドに侵攻すると、やむなくドイツに宣戦布告し、辞職してしまいます。

フランスの場合

一方、フランスはドイツに対して強硬な姿勢を貫きました。アルザス・ロレーヌ地区の奪回や賠償金の支払いなど普仏戦争の仇をとる勢いでドイツに苛酷な要求を突きつけます。賠償金の支払いが滞ると、ルール工業地帯を占拠するなど、いささか大人げない行動にも出ています。それは、再びドイツを軍事大国にしないことがフランスの最大の目的であったからです。一方で、強硬なフランスの姿勢は、ドイツ国内のナショナリズムを刺激する結果となりました。まさにツキディデスの3要素である恐怖と利益とが入り交ざった状況だったといえるでしょう。

米国の場合

第1次世界大戦後の各国の行動の中で個人的に一番無責任だと思うのはアメリカです。モンロー主義については既に説明しましたが、当時のアメリカはスペインの植民地であった南米各国に対する支援や対立で手一杯の状況だったことは事実です。しかしながら、一番大きな問題は、米国が第1次世界大戦後の好景気（戦争特需）を終えて、未曾有の不景気に突入したことによります。１９２９年ウォール街で突然大恐慌が起きます。いわばとてつもないバブルがはじけたわけです。そのはけ口のようなものが、移民排斥、なかでも日本人移民に対する排斥運動でした。はっきり言えば、アメリカは当時制度としての人種差別のある国でした。黒人に公民権が認められたのは、１９６０年代になってからです。米国は当時の世界情勢を見て、色々な戦争計画を持っていましたが、国別に色分けしたことから、この全体をレインボー計画と呼んでいます。最終的にはこの計画はオレンジ計画に一本化します。オレンジとは対日戦争計画のことです。

ソ連の場合

世界初の社会主義国家となったソ連は、「世界共産党宣言」など、世界に革命運動を拡大していこうとしていました。しかし、これは全世界を敵に回すことになりました。同時に革命後は国内が不安定となり、産業革命も進まない状況となりました。レーニンの後を受けた、ヨシフ・スターリンは、当面ソ連の社会主義を充実することに専念するとして一国共産主義を掲げ、徹底した国内弾圧を行うようになりました。結果としてソ連は、反共産主義を掲げるドイツとの間に「独ソ不可侵条約」を結び、ポーランドを分割します。

ドイツの場合

第1次世界大戦の責任を一人で背負うことになったドイツは、植民地の全てを失いました。しかし、世界に先駆けた民主憲法であるワイマール憲法の下、合理化と工業化を進め戦後復興を成し遂げます。一方でフランスの圧力など向かい風の中で次第に戦後処理に対する不平や不満が高まり、やがてヒトラーの出現を許すナショナリズムが起こってきます。ここで我々が注目すべきなのは、ヒトラーが選ばれたのは当時世界で最も民主的で進んでいるといわれたワイマール憲法の下であったということです。ですから民主的な憲法があれば平和は守られるという考えは、ドイツの例を見れば、必ずしも正しくないと言えるのですが、皆さんどう思うでしょうか？

日本の場合

第1次世界大戦の戦勝国の一員であった日本が得たものは、大きかったことは事実です。アジアにおけるドイツの植民地はほとんどが日本の植民地となりました。有名なのはビールで有名な中国の青島半島です。ドイツの植民地であったことからビール造りが盛んになるのですが、日本の占領地になってもそのままビールを生産し、日本人のビール好きな国民性はこの時から始まるわけです。一方で、失ったものも多かったといえるでしょう。日露戦争の後ろ盾となった日英同盟は破棄されました。そして日露戦争の仲介役となってくれた米国が太平洋の利権を巡って、日本と対立するようになります。日英同盟の破棄は、当時大英連邦であったカナダの意見が大きかったと言われていますが、そのカナダに働きけたのは米国であったという記録が残っています。

3 第2次世界大戦の経緯

第2次世界大戦がはじまるまでの経緯をヨーロッパを中心に見てみましょう。

第1次世界大戦終結からの10年は、戦争の記憶も鮮烈で平和に対する動きが見て取れます。軍縮会議、ロカルノ条約、不戦条約などの国際協調が続くのですが、１９２９年に大恐慌が起こると、各国は自国の国益を第一に考えるようになります。日本の軍部が満州において柳条湖事件を起こし、清国最後の皇帝を据えて満州国を建国したのが１９３１年、ヒットラーが政権を獲得したのが１９３３年、翌年の国際連盟の満州鉄道爆破事件の調査（これをリットン調査団といいます）によって、中国の権益から撤退するように勧告を受けた日本は国際連盟を脱退します。間もなくドイツも国連を脱退します。

ヒットラーが総統になった以降、ドイツは徴兵制を復活、伊領エチオピアに侵攻します。１９３６年に日独防共協定が成立、翌37年には蘆溝橋事件（日華事変）を経て日本は中国に侵攻していきます。１９３８年オーストリアを併合したドイツは、いよいよソ連と結んで東西からポーランドに侵攻、第2次世界大戦がはじまりました。

4 国際連盟は何故、崩壊したのか？

さて、世界の主要国の殆どを巻き込み、それまでにない被害を出した世界戦争が終わって僅か20年後、何故、ふたたび世界戦争は起きたのでしょうか？ しかも、戦争の反省に立って、国際連盟が創設され、各国は不戦条約やロカルノ条約を締結したにも関わらず、何故、集団安全保障体制は崩壊したのでしょうか？

集団安全保障体制が崩壊した原因

第1次世界大戦後の平和は、何故20年しか続かなかったのか？

①「利益（国益）」中心主義
②「恐怖」の存在
③ 米国の無責任、理想主義
④ 国際社会の未熟さ、愚かさ
⑤ 人種差別（西欧優越）主義

第1次世界大戦後にできた安全保障体制が崩壊した要因は、この図のように言われています。本日は、この問題を考えていただきたいと思います。

ここにある5つの他に、第6番目としてヒットラーや日本の軍閥などのファシズムの台頭を要因に加えて、どれが一番の原因だったか、安全保障体制の崩壊の原因を特定したいと思います。

さあ、考えてみてください。

……

5 第2次世界大戦　米国の戦略

ここで米国の戦争について見ていきたいと思います。

第2次世界大戦前後のアメリカがどのような状況だったのか、我々は意外と知りません。しかし、当時の米国が何故日本をあれほど敵視していたのか、その理由が我が国だけの問題だったのかなどについて、これまであまり義務教育などで教えられていなかったというのが正しい見方だと思います。当時、日本が中国大陸から東南アジアに進出することを最も警戒をしていたのは米国です。端的にそれが分かるエピソードを紹介しましょう。

皆さんは、パナマ運河がどこにあるか、知っていますか？ パナマ運河は、パナマ共和国のパナマ地峡を開削して太平洋とカリブ海を結んでいる閘門《こうもん》式運河です。パナマ運河は、当初スエズ運河を拓いたフランス人のフェルディナン・ド・

レセップスがコロンビア政府から開発権を買い取り開発に着手したものです。

　ところが難工事とマラリアの蔓延により放棄。これを引き継いだのは、セオドア・ルーズベルトが大統領だったアメリカです。アメリカはこの運河を自国の管理下におこうと画策するのですが、コロンビア議会が認めなかったため、かねてからコロンビアに対する独立傾向が強かったパナマに対し、運河予定地をアメリカに永久に貸すことを条件に、独立を支援したのです。１８９８年のスペインとの戦争でフィリピンとグアムを獲得し、またハワイを併合するなど、当時、太平洋正面に拠点を持つアメリカにとって、大西洋から太平洋地域へ進出するための短縮ルートは重要な課題でした。パナマ独立とともに建設が始まり、11年後の１９１４年パナマ運河は開通しました。

　世界地図で見るとおり、ヨーロッパとアジアをつなぐのがスエズ運河であり、大西洋（米東海岸）と太平洋（米西海岸）をつなぐのがパナマ運河です。そして長らくスエズ運河はイギリスが支配し、パナマ運河は１９９９年までアメリカが支配していました。パナマ運河の開通によりアメリカは、太平洋と大西洋という二つの海を同時に制する態勢を取れる国になったわけです。その背景となったのは、アルフレッド・セイヤー・マハンという海洋地政学者の理論でした。すなわち海を制する者が世界を征服できるとする戦略理論です。

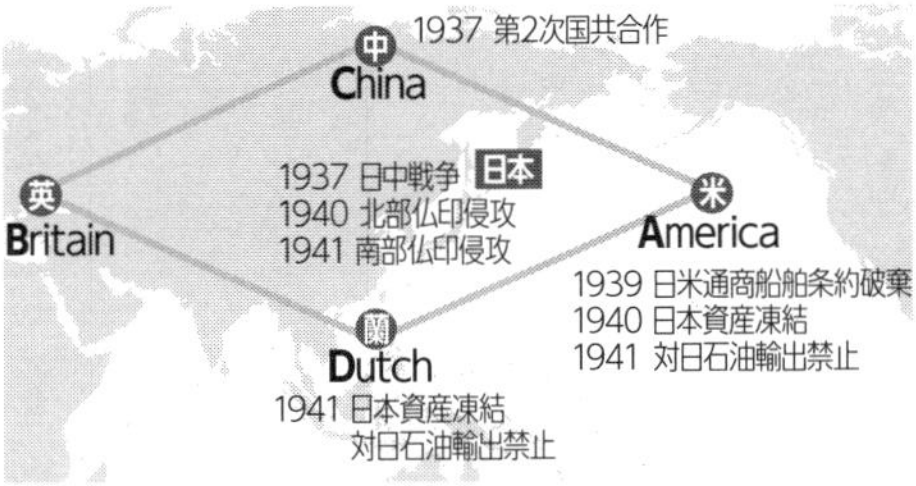

ABCD包囲網

　結果として、南方に資源を求める日本と、西太平洋に覇権を目指すアメリカが対立する構図になりました。アメリカは、日本に対して経済的な圧力をかけます。米・英・中国（中華民国）・オランダでそれぞれの頭文字をとってＡＢＣＤ包囲網が形成されました。まさに対日経済封鎖とも呼べるものです。世界地図でＡＢＣＤの４か国を見ても何を包囲しているのかよくわかりませんが、前頁の図のように、それぞれがアジアに持っている植民地としてみれば非常に分かりやすくなります。

当時のアメリカのハル国務長官が出した対日要求、「ハル・ノート」のことは、前回、皆さんと見てきたとおりです。ですから、アメリカの太平洋戦略はここまでとして、ヨーロッパ正面を見ていきましょう。

6 電撃戦と連合国の反攻

開戦当初の１９３９年、ドイツはソ連と独ソ不可侵条約を結び、ポーランドを東西に分割してしまいます。第１次世界大戦後のパリ和平条約でようやく独立したポーランドは、再びこの世から消滅してしまいました。英国と同盟を結んでいましたから、ポーランドの政府は、英国に逃れます。

１９４０年ソ連は、バルト三国とフィンランドを侵攻します。有名なスオルサルミの戦いは、フィンランドがソ連の大部隊の冬季侵攻をスキーとゲリラ戦術によって撃退させる戦争史上極めて面白い戦いです。

１９４０年春、ドイツの機甲軍団（戦車・装甲車の軍団）は、ベルギー、ルクセンブルグから侵攻開始、あっという間に連合国をダンケルクに追い詰めてしまいます。これは電撃戦と呼ばれています。結果、フランスは降伏、これを不服とするドゴール将軍はイギリスに逃れ、自由フランス軍を編成します。

その年の９月、日独伊三国同盟が成立し、日本はアジア太平洋正面で連合国に戦争を開始します。１９４１年、ドイツは不可侵条約を破棄してソ連に侵攻、ドイツはヨーロッパを席巻する勢いでした。

連合国の反撃は、１９４１年の冬、ようやく北アフリカのトリポリ上陸から始まり、イタリアへと進みましたが、１９４４年、有名なノルマンディへの上陸作戦を経て、フランスを解放、ヒットラーのドイツは１９４５年４月、無条件降伏します。日本の無条件降伏は、１９４５年８月、広島、長崎に原子爆弾が落とされた２週間後のことでした。

第7講

第二次世界大戦後の世界と国際連合

戦争が終わって、世界は平和になったのか？

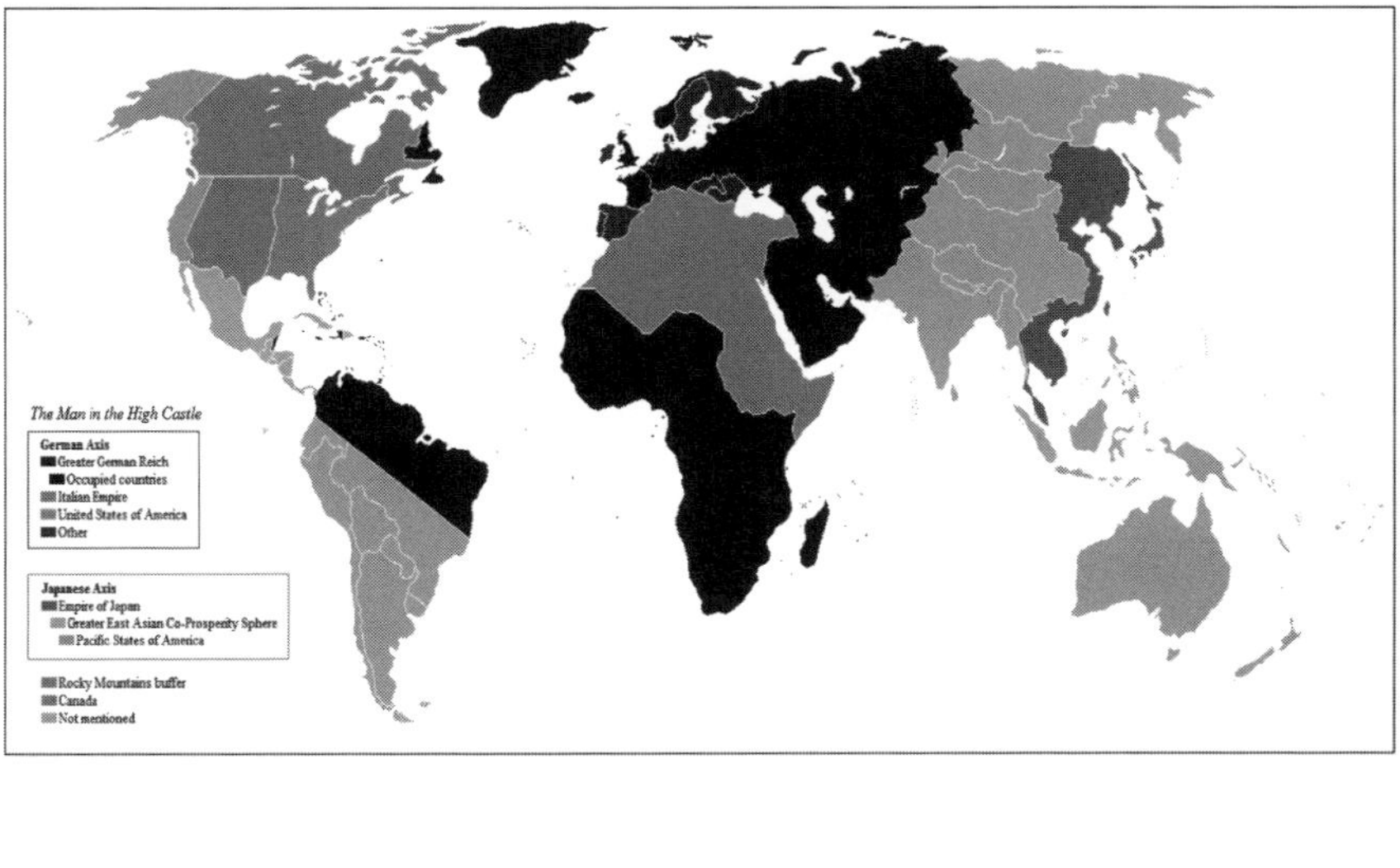

本日の最初の世界地図は、歴史のイフ（if）を描いたこ

見てわかるように、アメリカ合衆国が三つに分割されています。欧州・アフリカ・南米にかけて縦線で塗られた大国家が出現しています。英語の説明を見ると太い線が大ドイツ帝国、細い線（英国・仏国）がその占領国です。アメリカの大西洋に面した濃い色の部分だけがアメリカ合衆国で、ロッキー山脈の緩衝地域を挟んで西海岸とアラスカは、Pacific State of Americaという日本の信託統治領になっています。アジアは、日本を含む太い斜線の地域の大日本帝国と細い斜線の地域であるGreater East Asia Co-Prosperity Sphere, まさに大東亜共栄圏という名前の国家群に分割されています。

これは、フィリップ・K・ディックというアメリカの作家が書いた『高い城の男』というSF小説の世界を地図にしたものです。すなわち「もしも、第2次世界大戦でドイツと日本が戦争に勝利したら世界はどうなるか？」という歴史のイフを描いた小説なのです。ディックと言えば「ブレードランナー」という映画が有名ですが、原作は『アンドロイドは電気羊の夢を見るか？』という小説です。映画とは少し違うどちらかというとカフカ的なSF小説なのですが、やや寓話的でかつ自虐的な小説です。いずれにしても、本当の歴史は、この小説のようになることはありませんでした。

1　連合国＝国際連合

さて、国際連合はいつ設立されたでしょうか？

世界史のクイズなら、アメリカ、イギリス、フランス、ソ連、中華民国及びその他の署名国の過半数が国際連合憲章を批准した１９４５年10月24日を正解とすることでしょう。因みに、この10月24日が国連Dayとなっています。しかし、その前から「連合国＝United Nations」は発足していました。１９４２年1月1日にアルカディア会談において連合国26か国（一部は亡命政府）により共同宣言が署名されました。これを連合国共同宣言（Declaration of the United Nations）といいます。ですから国際連合＝The United Nationsという言葉は、設立の前からあったのです。

１９３９年、ドイツのポーランド侵攻後、ドイツは日本、イタリアとの軍事同盟を結びます。いわゆる「日独伊三国

同盟」です。その後、この共同宣言がなされるのですが、その中身は、戦争の目的を述べ、各国が持てるすべての物的・人的資源を枢軸国に対する戦争遂行に充てること、ドイツ、日本、イタリアと各国が単独で休戦または講和をしないことなどを明らかにした宣言でした。

この宣言の最初の署名国は、大国として米、英、ソ連、中華民国の4か国、そして英連邦の一員であったカナダやオーストラリア、南アフリカなどと、米国の影響下にあったキューバやホンジュラス、パナマなどの中米・カリブ海諸国、そしてドイツの侵攻で国を追われたオランダ、ポーランドなどの国家を代表する亡命政府です。この時フランクリン・ルーズベルト米大統領が「同盟国 Allied Nations」に替えて使用したのが「連合国＝The United Nations」です。すなわち、米国は第2次世界大戦もその戦後も一貫して連合国＝The United Nations＝国際連合を呼称していたわけで、二つの者は全く同じものです。例えば中華民国やその後の中華人民共和国では、国際連合＝The United Nations は今でも「聯合國／联合国」と表記されます。しかし日本では第2次世界大戦後、ニューヨークに本部が置かれた The United Nations を国際連合と和訳しています。この和訳の使い分けには、いささか意図的なものというか、ある種のトリックを感じてしまうのですが、皆さんはどう思うでしょうか。

わたしたちは、国際連盟が発展的に解消されて国際連合になったのだと考えています。確かに国際司法裁判所やユネスコなど一部の組織・施設を引き継いではいますけれど、国際連盟と国際連合は、シームレスに繋がっているわけではありません。すなわち国際連盟が第1次世界大戦後の講和条約（平和条約）で設立された平和のための国際組織であるのに対し、国際連合は日独伊の枢軸同盟と戦う組織として発足しているのです。言い換えれば連合国＝国際連合は、戦争するための同盟なのです。そのような連合国が国際連合になっていく経緯を見ていくことにしましょう。

2　第2次世界大戦の終戦処理

ダンバートン・オークス会議

１９４４年8月、米国ワシントンD. C.にあるダンバートン・オークス・ガーデンにおいて、米、英、ソ連、中華民国の代表が会議を開き、国際連合憲章の原案（「一般的国際機構設立に関する提案」）を作成しました。この会議をダンバートン・オークス会議と呼びます。この会議で、加盟国全部を含む総会と、大国中心に構成される安全保障理事会の二つを主体とする普遍的国際機構を作ることが合意されました。

第2次世界大戦中に連合国の首脳会談は、4回行われています。カイロ会談（1943年11月）、テヘラン会談（同年12月）、ヤルタ会談（1945年2月）、ポツダム会談（同年7月）です。余談になりますが、日独伊三国同盟は同盟締結期間中、一度も首脳会談が行われていません。ヒトラーが考える同盟とルーズベルト、チャーチルの考える同盟は、全く違うものだったと思わざるを得ません。

ダンバートン・オークス会議は連合国の首脳会談であるヤルタ会談の前に開かれています。その後、安保理常任理事国の拒否権をどの範囲で認めるかについて米英とソ連との交渉が続き、1945年2月に開催されたヤルタ会談において、大国の拒否権が決まりました。ですからダンバートン・オークス会議では、まだ大国の「拒否権」は明確になっていなかったと言えます。最終的に常任理事国の「拒否権」は実質事項のみで、手続事項には適用されないこと、紛争の平和的解決が試みられている間、当事国は表決に加わらないという妥協が成立しました。すなわち、米英ソ中に、イギリスの希望によりフランスを加えた5か国が拒否権を有する安保理常任理事国となるという「5大国一致の原則」が合意されました。「拒否権」というのは、どこか1国でも拒否権を行使すると決議が出来ないわけですから、組織にとって否定的なものという見方があります。しかし、重要なのは「5大国が一致する」ということです。ヤルタ会談において、ソ連が強硬に「拒否権」を主張するのですが、何故、米、英は、この「拒否権」について妥協したのでしょうか？ ひとつの理由としてはソ連を対日戦争に参加させたいという意図を米、英、中華民国が持っていて、そのためにソ連の主張に妥協したというものです。ふたつめは、実は「拒否権」そのものが過去の西欧の歴史においてしばしば認められてきたもので、新しい概念ではないということです。

皆さんは、意外に思うかもしれませんが、拒否権は、むしろ西欧の国家ではごく当たり前の概念と言ってよいと思います。有名なのは古代ローマ帝国です。共和政時代の古代ローマでは、護民官をはじめ拒否権を持つ権力者がいました。帝政ローマでは、拒否権は皇帝の特権でした。このように拒否権は、議会と大統領との関係で今でも見られます。この拒否権を発動したことで最近ニュースなった大統領がいるのですが、皆さん知っていますか？　そうですね、アメリカ合衆国大統領 ドナルド・トランプです。トランプ大統領は、先年、メキシコ国境に建設する壁の費用を捻出するため発令した国家非常事態宣言を無効にする議会の決議に対し、就任後初の拒否権を発動しました。この大統領の拒否権に対抗するためには、議会の３分の２以上の賛成を持って再決議することが必要になります。ですから、大統領はそれほどの権力を持っているのだということになります。大統領制を採用している国においては、拒否権のような最高権力者の権限を認めている国が多数あります。

常任理事国の拒否権行使

常任理事国	拒否権行使回数	備　考
米　国	83回	
英　国	32回	
仏　国	18回	
ソ連 ➡ ロシア	127回	ソ連：120回 ロシア：７回
中国 ➡ 中国	10回	中華民国：１回 中華人民共和国９回

※ 数字は、2008年までの回数

さて、冷戦期には米とソ連がたびたび拒否権を行使し、国際政治の停滞と冷戦長期化の一因となったとの批判も根強いのは事実です。

上の表は、２００８年までの安全保障理事会における拒否権の実施回数です。この表で明らかなように、ソ連の拒否権発動が際立って多いのが分かります。記録によればソ連の代表は、崩壊してロシアに代わるまで１２０回もの拒否権を行使しています。

しかし、米国も負けてはいません。米国はパレスチナ問題関連決議でのイスラエル擁護のための数多く拒否権を行使しました。また、スエズ危機の際にはイギリス、フランスの拒否権行使が問題となって平和のための結集決議が行われました。

このため、大国の利己主義（同盟国擁護のためのものを含む）を通すためだけの規定との批判があるのは事実です。拒否権が発動されると案件を議決することができません。国際連合の最も大きな問題がここにあると指摘する人がいます。しかし、国際連合の拒否権は、国際連盟の反省に基づいたものであるということもできるでしょう。第２次世界大戦末期にソ連が拒否権を主張した背景には、国際連盟が機能しなくなったひとつの原因が大国に拒否権を与えなかったからだということでした。相次いでドイツや日本が国際連盟を脱退したのは、そうする以外に道がなかったからだというのも理解できる主張です。

第2次世界大戦後の東欧

連合国の結びつきは、日独伊三国同盟に比べれば強いものでしたが、決して一枚岩ではありませんでした。第2次世界大戦後、東欧という言葉が生まれました。東欧:東ヨーロッパという言葉は地理的な概念ではありません。第2次世界大戦後に出現したソビエト連邦と連帯した社会主義政権の国家を指して言います。具体的には東ドイツ、ポーランド、ハンガリー、ルーマニア、ブルガリア、チェコスロバキア、ユーゴスラビア、アルバニアの諸国のことです。有名なのは大戦後の1946年、英国のチャーチル首相がアメリカのトルーマン大統領に招かれて訪米した際、ウェストミンスター大学で世界に向かって発した演説です。

From Stettin in the Baltic to Trieste in the Adriatic, an iron curtain has descended across the Continent. Behind that line lie all the capitals of the ancient states of Central and Eastern Europe.（バルト海のシュテッティンからアドリア海のトリエステまで、ヨーロッパ大陸を横切る鉄のカーテンが降ろされた。中部ヨーロッパ及び東ヨーロッパの歴史ある首都は、全てその向こうにある。）

戦争が終われば平和になる、世界はそう思いましたが、地域によって戦争は別な形で続いていたということになります。

先ず、東方に住んでいたドイツ人がソ連の侵攻によって故郷を追われて難民となります。ヨーロッパにはあちこちの国にドイツ系の住民がいましたが、その人たちも地元の住民から報復をうけて難民となりました。また、ナチスは労働力として、大勢の東欧人を労働者としてドイツに連れてきていたので、その人たちの処遇も問題になりました。本来であれば、速やかにそれぞれの国に引きあげるはずなのですが、ソ連の侵攻によって共産政権が次々と成立したことによって帰還を拒む人々が続出したからです。さらに、ドイツには大勢のロシア人捕虜もいましたが、彼らも母国への帰還を拒みます。スターリンは捕虜になるくらいなら自殺することを命じていたので、帰れば収容所送りとなったのです。

最後に強制収容所から解放されたユダヤ人をどうするの

かが問題となります。ナチスドイツからユダヤ人を開放した英・米もユダヤ人の難民を大量に受け入れることには難色を示しました。実は、この時代、ユダヤ人への偏見はまだまだ強かったのです。これらユダヤ人が中東のパレスチナに作った国家が現在のイスラエルなのです。イスラエル建国の話をすると長くなるので、興味のある方は、歴史書を読んでもらってもよいのですが、ユダヤ系アメリカ人の小説家メイヤ・レヴィンが描いた『イスラエル建国物語』を読んでください。ユダヤ人の歴史とイスラエル建国、第１次中東戦争などが非常にドラマチックに書かれています。因みにメイヤ・レヴィンは『アンネの日記』を書いた覆面作家だと言われています。

このように見てみると、英国も米国も、ソ連（スターリン）という国の本質を見誤ったわけで、これが冷戦という時代に引き継がれるわけです。

3　危機の20年

現在、国際政治の世界では現実主義が主流を占めています。これをリアリズムと言います。反対の考え方は、安全保障の世界では理想主義とは言いません。強いて言えば「国際協調主義」というのが一番近い言い方だろうと思います。Ｅ・Ｈ・カーという英国の外交官でもあり、後に国際政治学者であった人が『危機の20年—理想と現実』という本を書いています。安全保障や外交、国際政治を学ぶ人にとって必読の書とも言うべき本で、是非とも手に取ってほしい本です。

『危機の20年』における20年とは、第１次と第２次の世界大戦の狭間の期間のことを指します。確かに平和は20年しか続きませんでした。これを、カーは国際政治における「ユートピアニズム＝理想主義」として分析しました。すなわち第１次世界大戦後から国際連盟創設に至る国際的な融和ムードを、「当時の国際政治は、強者（第一次世界大戦の勝利国）の利益を守るという偽善にベールをかけるためのものだった」という厳しい指摘をしていると同時に、「リアリズムによってその偽善を暴くべきだ」と主張しています。一方で、「１００％現実主義に陥ることも１００％ユートピアニズムに陥るのと同様に危険なのだ」として、「政治は権力と道義が出会う場所である」と断じています。カーの観点に立てば、国際連盟とは当時の国際的な理想主義的な偽善のたまものであり、その反省に立って国際連合は現実主義的に微妙なバランスの中でつくられたといえるかもしれません。そして、現実主義であるからこそ大国の国益（エゴ）と妥協するばかりでなく、不完全な世界の中で実現可能なシステムを模索した結果なのだと言えなくもありません。

3 国際連合憲章とその意味するもの

国連憲章の国際協調主義

国連憲章は、前文と19章からなります。正式文章は、英語とフランス語、ロシア語、中国語、スペイン語で書かれています。ですから国連憲章は、できれば公式の言葉で読むことが必要です。もちろん外務省が日本語に訳したものを読んでも良いのですが、一般の国際条約のように公定訳文がありません。ですから、ところどころ微妙な和訳があります。例えば、第10章「経済社会理事会」第71条中の「民間団体」という言葉が出てきます。実際の英語正文は「non-governmental organizations」ですが、これは非政府組織＝ＮＧＯと訳されるべき用語です。その前文の日本語訳は以下のようなものです。

「われら連合国の人民は、われらの一生のうち二度まで言語に絶する悲哀を人類に与えた戦争の惨害から将来の世代を救い、基本的人権と人間の尊厳及び価値と男女及び大小各国の同権とに関する信念を改めて確認し、正義と条約その他の国際法の源泉から生ずる義務の尊重とを維持することができる条件を確立し、一層大きな自由の中で社会的進歩と生活水準の向上とを促進すること、並びに、このために、寛容を実行し、且つ、善良な隣人として互に平和に生活し、国際の平和および安全を維持するためにわれらの力を合わせ、共同の利益の場合を除く外は武力を用いないことを原則の受諾と方法の設定によって確保し、すべての人民の経済的及び社会的発達を促進するために国際機構を用いることを決意して、これらの目的を達成するために、われらの努力を結集することに決定した。よって、われらの各自の政府は、サンフランシスコ市に会合し、全権委任状を示してそれが良好妥当であると認められた代表者を通じて、この国際連合憲章に同意したので、ここに国際連合という国際機構を設ける」

日本国憲法にも言えることですが、基調となっているのは国際協調主義であり、理想主義的な世界観です。

参考までに、国際連盟規約の前文は、もっとシンプルなもので以下のようになっています。

「締約国は、戦争に訴えざるの義務を受諾し、各国間における公明正大なる関係を規律し、各国政府間の行為を律する現実の基準として国際法の原則を確立し、組織ある人民の相互の交渉において正義を保持し且つ厳に一切の条約上の義務を尊重し、以って国際協力を促進し、且つ各国間の平和安寧を完成せむがため、ここに国際聯盟規約を協定す」

第1次世界大戦当時のアメリカ大統領ウッドロー・ウィルソンの理想主義的な呼びかけで形となった国際連盟の方がより現実主義的な色彩を帯びた簡潔な前文であるのは非常に興味深いと思うのですがどうでしょうか？

安全保障を学ぶ上で必要な条項

さて、安全保障の観点から国際連合憲章の条文で注目すべきなのは、やはり安全保障理事会を規定した第5章と「紛争の平和的解決」を規定した第6章、そして「平和に対する脅威、平和の破壊及び侵略行為に関する行動」を規定した第7章です。その細部については時間もありませんので、安全保障を学ぶ上で押さえておきたい条文のみを紹介しましょう。

最初に紹介したいのは第5章第25条「決定の拘束力」です。「国際連合加盟国は、安全保障理事会の決定をこの憲章に従って受諾し且つ履行することに同意する」とありますから、安保理決議は国連の全加盟国を拘束するということです。よく言われる国連決議というのはこの安保理決議第○○号といわれるもので、設立以来一連の番号で呼ばれています。ですから自分の国は常任理事国でもなければ、安保理メンバーでもないからといって決議に従わないという選択は出来ないということになります。また、大国の「拒否権」については、次のように規定されています。

「その他のすべての事項に関する安全保障理事会の決定は、常任理事国の同意投票を含む9理事国の賛成投票によって行われる。但し、第6章（紛争の平和的解決）及び第52条3（地域的紛争）に基づく決定については、紛争当事国は、投票を棄権しなければならない」

次に注目すべきなのは、「自衛権」について規定した第7章第51条で次のような内容です。

「この憲章のいかなる規定も、国際連合加盟国に対して武力攻撃が発生した場合には、安全保障理事会が国際の平和及び安全の維持に必要な措置をとるまでの間、個別的又は集団的自衛の固有の権利を害するものではない。この自衛権の行使に当って加盟国が措置は、直ちに安全保障理事会に報告しなければならない。また、この措置は、安全保障理事会が国際の平和及び安全の維持又は回復のために必要と認める行動をいつでもとるこの憲章に基く権能及び責任に対しては、いかなる影響も及ぼすものではない」

自衛権については、別な機会を設けて皆さんと見ることにしましょう。

最後に日本として押さえておきたい条文は、第107条の敵国に関する行動で次のような条文です。

「この憲章のいかなる規定も、第二次世界戦争中にこの憲章の署名国の敵であった国に関する行動でその行動について責任を有する政府がこの戦争の結果としてとり又は許可したものを無効にし、又は排除するものではない」

この条文が敵国条項と呼ばれるもので、「第二次世界大戦中に連合国の敵国だった国」が、再び戦争を仕掛けるようなことがあった場合、国際連合加盟国や地域安全保障機構は安全保障理事会の許可がなくとも、当該国に対して軍事的制裁を課すことが容認されるというものです。この条文に具体的な国名が書かれているわけではありませんが、過去の国会答弁の質問に答える形で、日本政府の見解は「第二次世界大戦中に憲章のいずれかの署名国の敵国であった国とされており、日本、ドイツ、イタリア、ブルガリア、ハンガリー、ルーマニア、フィンランドがこれに該当する」と例示しています。ですから、日本は国際連合憲章上では、未だに敵国なのだということを強く意識する必要があります。

今後の講義で、第2次世界大戦後の国際紛争や内戦を見るためには、国際連合を理解することが極めて大事です。しかしながら、時間が来ました。次回は、冷戦を見ていく中で国際連合についても見ていくことにします。

第8講

冷戦下の安全保障

冷戦とは、どんな時代だったのか？

本日最初の地図は、The Cold War（1962）と題名の付いた一枚の地図です。１９６２年というと前年にケネディ大統領が就任し、戦後の日本人が最も憧れた60年代のアメリカが到来した頃です。

しかし、安全保障の面から見るとソ連が急速に軍事力を増大させた結果、アメリカの絶対的優位がなくなって米ソの対立構図がはっきりと現れた時代でした。それは核開発と宇宙開発において顕著でした。初めて人工衛星を打ち上げた国はどの国か皆さんは知っているでしょうか？　実はアメリカではないのです。最初の人工衛星はソ連のスプートニク1号で、アメリカは宇宙開発競争でソ連に先を越されてショックを受けます。これを「スプートニク・ショック」と言います。また、ガガーリン少佐の乗ったソ連の有人宇宙船ボストーク1号が初めて地球の軌道を回ったのは１９６１年のことです。遅れることほぼ1か月、アメリカが有人宇宙船の打ち上げに成功しました。ガガーリンの名前は、歴史に残りましたが、アメリカのマーキュリー計画も最初に宇宙船に乗ったアラン・シェパードの名前も、ほとんど記憶にありません。

技術的に見ると、人工衛星を打ち上げる技術と大陸間弾道ミサイルの打ち上げ技術は、ほとんど同じです。大陸間弾道弾（ＩＣＢＭ）というミサイルを撃ち合う戦争になって、アメリカは初めて本土に対する直接的な攻撃にさらされることになったのです。

この地図からは、アメリカのソ連に対する封じ込めの態勢がよく判ります。北極海を挟んで米ソは向き合っていますので、アラスカとグリーンランド、英国に弾道ミサイル早期警戒システムのレーダーを配置し、日本、フィリピン、トルコ、西ヨーロッパなどソ連を取り囲むように米空軍の基地を展開しているのがよく分かります。核兵器や核戦略は安全保障を学ぶ上で重要なテーマですが、それは後日学ぶことにして、本日は、第2次世界大戦後、米ソの対立、冷戦について歴史的に見ていきます。

1　冷戦は、いつ始まったのか？

さて冷戦と一口に言いますけれど、冷戦がいつ始まっていつ終わったのか、色々と説があります。

「冷戦」とは、第2次世界大戦後、世界を二分したアメリカを盟主とする資本主義・自由主義陣営とソビエト連邦を盟主とする共産主義・社会主義陣営の対立の構図を指して言います。もし、米ソが直接戦争していれば明白ですが、実際には米ソは直接戦争していませんから、いつ始まったのか時期的な特定が難しいのです。

　左の写真は歴史的な写真です。この時代に世界のビッグスリーが一堂に会して写真に納まったのはそう多くありません。左から英国首相Ｗ・チャーチル、アメリカ大統領Ｆ・ルーズベルト、そしてソ連の共産党書記長スターリンです。この会談は何と呼ばれていますか？　そうです、ヤルタ会談ですね。ヤルタ会談は１９４５年２月４日にクリミヤ半島のヤルタ近郊で開始されました。この時期にはすでに連合国の勝利は確実な状況でした。会談の目的は、戦後のこと、すなわちドイツと日本に勝利した後のことを話し合った会談です。

　この会談に至る前に、連合国はドイツと日本に対して途中で講和することなく無条件降伏するまで戦うと決めていました。第１次世界大戦の終わり方が中途半端だったために、30年もしないうちにもっと大きな世界大戦が起きてしまったからです。第２次世界大戦では連合国は最後の最後まで戦うということを決めていました。

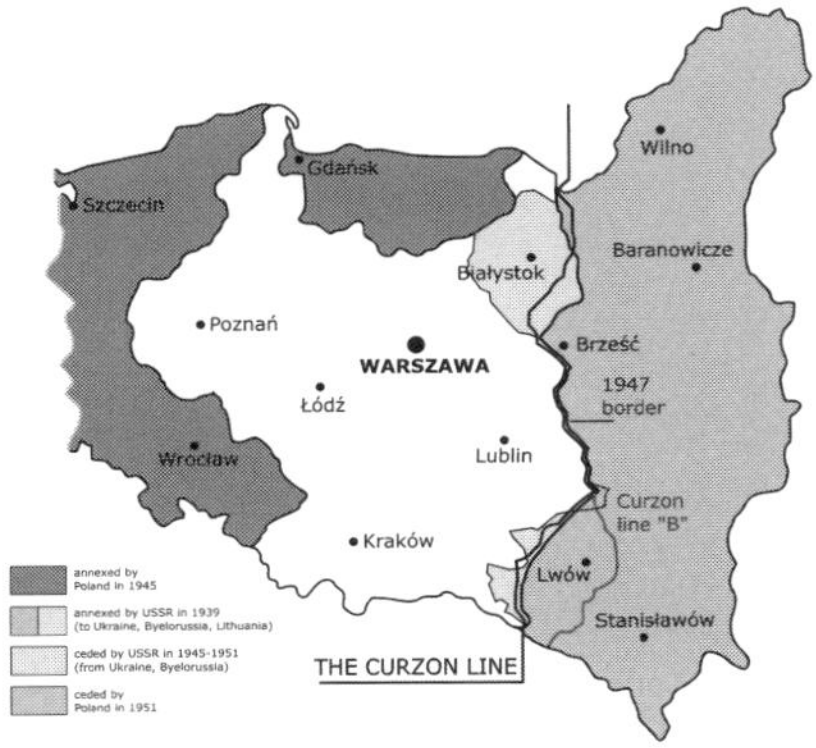

　このヤルタ会談で話し合われたことは三つありました。

　ひとつ目は、ポーランド問題です。上の図を見てください。ソ連は、隣接するポーランド領の東の地域を要求しました。それではポーランドが狭くなってしまう。それで連合国は、ドイツの西の地域、つまり従来東プロイセンと呼ばれていた部分をポーランドに割譲することにしました。結果的にポーランドは西側に大きく移動したことになります。さらに戦後のポーランドについては、英国は亡命ポーランド政府を帰国させて国家再建させることを主張、ソ連は英国寄りの政権を拒否します。米国が戦後時機を見て総選挙すればよいと仲介し、何とか合意に達します。しかし、実際にはソ連は、戦後帰国したポーランド亡命政府の指導者を逮捕、投獄してしまいます。これを聞いたアメリカの大統領は烈火のごとく怒ったといいますが、チャーチルは恐らくこのことを予期していたと思います。

ふたつ目は、ドイツ問題です。ドイツが降伏した後は、連合国が共同で管理するということが決まりました。しかし結果は皆さんが知っているとおり、ドイツは西と東に分裂することになりました。

三つ目が、日本の問題です。ここでもソ連は、樺太の南半分、千島列島、満州の港湾を要求しました。一方で米英は、ドイツの降伏後、対日参戦を要求し、ソ連もこれを了承しました。しかし、日本とソ連は「日ソ不可侵条約」を結んでいるわけですから、これはソ連に国際条約を破れといっているわけです。その他、台湾は中国に返還、朝鮮はドイツと同じように連合国の信託統治にすることが決まりました。これもドイツと同じように、南北に分断されることになります。

さて、皆さんはいつから冷戦がはじまったと思いますか？　そうですね、ドイツと日本が無条件降伏して戦争が終結する前に、すでにヤルタ会談で東西冷戦は始まっていたとみるのが正しいようです。

戦後すぐ、アフリカとアジアは植民地だらけでした。ソ連の狙いは、アフリカ・アジアの植民地国家の独立戦争を共産革命とすることでした。

実際、その後、アメリカの同盟国も増えていますが、ソ連の支援を受けて社会主義国になった国が多いことがわかります。例外は中国です。中国はソ連と仲が良かった時期もありましたが、途中で独自路線を採り、ソ連（ロシア）と対決するようになります。これには中国の核開発が関係しているのですが、核については別の時間に譲りましょう。

2 冷戦下の戦争・紛争

冷戦というのは冷たい戦争ですから、実際に米ソが直接対決することはありませんでした。しかし、世界中で「小さな」戦争・紛争が起こりました。ここで「小さな」というのは第１次・第２次世界大戦に比べれば、という意味で使っています。

冷戦間の戦争・紛争を大別すると次の三つに集約できるように思います。ひとつめは、大国の植民地が独立を求めて起こした独立戦争。二つ目が民族の対立から起こった戦争・紛争。そして三つめが大国の代理戦争と呼ばれた戦争です。冷戦は確かに米ソの直接対決はありませんでしたが、地上から戦争が無くなったわけではありませんでした。第２次世界大戦後の戦争・紛争を展開した地図は下のようなものです。

冷戦であったおよそ半世紀の間、多くの地域紛争、戦争が起こっています。当事国にとってみれば生きるか死ぬかの大問題なのですが、時間の関係もありここでは、冷戦構造の特徴である米ソの対立に関係のある戦争などを振り返ってみたいと思います。

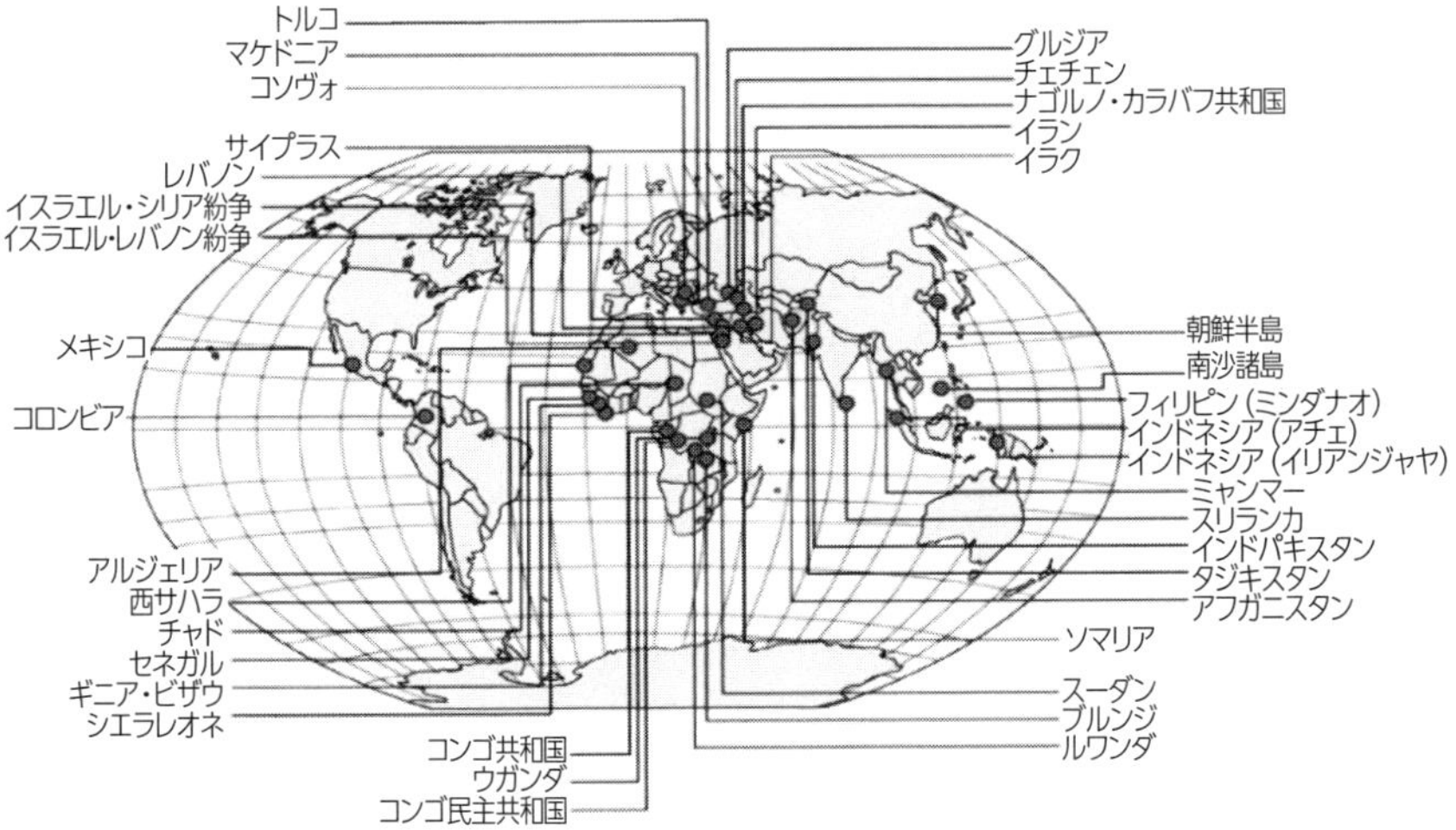

主な紛争・対立地域

（注）資料は、ミニタリー・バランス（2001～2002）などによる。

朝鮮戦争

朝鮮戦争は、1950年6月、北朝鮮軍の奇襲攻撃から始まりました。1948年、ソ連の支援で軍隊を整えた金日成（現金正恩委員長の祖父）は、国境を超えて南に侵攻することをソ連に何度も訴えたようですが、スターリンは米国との対決を許さず、ソ連の軍事顧問団も12月に帰国します。その後、1950年1月12日、アメリカのアチソン国務長官が、「アメリカが責任を持つ防衛ラインは、フィリピン―沖縄―日本―アリューシャン列島を結ぶ線以東の地域である。それ以外の地域は責任を持たない」と発言したことが朝鮮戦争の引き金になったと多くの歴史家が主張しています。これをアチソンラインと呼ぶのですが、このラインには台湾もインドシナも入っていなかったわけです。最終的にスターリンは毛沢東の許可が得られることを条件に南進を許可したといわれています。

一度は釜山近くまで押し込められた連合軍ですが、マッカーサー将軍の仁川上陸作戦などにより北朝鮮軍を中国と北朝鮮の国境である鴨緑江まで押し返します。連合軍による韓国統一がなされようとしたとき、中華人民共和国の人民解放軍が国境を越えて参戦し、再び連合国軍は38度線の南まで後退を余儀なくされます。現在、朝鮮戦争は停戦中であり、停戦ラインが南北朝鮮の国境となっています。

キューバ危機

キューバは、フロリダ半島の南、カリブ海の島国で、ちょうどメキシコ湾にナイフを突きつけたような形をしています。アメリカが中南米アメリカに対して自分の裏庭であると認識していたことは既に述べましたが、カリブ海は裏庭どころか自分の領域そのものであるという認識を持っていました。

そのキューバで社会主義革命がおきます。革命の中心人物は、フィデロ・カストロとチェ・ゲバラ、どちらも有名ですから説明は省略しますが、アメリカは、カストロ政権を打倒するため隠密裏に「マングース作戦」を実行します。この作戦は失敗するのですが、これに怒ったカストロは、アメリカの脅威に対抗するためソ連に軍事援助を求めるのです。当時のソ連共産党書記長フルシショフの回答は、中距離核ミサイルを配置するというものでした。当時、アメリカの大陸間弾道弾ＩＣＢＭはすでに完成していますが、ソ連のＩＣＢＭはまだまだ開発途中で、ソ連にとってみればアメリカの核優位に対抗する手段であったわけです。

当時のケネディ政権内の主流は、キューバに対する武力侵攻でしたが、そうなると核戦争になる可能性がある。結果としてアメリカは、キューバに対する海上封鎖をおこないます。13日目でソ連はキューバに対する不干渉を条件にミサイルを撤去することになります。米ソが核戦争に突入する寸前までとなったキューバ危機は、後の米ソ関係をある程度規定することになりました。

ベトナム戦争

１９６０年代の米国が感じていたのは、世界がアメリカ一国の時代から米ソの時代となった、すなわちパックス・アメリカーナからパックス・ルッソ・アメリカーナの時代となったということでした。東欧はじめアジアで社会主義国が次々と誕生して、ソ連の勢力圏は拡大している、宇宙や軍事面でも追いつき、追い抜かれようとしていると米国は感じていました。

この時代の米国の恐怖を表していたのは「ドミノ理論」という言葉です。下図にあるように中国、北朝鮮と倒れていけば、ドミノ倒しのようにアジアは社会主義化してしまうということです。論理的な根拠はないもののアメリカの積極的外交政策のひとつの考え方になりました。

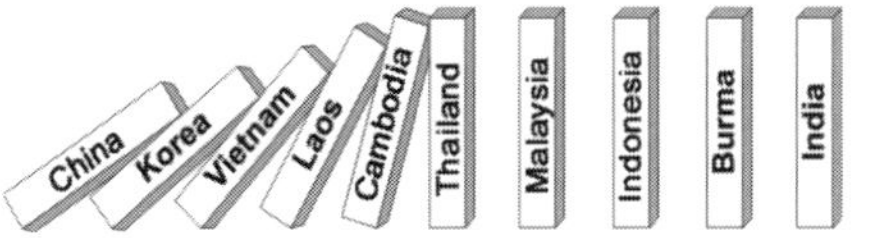

冷戦間の戦争の特徴

このように見てみると、冷戦の戦争がそれまでの戦争と明らかに違うことがあるのに気づきます。米国もソ連も決して戦争しなかったわけではない。しかし、米ソが直接戦場で戦うことはありませんでした。それはなぜでしょうか？

ひとつは、国際連合にその理由を求めることができます。国際連盟と違い、国際連合では、米・ソともに安全保障理事会の常任理事国です。そして常任理事国には拒否権が認められていた。これは全会一致が原則であった国際連盟との大きな違いです。ソ連は冷戦間、数えきれないほど拒否権を発動しましたが、さりとて国際連合そのものから脱退することは考えていませんでした。すなわちとりあえずの対話は続いたわけです。

第二は、安全保障理事会が強制力を持っていたことです。

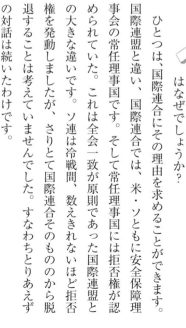

安保理決議は調停だけでなく、経済制裁などの強制的な手段を持っていました。そして朝鮮戦争以外では一度も編成されていないものの、国連憲章によれば国連軍を編成して軍事介入することもできました。これは大きな違いです。

　最後に冷戦間、米ソの直接対決がなかった最大の理由は、もう皆さんお分かりですね。そうです、核兵器の存在です。アメリカもソ連も紛争がエスカレートして核戦争になることは、絶対に避けたかった。特にアメリカは広島・長崎に対して核兵器を使用した唯一の国でしたから、核戦争になれば世界が滅んでしまうことを誰よりも知っていたわけです。

3　冷戦の終結

　冷戦がいつ終わったのか？ その点についても諸説あります。本日は読者の皆さんに考えてもらいましょう。

冷戦の終結

　その1

　　ベルリンの壁が崩壊して、東西ドイツがひとつになったとき

　その2

　　ソビエト連邦が解体されて、独立国家共同体（ＣＩＳ）になったとき

　その3

　　アメリカとロシアの大統領がマルタ島で会談して、冷戦の終結を宣言したとき

　考えてみてください。

…………

「冷戦間、何故、米ソの直接対決（戦争）は起きなかったのか？」ということも考えてもらいたいことです。しかし、話の中ですでに答えを言ってしまいましたね。

　さて、ようやく戦争に関する歴史的な考察が終了しました。次回からは、安全保障の基本的な概念について項目別にみていくことにします。

　本日はここまでとします。

初級幹部として初期の日米共同訓練への参加

今から40年以上も前のことです。1978年3月わたしは3等陸尉に任官し、最初の任地である北海道の部隊に赴任しました。防衛大学校や幹部候補生学校でそれなりの教育訓練を受けましたが、現場も部隊も何も知らない小隊長でした。

実は、この年に「日米防衛協力の指針」、いわゆる日米ガイドラインが策定されたのです。このガイドラインに基づき陸海空自衛隊と在日米軍との共同作戦計画の研究と共同演習・訓練が開始されました。1978年には、航空自衛隊が初めての共同訓練に参加します。その翌年1980年には海上自衛隊が初めてリムパック（環太平洋共同訓練）に参加します。

陸上自衛隊の共同訓練は1981年に開始されました。当時の陸上自衛隊は、海上・航空自衛隊と比較して米軍との相互運用性がほとんどない状態でしたから、共同で訓練するにしてもお互いの戦い方や武器の性能の違いを認識するところから調整しなければならないような状態でした。調査学校（現小平学校）の幹部英語課程の修了後、わたしに命ぜられたのは、米軍との共同訓練の際に通訳として参加せよというものでした。当時の陸上自衛隊に英語を話せる隊員は多くなかったのです。陸上自衛隊の部隊運用や業務遂行手順の経験がない初級幹部が米軍との調整会議で通訳するわけですから、上手くいくわけがありません。実動訓練では、日米の通信機の違いから、自衛隊の無線機を担いで米軍の司令部に連絡幹部として派遣され、日米部隊の戦闘行動を逐次に調整連絡するという身が震えるような仕事をこなしたことがあります。

気づいたのは、共通の原則すなわち軍事常識をもっと学ばなければならないということと、何よりも自分の組織すなわち陸上自衛隊ことを知らなければならないということでした。それから多くの日米共同演習・訓練に参加する機会を得て、私自身も組織も成長することが出来たという気がします。米国留学を終えて、陸上自衛隊の日米共同作戦研究を所掌する部署の担当となり、日米共同演習などを企画立案する責任者になりましたが、その原点は、晩秋の北海道の演習場で最初の日米共同訓練に参加し、必死になって米軍人と議論したことにあるような気がします。

第9講

国家、国益、国家戦略

国家、国益とは何か？

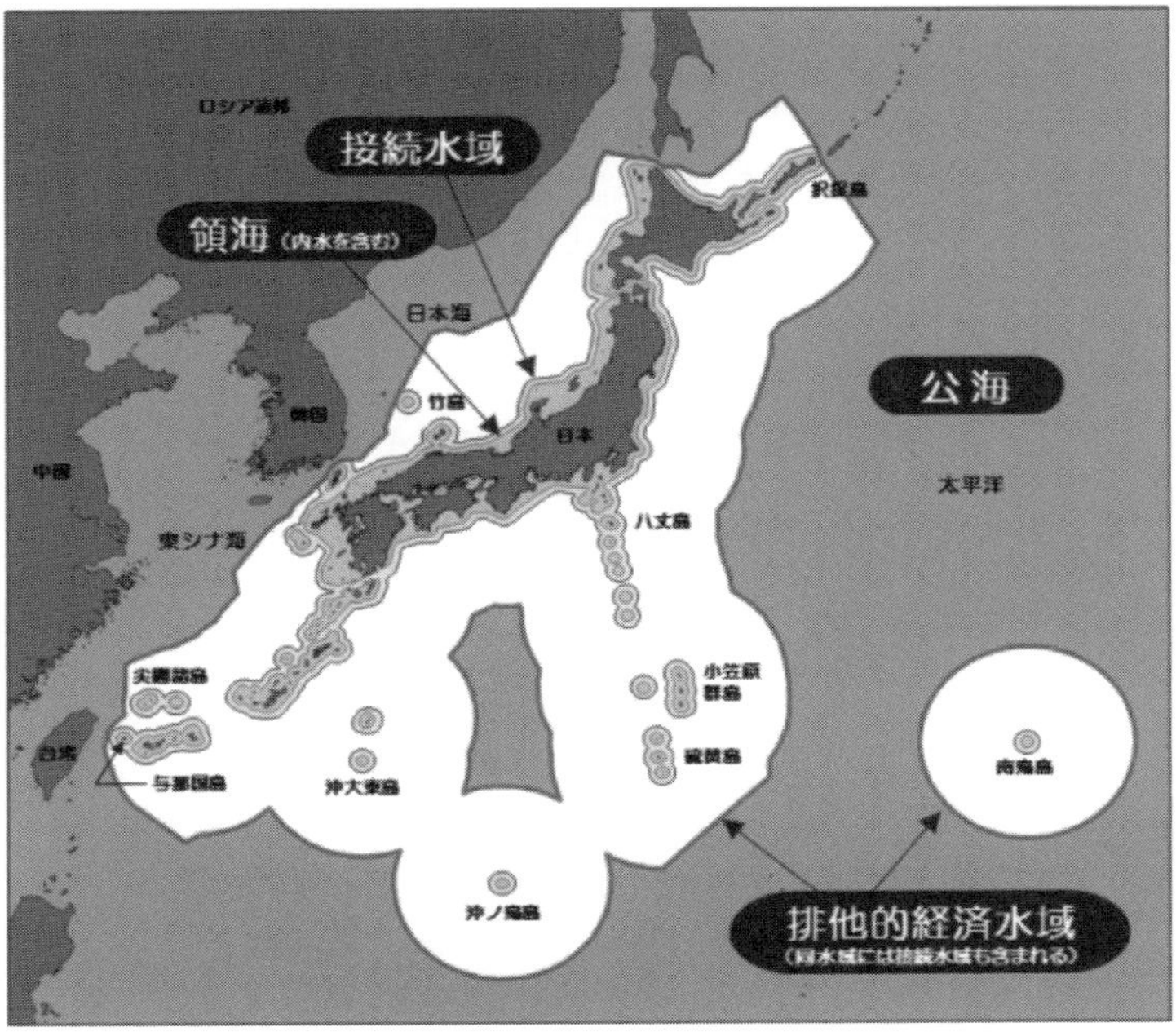

本日最初の地図（前頁）は、日本の排他的経済水域（EEZ：Exclusive Economic Zone）を表わしたものです。普通の日本人であれば日本は小さな国だと思っています。皆さんの中で「そんなことはない、日本は大きな国だ」と思っている人がいますか？ いませんね……少なくとも大きな国ではない、そう思っている。それはある意味思い込みであることを認識してほしいと思います。そもそも国の大きさとは何でしょうか？ 何をもって大きい、小さいというのか？ そのことを考えてみたいと思います。

1 国家とは何か？

自然発生的に生まれた国家

安全保障を考える上で、国家は基本的なプレーヤーです。主役と言ってもよいと思います。ですから「国家とは何か」を考察することは極めて大事なことです。世界には色々な国家がありますが、ほとんどの国家は作ろうとしてできた国ではありません。わが国、日本を考えてください。日本という国は、過去のある時期、「さあ、これからこのような国を作っていこう！」などと皆で話し合って出来上がった国ではありません。日本という国家は、計画的に作られた国ではなく、自然発生的に生まれた国家なのです。

ここに紹介するのは、日本の国章です。国章というのは、国の正式なシンボルマーク、ロゴです。日本の場合、国章

は皇室の事実上の家紋である「十六八重表菊紋章」です。皆さんは、国家のシンボルというと国旗を思い浮かべるかもしれません。広い意味で見れば、国旗も国章のひとつであると考えられています。

実は、国旗の起源は、戦場における軍旗（軍の旗）が起源なのです。戦場において遠くからでも自分の所属を示すものとして使われていましたが、一般的になったのは中世、商船の所属を表わすための旗として使われ、ナショナリズムの高まりとともに国のシンボルとして使用されるようになりました。遠くからでもわかるシンプルなデザインの国旗に比べ、国章は複雑なものが多く、その国の風土や歴史、文化などが表れているのが特徴です。皆さんの中で

パスポートを持っている人はいますか？ 持っていたら是非見てください。パスポートには日本の国旗ではなく、国章が描かれています。これはどこの国でも同じです。

自分たちで作った国家

さて、日本のように太古からそこに住んでいた人々が次第に国家を形成していったという国家ばかりでなく、世界には自分たちで新しく作り上げた国家もあります。最も典型的なのは、アメリカ合衆国とイスラエルでしょう。どちらも多大な血と汗を流して自分たちで国を作りました。

左の図は、アメリカの国章です。この鷲のマークは皆さんも良く目にしていることと思います。白頭鷲が持っているものは月桂樹の枝と独立13州を現す矢です。鷲が咥えているものは、E PLURIBUS UNUM「多様の中の統一」というラテン語です。さて、その下のマークは何でしょうか？

これは、アメリカの国章の裏面です。実はこのマークも見慣れたものなのですがどこに書かれているか知っていますか？ 実は、このシンボルは、1ドル札の裏面に描かれています。13段のピラミッドの頂上で光っているのは、「プロビデンスの目」と呼ばれる全能の神の目です。通常、光背と三角形を合わせて描かれています。ここにもラテン語で文章が書かれています。ANNUIT COEPTISというのは、直訳すれば「企てに肯いた」ということで、「神は我々の企てを支持する」という意味です。MDCCLXXVIはローマ数字で1776、独立宣言の年。NOVUS ORDO SECLORUMは「諸世紀の新しい秩序」という意味です。この国章を見ると、アメリカ合衆国が英国の宗教的な迫害から新天地を求めて理想の国を作りあげた移民の国であることがよく判ります。

国家の三条件

話がそれました。国家とは何か？を考えたいと思います。国家の三条件と呼ばれているものは次のとおりです。①領土（領海・領空を含む）②国民 ③主権、この3条件です。

第1の領土については説明不要だと思います。ユダヤ民族は長年、領土（国土）をもたない流浪の民族でしたが第2次世界大戦後、今のパレスチナ地区に自分たちの国を建設しました。すなわち国家は、地理的な空間を保有するだけでなく、その空間を排他的に占有することが必要となります。

第2の国民も説明不要でしょう。その地域に住んでいる人間集団がいなくては国家の要件を満たしません。法的には、「国民とは共通属性を根拠にまとまった広域の政治共同体の住民」と定義されています。この「共通属性」とは何でしょうか。これは、「文化・言語・宗教・歴史経験など」を共有していることを意味します。確かに、日本の場合、国民のほぼ全員が言語、文化、風習などを共通して持っています。しかし、例えばスイスなどは、共通の言語や文化を持っていません。それでもスイスは、直接民主主義制度をとっている数少ない国家で非常に国民意識の高い国です。したがって共通属性は文字のとおり属性であって、国民それ自体は共通属性の産物ではないということになります。国家は基本的に法の下で国民を平等化するものですが、往々にして一方で共通属性の無い人を排除（差別）することにもなりかねません。

さて、第3の主権については、定義が必要になります。何故なら主権は目に見えないからです。主権は「憲法・国際法で用いられる、国家の最高独立性を表す概念である」と定義され、一般的には、最高権、統治権、最高機関の地位のおおよそ三つの基本的意義があると理解されています。すなわち主権があるということは、他国から支配されておらず、主権の下で統治され、その国の主権が最高権力を持っているということです。

今ではほとんどの国家が主権はその国民にあるとしています。これを「国民主権」または「主権在民」と言います。しかし、その概念は新しいものです。かつては王様が主権を持っている時代がありました。中世の封建社会では、王権神授説によって王様の権利は神から授かったものであるとする時代が長く続きました。王様の主権の上に教皇がいるということは、本当の意味での主権ではないということになります。その典型的な例が「カノッサの屈辱」という有名な出来事です。絶対の宗教的権威であった教皇の力は次第に低下し、宗教戦争ともいえる30年戦争後のウェストファリア条約で国家の主権は宗教にかかわりなく、不可侵のものであることが定着しました。清教徒革命、フランス革命などの市民革命を経て、主権は人民全体のものとなるのですが、国民が主権であることが定着するまでは実に長い対立の時代があったわけです。

2 大きな国家、小さな国家

国の大きさ

それでは実際に世界にどんな国々があるのか、見ていくことにしましょう。

国を国土面積で順番に並べてみましょう（左上）。やはり何といってもロシアが一番大きいですね。一七〇七万平方キロメートルもあります。それにカナダ（九九八・五）、アメリカ（九六二・八）、中国（九六〇）と続きます。日本は面積で62番目（三七・八）、決して大きいとは言えません。因みに61番はジンバブエ（アフリカ）で63番目はドイツです。東西統一してもドイツの方が日本より小さいというのは意外な事実です。

次に排他的経済水域（EEZ）で比較してみましょう。「排他的経済水域」とは、国連海洋法条約に基づいて設定される経済的な主権がおよぶ水域のことです。沿岸国は国連海洋法条約に基づいた国内法を制定することで自国の海岸から200海里（約370km）の範囲内の水産資源および鉱物資源などの非生物資源の探査と開発に関する権利を得ることができます。

排他的経済水域と領海を併せて比較したものが、上の下側の表です。注目したいのは、アメリカが1位であること、そして日本は国土面積62位から6位に浮上していること、そしてもっと象徴的なのは中国が15位にあることです。

順位	国　名	広さ（万㎢）
1	ロシア	1,107.0
2	カナダ	998.5
3	アメリカ	962.8
4	中　国	960.0
5	ブラジル	851.2
6	オーストラリア	759.2
62	日　本	37.8

排他的経済水域：EEZランキング

順位	国　名	広さ（万㎢）
1	アメリカ	11,351.0
2	フランス	11,035.0
3	オーストラリア	10,648.2
4	ロシア	7,566.7
5	カナダ	5,596.0
6	日　本	4,479.3
15	中　国	877.0

※ 領海を含む

もっともEEZと領海と領土をすべて合わせた国別順位でいうと、やはりロシアが一番に復活します。アメリカが第2位、第3位オーストラリア、中国は7位、そして日本は9位になります。

ここで最初の地図に戻ります。排他的経済水域を考えれば、日本は決して小さくない、むしろ大きな国であるということです。排他的経済水域は、各国ごとに主張すると当然重複しますから国際海洋法ではその中間線が境界になります。良く日中中間線などという言葉が聞かれますが、これは東シナ海で日本と中国との間にひかれる中間線のことです。太平洋側はどうでしょうか？日本の東側すなわち太平洋側は何もありません。したがって排他的経済水域はすべて日本のものです。この価値は非常に大きいといえるでしょう。

太平洋側の一番東の島は南鳥島で、実はわたしは一度この島を訪れたことがあります。もちろん、自衛隊の飛行機に乗って行ったのですが、東京から硫黄島、硫黄島からさらに南鳥島と非常に時間がかかったのを覚えています。

一番南の島は沖ノ鳥島です。太平洋に突き出た環礁（サンゴ礁）です。実は満潮時には東小島と北小島以外は海の下に没してしまいます。波で浸食されるとこれらの小島が無くなってしまう恐れがあるということで、１９８８年から日本は鉄とコンクリートで護岸工事を施しました。

排他的経済水域にこのような島があれば、そこからさらに２００海里のEEZが認められるわけですから、沖の鳥島の価値は日本にとってとても大きいと言えるでしょう。因みに中国は、「沖の鳥島は、島ではない岩だ」と主張しています。もっとも中国は南沙諸島にミスチーフ環礁という島を実効支配しているので、その主張は極めて独善的なものです（ミスチーフ環礁は満潮時には全部が海水面下に没するので中国が構築物を立てて、実効支配している）。

さて、世界には小さな国家もあります。有名なのはバチカン市国ですね。ヨーロッパにモナコ公国、サンマリノ公国などの都市国家とリヒテンシュタインなどの小さな国家があります。さらに小さな国は、ツバルやキリバスなど南太平洋にある小さな島がそれぞれ独立国となっています。

国民総生産による比較

国の大きさは面積だけではありません。英国は国土面積では日本より小さい国ですが、一時期世界の資本の大部分を独占していたことがありました。ＧＤＰ（Gross Domestic Pruduct：国内総生産）は一定期間内にその国の国内で生み出された付加価値の総額を表す指標です。その国の経済の大きさを表すのに適しています。

　小さな国がでたところで、ＧＤＰの小さな国を見ることにしましょう。ＧＤＰを小さい順に並べると、このようになります。これらの国々は南太平洋に浮かぶ小さな島国です。これらの国のＧＤＰがどれくらいのものか、比較のために隣に国際的な大企業の売り上げをのせています。比較するまでもなく、これらの国がいかに小さく貧しい国であるかがわかります。

小さな国家：GDP比較

主権国家	GDP	国際企業	売上
トンガ	0.47	ウォルマート	379.0
サントメプリンシペ	0.26	ロイヤルダッチシェル	319.0
マーシャル	0.18	ゼネラルモータース	207.0
キリバス	0.18	トヨタ	205.0
ツバル	0.04	ダイムラー	190.0

※ 10億USドル

中くらいの国家：GDP比較

主権国家	GDP	国際企業	売上
㉛ベネズエラ	381.8	ウォルマート	379.0
㉞デンマーク	314.9	ロイヤルダッチシェル	319.0
㊼ポルトガル	212.5	ゼネラルモータース	207.0
㊿カザフスタン	202.7	トヨタ	205.0
53 カタール	192.4	ダイムラー	190.0

※ 10億USドル

　では、この企業に匹敵するような中ぐらいの国を見てみましょう。ウォルマートやゼネラルモーターズやトヨタと匹敵するのは、ベネズエラ、デンマーク、ポルトガルなどです。逆に言えばこれらの世界的企業がいかに強大であるかということもわかると思います。

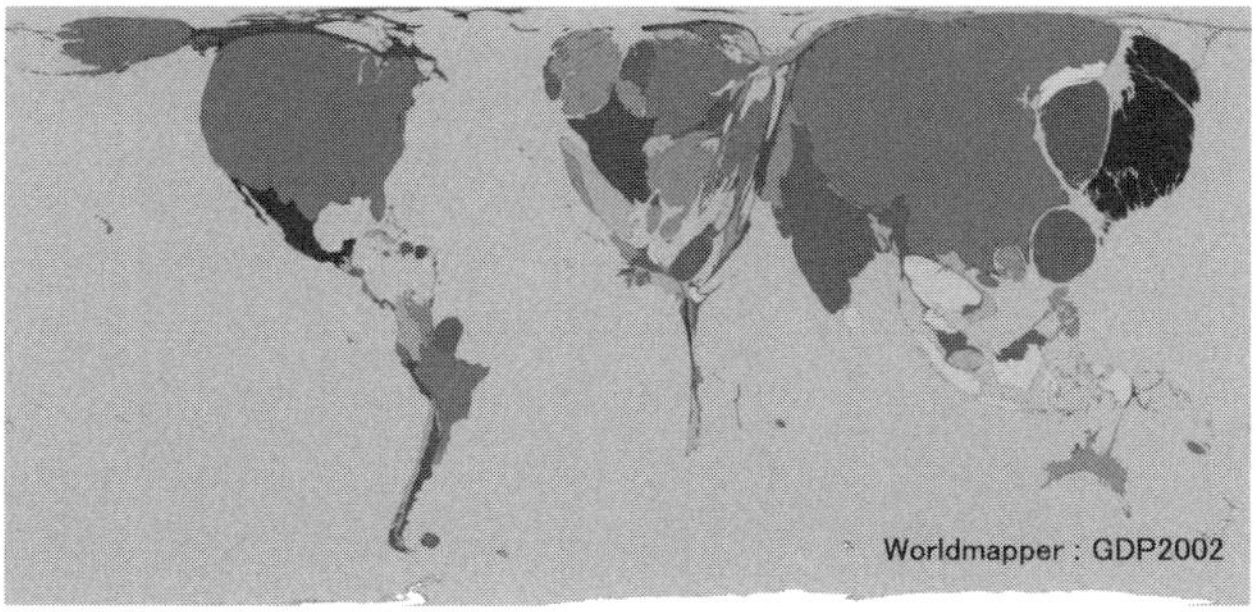

　国のＧＤＰを比較する大変面白いソフトがあります。Worldmapper というのですが、このソフトを使うと世界のＧＤＰの実情がよく判ります。

　ＧＤＰの大きさに比例して現在の国の場所に当てはめると、上のような図になります。すなわちこれは面積ではなく、ＧＤＰの世界地図というわけです。面積はあってもＧＤＰの少ない国はアフリカのように、しぼんでいます。一方で面積は小さくともＧＤＰの大きな国は膨らんで表現されます。ＥＵ諸国と日本、韓国が膨らんでいます。面積が大きくてＧＤＰも大きいというのは、ご覧のとおり、アメリカ合衆国と中華人民共和国だというのが一目瞭然です。

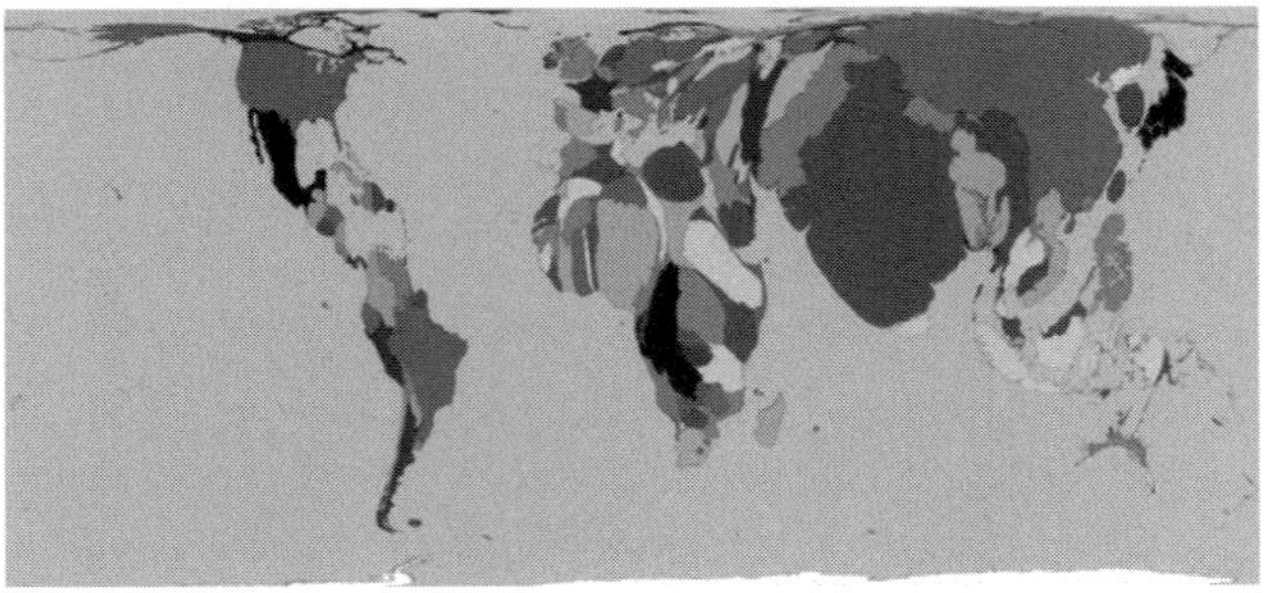

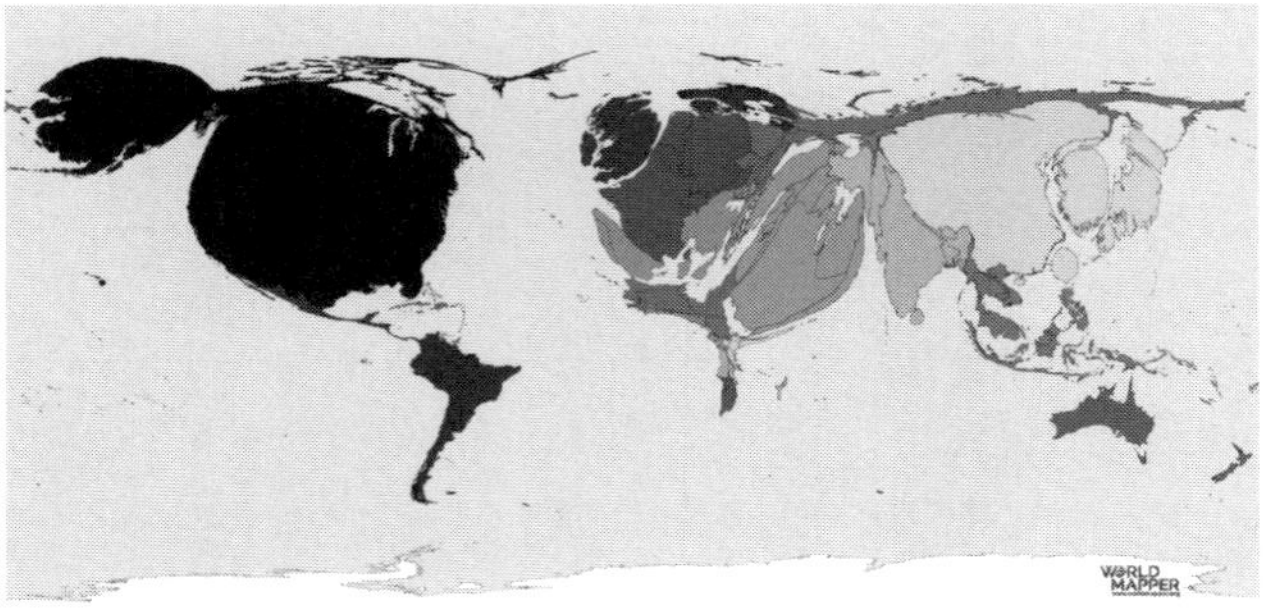

この地図の表現方法で人口を現すと上の上図ようになります。やはり中国、インドが際立って大きいことがわかります。

安全保障を考える上で重要な指標となる軍事費で見ると、その下のように何といってもアメリカが大きく、次いで中国です。面積以上に軍事費が多いのは、ＥＵ諸国とそして日本ということになります。

3 国益

国益とは？

国益は、英語でNational Interestといいます。国家が独立を伴って存続する上で必要な物理的・社会的・政治的な要素のことで、国家価値と同義語と言えます。安全保障政策は基本的にこの国家価値を守るためにおいてのみ正当なものと見なされ、国家価値をより具体的な目標として設定されるものが「国益」です。ただし、何を国益と定義するかは、その国家に存するもので、当然その国の置かれた環境に左右されることになります。

一般に国益を考える時、その基盤となるのはその国家の人口であり経済力であり軍事力といった、国力と呼べるものです。国益を明示するかどうかは別にしても、国民の間で一定の共通認識があることが前提になります。この国益はもっぱら他国との関係において比較されることが多いため、国益は通常外交や安全保障の分野で語られることが多く、そしてもし国益を脅かすものがあれば、それは通常、国の外にあるということになります。

アメリカの国益

アメリカの場合を見てみましょう。

アメリカは元々アメリカに住んでいた人の国ではないことは知っていますね。アメリカは移民の国です。最初にアメリカに移民してきたのは英国国教会の考えに反対する清教徒の人たちでした。いわゆる分離派とよばれるキリスト教徒です。英国の宗教的迫害から逃れてメイフラワー号にのって太平洋を渡ってニューイングランドのプリマスにたどり着いたのは僅かに１２０名です。何もないところで最初の冬を越せたのは半数程度だったといわれています。まさに理想に燃え新天地を求めて命がけで海を渡った人々です。これが常にアメリカで語られる建国の精神です。

したがってアメリカが重んじる価値判断基準は、極めて明快です。「自由」、「民主主義」、「人権」――これは今でもアメリカの価値観です。清教徒ですから利益を求めるための自由競争社会を信じていて、したがって市場経済主義です。何よりもそれは神から与えられた使命であるという極めて強い宗教的なものが根本にあります。アメリカが宗教的な国であるとはにわかに信じられないかもしれませんが、恐らく現在のアメリカ人の大部分ではなく、実際にアメリカを動かしている集団は、ＷＡＳＰ（白人でアングロサクソンで、そしてプロテスタント）と呼ばれる人たちだということを覚えておく必要があるでしょう。

日本の国益

さて我が国日本はどうでしょうか？

アジアにおけるリーダーとして大東亜共栄圏を作ろうとして連合国に敗れた後、日本の国益は東西冷戦の中で経済的に繁栄することであったと思います。自分の国の国益のことを「思います」という言い方で説明するのは何とも皮肉ですが、その意味では日本の国益は明示的ではありません。資源の乏しい日本で経済的に繁栄するためには、原材

我が国の国益(研究課題)

区分	死活的	外辺的	願望的
政治	独立 平和		
経済	現状維持		
文化	日本の歴史 文化の維持		

料を加工してこれに付加価値をつけて輸出するということになります。そのためには、世界が平和で安定していることが条件です。そのために米国主導の自由主義陣営の中で日本自身が軍事大国にならないことが必要でした。

それでは、日本の国益について皆さんに考えてもらいましょう。

テーマは「これからの日本の国益とは何か?」です。このような表を用意しました。国益の基本的な要素を政治と経済そして文化というように区分しました。この区分についてあまりこだわる必要はありません。正しい答えを求めることは求めていません。皆さんが自分の考えを深めることが目的ですので老婆心ながら補足しておきます。

死活的というのは、それが達成出来ないと生き残ることができないという最も基本的なものです。ここについて議論はあるでしょうが、思考を進めるためにとりあえず空欄を埋めています。もちろん「これはおかしい」と考えてもらっても構いません。

4 国家戦略、戦略(Strategy)とは何か

国益を達成するための具体的な方策あるいは要領を通常国家戦略と呼んでいます。ここでは国家戦略について簡単に考えることにしましょう。

「戦略(Strategy)」という言葉は、良く使われていますが、解釈が非常に難しい言葉のひとつです。一般の企業でも、例えば「経営戦略」とか「中長期戦略」というものを掲げることがあります。国家でも企業でも存在を成り立たせている精神や歴史があるわけですが、国際社会や一般社会の中で自己の立ち位置や現状を分析し、どのようにして発展するか、または生き残るかを考えることが戦略であるということができます。軍事的には、作戦の上位概念として戦争計画と作戦の間にあるものという考えもありました。しかし今では、「一般的には特定の目的を達成するた

めに、長期的視野と複合思考で力や資源を総合的に運用する技術・応用科学である戦略（Wikipedia）」という定義がふさわしいように思います。スポーツで例えるならば、サッカーの試合に勝つための方策に似ています。持てる現状の戦力を分析して、どのようなフォーメーションを取るか、スタメンを誰にするか、攻撃的に行くのか、守りに徹するのか、このような監督が考えるようなことは、戦術または作戦であって戦略ではありません。この場合の戦略とは、例えば２０２０年の東京オリンピックで金メダルを取るために、どうすればよいのか、その方策を考えることが戦略に近いと思います。選手の育成方法、スタジアムや練習環境の整備、予算の規模や使い方、監督やスタッフの起用など総合的に考えることが戦略に該当します。

一般的に、戦略の失敗を作戦や戦闘で補うことは出来ないといわれています。作戦や戦闘は、相手の失策や幸運に恵まれるなどすれば勝つことができます。また、強い相手であっても、相手の思いつかない戦法や奇襲によって実力が劣っていても勝つことができます。しかし、長い目で見れば、国の実力というか国力の違いは、決定的な要因となります。国家目標や国益を達成するためには、あくまでも正攻法として具体的な施策を計画・遂行することが必要です。それを戦略と言い換えることもできると思います。

そこで問題になるのは、国家戦略を明示的なものにするか、暗黙的なものにするかということです。戦略を策定するためには、多くの関係者の関与が必要です。しかし利害を異にする、すなわち敵対する相手がいるわけですから、重要なことは明らかにしない、すなわち秘密にしておくことが重要になります。作戦や戦闘であれば、ほとんどが秘密になります。試合の前にナショナルチームが練習をメディアに公開するのは、わずか数分です。相手に自分の手の内がわかってしまえば、相手はその対抗策を考えることになるわけですから当然のことです。しかし戦略となるとすべてを秘密にすることは実際上不可能です。予算や施設、組織の構成などは情報公開の面から見ても隠せないことが多いからです。全体像としての戦略を明示するかどうかというのは、分析し類推すればわかってしまうことを改めて明言することです。

米国は、国家戦略や防衛戦略を全て公開しています。日本の場合は数年前までは曖昧でした。隠しているのではなく文章や声明で明言していなかったのです。しかし、数年前にNSC国家安全保障局が創設され、10年から15年くらいを見通した国家安全保障戦略が策定されました。したがって、誰でも文章として国家戦略、安全保障戦略を読むことができます。理解できるかどうかは、別の話ですが。

　米国や日本の安全保障戦略が明示されてるのには二つの理由があります。ひとつは国内に対する情報公開です。民主主義の国家では、国民の負託を受けた政府が自国の色々な方針事項を国民に分かりやすく説明することが求められます。二つ目は相手国や同盟国に対する情報の提示です。我々の国家はこのようにして自国の安全保障を確保するという情報を公開することにより、敵対する国や同盟国に自分の国に対する誤解を与えないことができると同時に、相手国に対しても自国の安全保障戦略を開示するように求めているわけです。これを「透明性の確保」とか、同盟国に対しては「信頼醸成措置」というのですが、そのようにして相手に疑心暗鬼を与えないように配慮しているわけです。

　米国および日本の安全保障戦略を説明したいのですが、それは本講義の最後の方に予定しています。その理由は、現実の安全保障戦略を理解するためには、その前提となる安全保障上の基本的な理論や歴史的事実を押さえておく必要があるからです。本日の講義はここまでとします。

第10講

集団安全保障と集団的自衛権

集団安全保障と集団的自衛権の違いは何か？

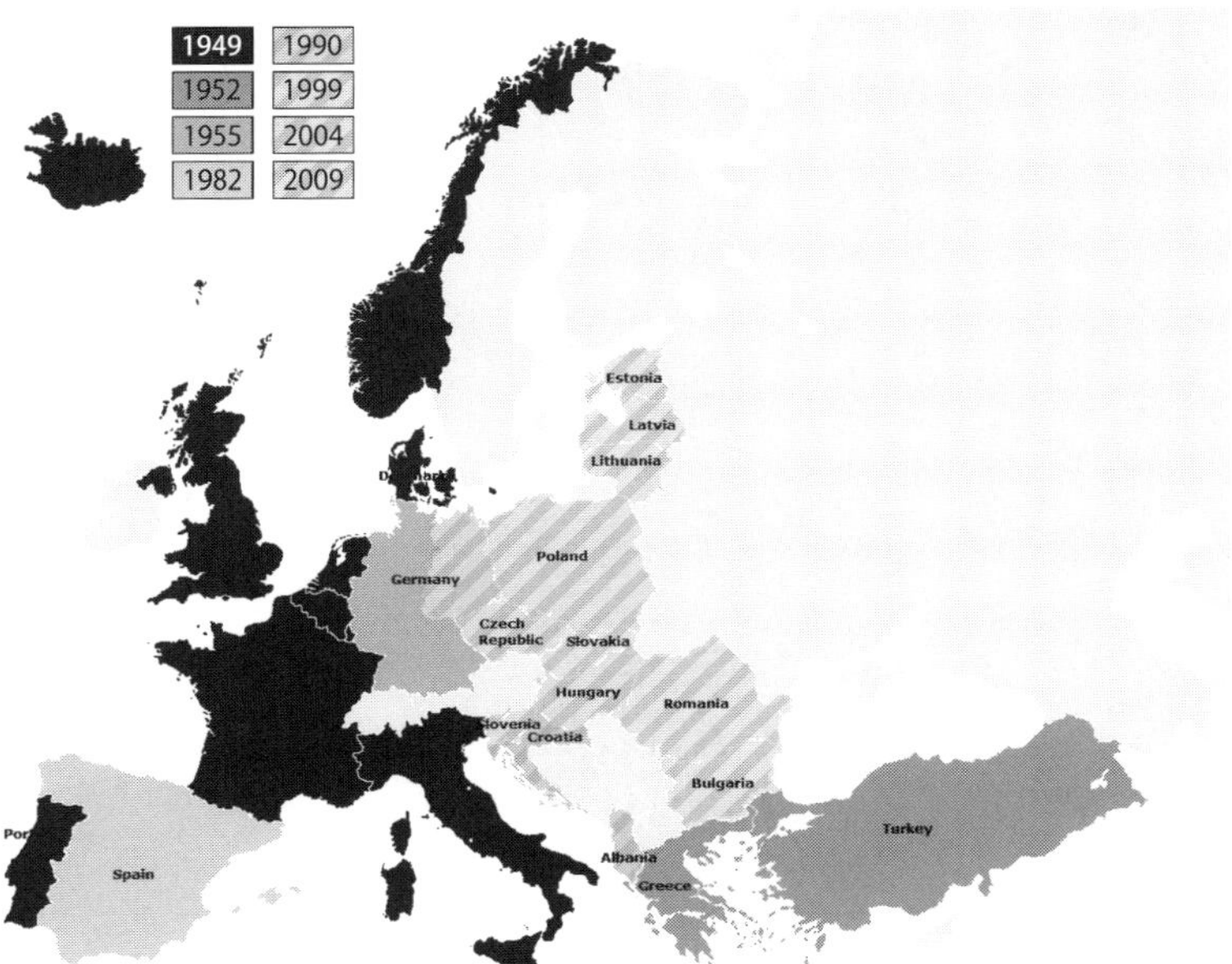

本日最初の地図（前頁）は、ＮＡＴＯ：北大西洋条約機構という、冷戦時代のソ連の脅威に対抗して米国と欧州諸国が締結した地域的相互安全保障条約に基づく集団安全保障体制を現したものです。当初の締結国を濃い色で、その後の加盟国を薄い色で表しています。特徴的なのは冷戦が終結した以降の東方拡大で、その加盟国は斜線で色分けされています。さて、ソ連が崩壊したのに何故ＮＡＴＯは残っているのでしょうか？　そして、何故かつてのソ連の従属国・衛星国がＮＡＴＯに加盟したのでしょうか？　その辺りのことを皆さんと見ていきたいと思います。

1　集団的安全保障

国際連合で最も有名で最も核心の仕事をしているのは、安全保障理事会です。この理事会の会議室の一番奥の壁にかかっているのは「上昇するフェニックス」という絵画です。第2次世界大戦の廃墟の中から甦るということなのでしょうが、非常に意味深な絵画です。国連に行ったことのある人はお気づきでしょうが、国連にはこのような芸術作品が多数あります。ニューヨークの国連ビル前の広場には、いくつものオブジェ、モニュメントが置かれていますが、中でも最も有名なのは、銃身に結び目があるオブジェです。これはルクセンブルグから送られた「発射不能の銃」というものですが、国連の活動を端的に表すシンボルと言われています。

国連に関する四方山話を語りだすときりがないので、この辺りでやめておきますが、興味のある方は一度ニューヨークの国連本部を訪れられることをお勧めします。

さて、安全保障理事会について語ることにしましょう。

第1次世界大戦後に設立された国際連盟では、最高意思決定機関は総会でした。国際連合では、安全保障に関しては理事会が決定権を持っています。すなわち拒否権を持っている5つの常任理事国が実質的な決定権を握っているのが安全保障理事会です。

国連決議とは、安全保障理事会決議のことを言います。総会での審議は当然大国でも小さな国でも一国一票ですが、総会が出せるのは勧告に過ぎません。

湾岸戦争の時に出された安保理決議678号は、強制的措置を規定した国連憲章7章を引用しつつも、特定の条文は明らかにされませんでした。集団的自衛権の行使は安保理の事前の許可を必要としないので、多国籍軍の行動が集団的自衛権の行使とするものではないということになります。一般に自衛権の行使には、武力攻撃に対する自衛の措置が過剰にならないという均衡性の原則が要求されるため、湾岸戦争ではクウェートからのイラク軍の撤退ばかりでなく、大量破壊兵器の破棄などがイラクの主権を制約していることから、この678号の決議は「国際の平和と安全を回復する」ため、加盟国に対して均衡性の要件を超える権限を与えたものと解釈されています。

2 集団安全保障と集団的自衛権

違いは何か？

先ず二つの図を見てもらいます。X国という悪い国が、A国を武力攻撃しました。当然、これは国際法違反でA国は自衛権に基づいて防衛します。さて他の国も何らかの形でA国を助けなければなりません。集団的自衛権を行使するか、あるいは国連の安保理決議に基づいて多国籍軍などを構成してX国に武力攻撃をやめさせようとします。

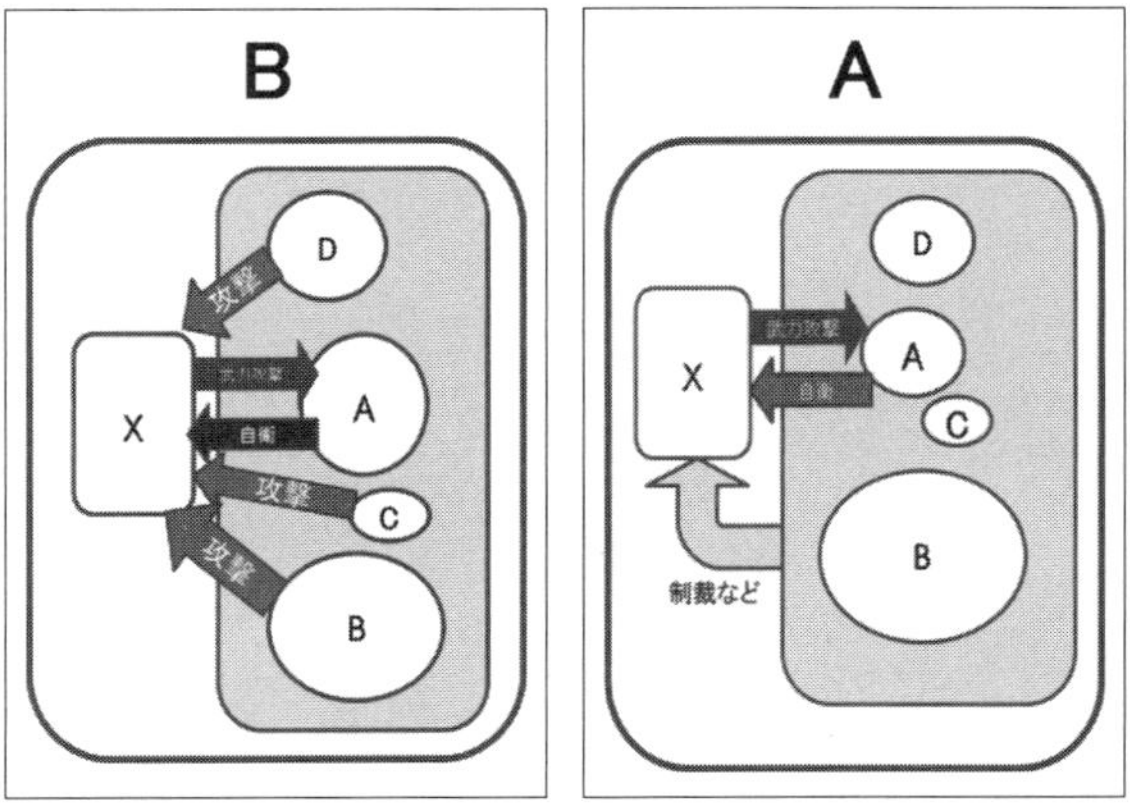

さて、どちらが集団安全保障で、どちらが集団的自衛権でしょうか？

答えは、Aが集団安全保障、Bが集団的自衛権です。

皆さん承知の通り、昨今日本が大きく変えようとしたのは、この集団的自衛権を限定的に容認するか、しないかという問題です。

集団的自衛権の経緯

1944年8月～10月にかけて、ワシントンのダンバートン・オークス・ガーデンというところで米、英、ソ連、中華民国の政府関係者が集まり、国際連合憲章の原案（「一般的国際機構設立に関する提案」）を作成したことはすでにのべました。加盟国全部を含む総会、大国中心に構成される安全保障理事会の二つを主体とする普遍的国際機構を作ることが合意されました。その後、各国首脳が集合したヤルタ会談において、ソ連から拒否権についての提案があり、米・英・ソ・中に、フランスを加えた5か国が拒否権を有する常任理事国となるという「5大国一致の原則」が合意されたことも紹介しました。

この拒否権について懸念を表明したのが南米・ラテンアメリカ諸国です。大国が拒否権を持つということは、もしかすると国連安保理が機能しなくなる恐れがあるということです。このため新たに国連憲章51条が規定され、この修正案はサンフランシスコ会議で採択されました。それが個別的・集団的自衛権なのです。

具体的な国連の強制的行動が紛争を抑止すると考えれば、それを規定した国際連合憲章第7章「平和に対する脅威、平和の破壊及び侵略行為に関する行動」が、国際連盟との一番大きな違いとなるはずです。その章をずっと見ていくと、最後に取ってつけたように第51条があるのがわかります。その国連憲章第51条とは、再度引用しますが、以下のようなものです。

「第51条〔自衛権〕この憲章のいかなる規定も、国際連合加盟国に対して武力攻撃が発生した場合には、安全保障理事会が国際の平和及び安全の維持に必要な措置をとるまでの間、個別的又は集団的自衛の固有の権利を害するものではない。この自衛権の行使に当って加盟国がとった措置は、直ちに安全保障理事会に報告しなければならない。また、この措置は、安全保障理事会が国際の平和及び安全の維持又は回復のために必要と認める行動をいつでもとるこの憲章に基く権能及び責任に対しては、いかなる影響も及ぼすものではない」

この規定によれば、自衛権は個別的なものと集団的なものがあると考えられます。そしてそれが行使できるのは安保理が措置をとるまでの間であるということがわかります。すなわちこれは大国の拒否権により安保理が機能しない場合の事前の措置、代替措置ということなのです。

すなわち個別的自衛権も集団的自衛権も独立国が持つ固有の権利であるということになります。そして同時にここまでが個別的自衛権で、ここからが集団的自衛権であるという明確な区別は一概には決められないというのが国際的な共通認識となりました。

3 我が国の場合

憲法9条と集団的自衛権

日本国憲法は自衛戦争以外の戦争を放棄しています。独立国である以上、自衛権はあるわけですから自衛のために戦争することまで憲法は否定していないとしています。内閣法制局という内閣に属する機関がありますが、内閣法制局は内閣提出の法案の審査を行うほか、内閣としての憲法判断を行う責任を有しています。内閣法制局長官は選挙でえらばれる政治家ではありませんが内閣総理大臣が任命する内閣のメンバーで、選挙後の写真撮影にも参加し、閣僚答弁も行ういわゆる大臣級の役人です。これまで、内閣法制局は集団的自衛権を次のように国会で答弁していました。

「『集団的自衛権』とは、自国と密接な関係にある外国に対する武力攻撃を、自国が直接攻撃されていないにもかかわらず、実力をもって阻止する権利をいうと解されている。自衛権の行使は、わが国を防衛するための必要最小限の範囲にとどまるべきものであると解しており、集団的自衛権を行使することは、その範囲を超えるものであって憲法上許されない」

同じく個別的自衛権についても憲法9条との関連の中で、我が国の自衛権発動の要件は、先進国中最も厳格なものになっています。これが自衛権発動の3要件と呼ばれているもので次のとおりです。

「憲法第9条の下において認められる自衛権の発動としての武力の行使については、政府は、従来から、①わが国に対する急迫不正の侵害があること ②この場合にこれを排除するために他に適当な手段がないこと ③必要最小限度の実力行使にとどまるべきこととしている」

さて、安倍晋三内閣総理大臣が会見し、じ後閣議決定したのが、この集団的自衛権に係るものです。一般に集団的自衛権の限定的容認と言われていますが、それがどのような内容なのか次に見ていきましょう。

集団的自衛権容認の15事例

政府が閣議決定したのは全部で15の事例で、次頁の表にまとめてあります。

大きく三つに区分されます。①〜③までが現行法制上で曖昧な部分、いわゆるグレーゾーンと呼ばれているものです。④〜⑦までが国際平和協力業務に関する事項、そして⑧〜⑮までが「武力の行使」に該当する、すなわち従来政府が集団的自衛権にあたるので憲法上できないと解釈されていたものです。

政府が与党協議に示す15事例

3分野	15事例
グレーゾーン	①離島における不法行為への対処
	②公海上での訓練や警戒監視中の自衛隊が遭遇した不法行為への対処
	③弾道ミサイル発射警戒時の米艦防護（※平時）
国際協力	④侵略行為に対抗するための国際協力としての支援
	⑤駆けつけ警護
	⑥任務遂行のための武器使用
	⑦領育国の同意に基づく邦人救出
「武力の行使」にあたり得る活動（集団的自衛権関連）	⑧邦人輸送中米輸送艦の防護
	⑨武力攻撃を受けている米艦防護
	⑩強制的な停船検査
	⑪米国に向け我が国上空を横切る弾道ミサイル迎撃
	⑫弾道ミサイル発射警戒時の米艦防護（※周辺有事）
	⑬米本土が武力攻撃を受け我が国近隣で作戦を行う時の米艦防護
	⑭国際的な機雷掃海活動への参加
	⑮民間船舶の国際共同護衛活動への参加

15個の事例、一つひとつを見ていきたいのですが、本書は集団的自衛権に限ってみていくことにしましょう。PKOに参加した経験のあるわたしとしては、国際平和協力業務に関しても説明したいことは山ほどあるのですが、それは別な時間に譲ることとしましょう。

さて、説明する前に、読者の皆さんはまず考えてください。テーマは「集団的自衛権行使の限定的容認は是か？否か？」

考えるポイントはいくつかあります。何よりも憲法9条と自衛権の問題はしっかりと押さえておく必要があります。一方で国際政治としての日本の外交・安全保障政策があります。そして中国や北朝鮮、そしてテロの可能性などの現代の脅威に対する認識も必要でしょう。

それでは考えてみてください。

…………

4　法的に見た集団的自衛権

「武力の行使」に該当する活動としているのは、15事例

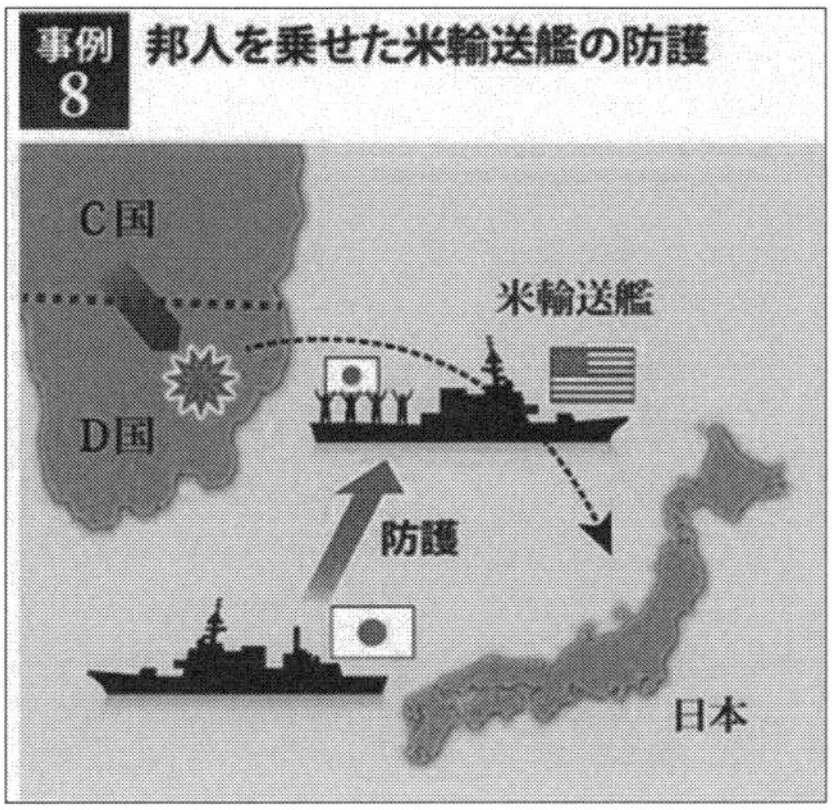

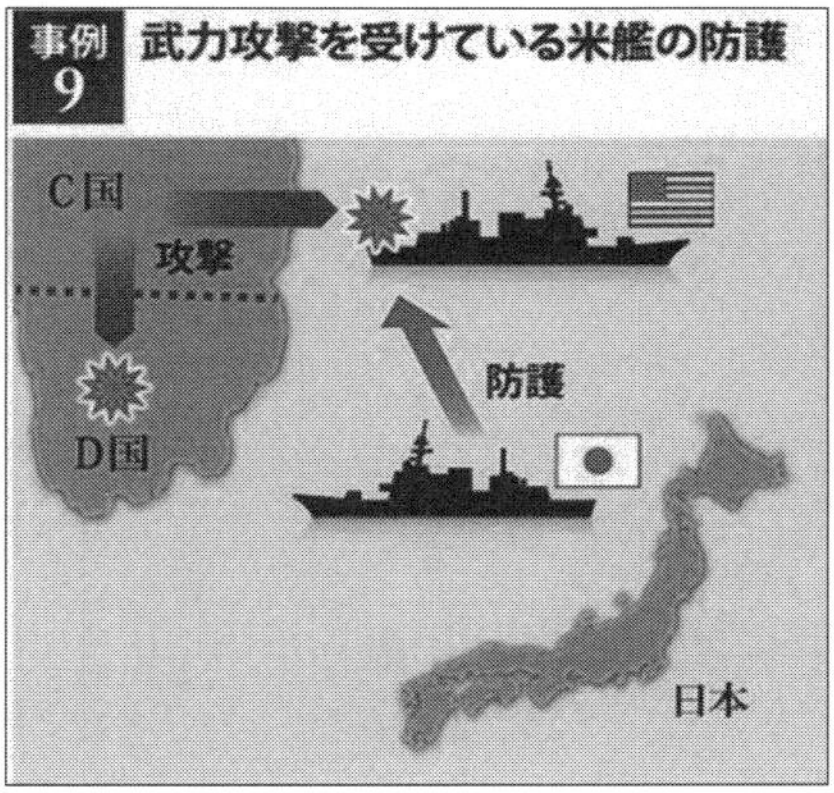

の⑧～⑮です。非常に特徴的であるのは、これらのほとんどが海上における行動、すなわち海上自衛隊の各種行動に関するものであることです。この8個の事例は大きく3つに区分できます。

ひとつのジャンルは危機事態から有事に至る間の米国艦船の防護です。中でもⓐ邦人輸送、ⓑ弾道ミサイル対処と目的は異なりますが、

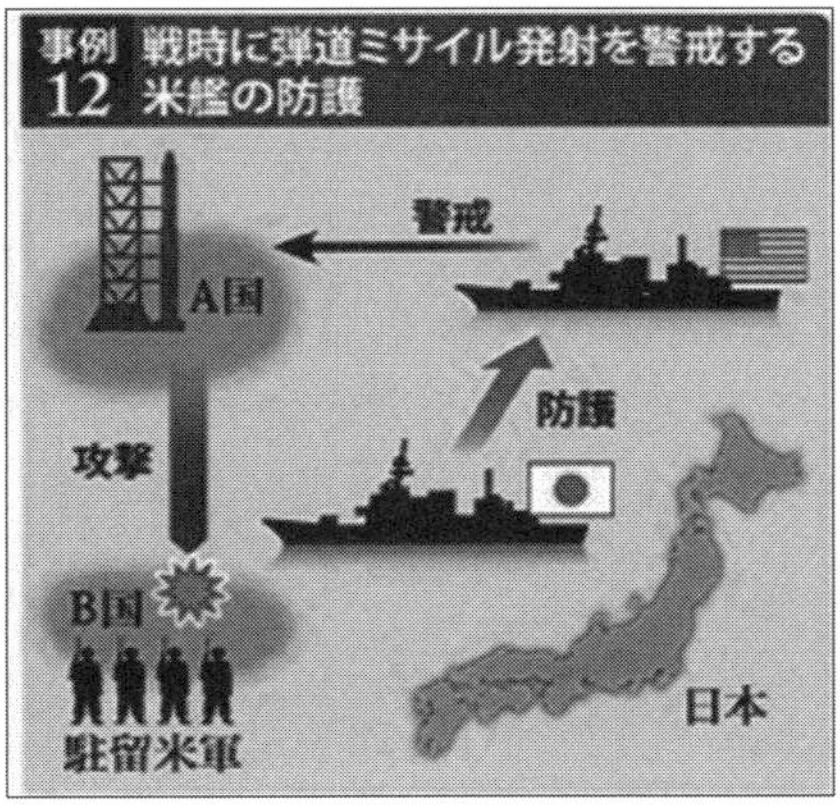

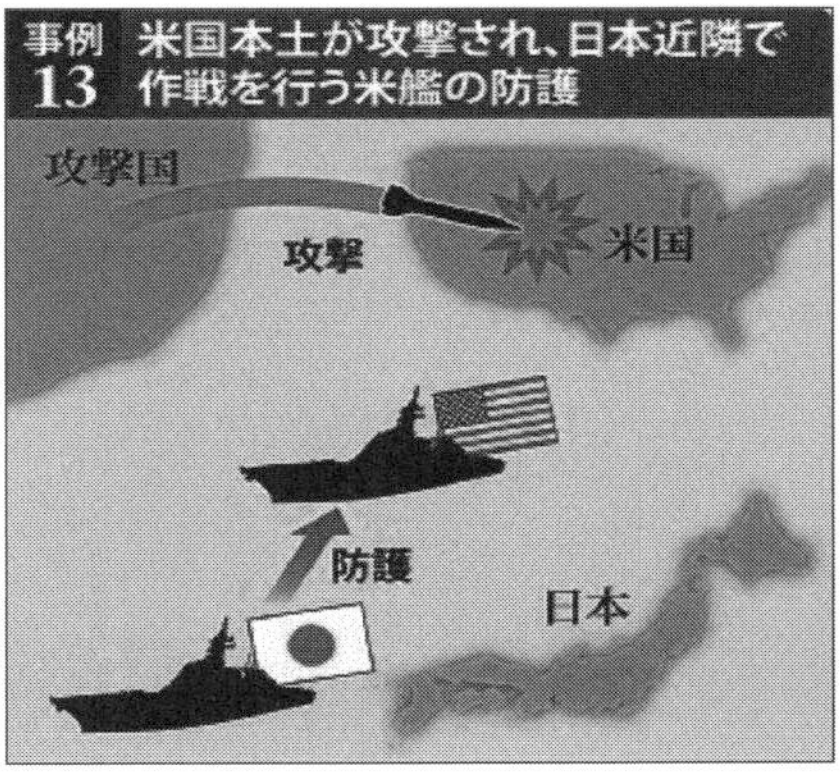

何れも日本の海上自衛隊が米海軍の艦船を防護する状況を考えています。⑬を除き、この状況は日本人や日本を守ろうとする米海軍の艦船を守ることでいわば個別的自衛権の延長線上にあるのではないかとの意見があります。

問題となるのは⑬です。内閣法制局が答弁しているように「自国が攻撃を受けていないにもかかわらず、親しい国に対する攻

撃を自分が受けたと同じように反撃する権利」は日本国憲法に違反するものです。一方で、事例⑬の図で「攻撃国」の領土に対して日本が攻撃すれば、これは憲法違反かもしれない、しかし同盟国として日本の近海で活動する米国の艦船を防護するのが何故憲法違反なのかについては、議論が必要だという意見もあります。

二つ目の事例は、弾道ミサイル対処です。日本のイージス護衛艦は弾道ミサイルを撃ち落とす能力があります。全部撃ち落せるわけではありませんが、その能力は高い。さて日本の上空を超えてグアムやハワイに向かうミサイルを撃ち落とすのは、集団的自衛権に該当するのかどうか、これも一概には判断が難しい事例です。というよりミサイルのような極めて先進的な軍事科学技術の運用について昔の法的な枠組みで検討すること自体がそぐわないのではないかという意見もあります。

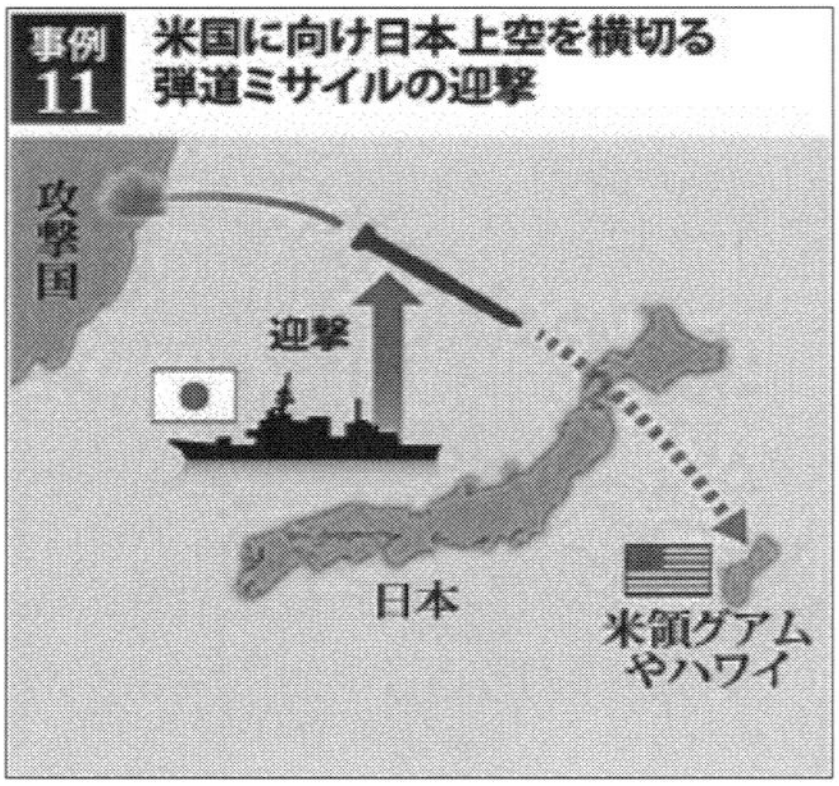

三つめの事例は、強制的な船舶検査や機雷掃海への参加、そして民間船舶の共同護衛などに参加することですが、これは日米のような二国間のこともあるでしょうが、むしろ多国籍な活動における活動に対する参加という形になります。実は民間船舶の共同護衛はアデン湾、ソマリア沖などで行われている海賊対処行動として現在実施されています。この活動には日本の海上自衛隊も護衛艦と対潜哨戒機を派遣しています。各国と連携して活動しているものの、組織的には日本は独自に参加しているという形をとってい

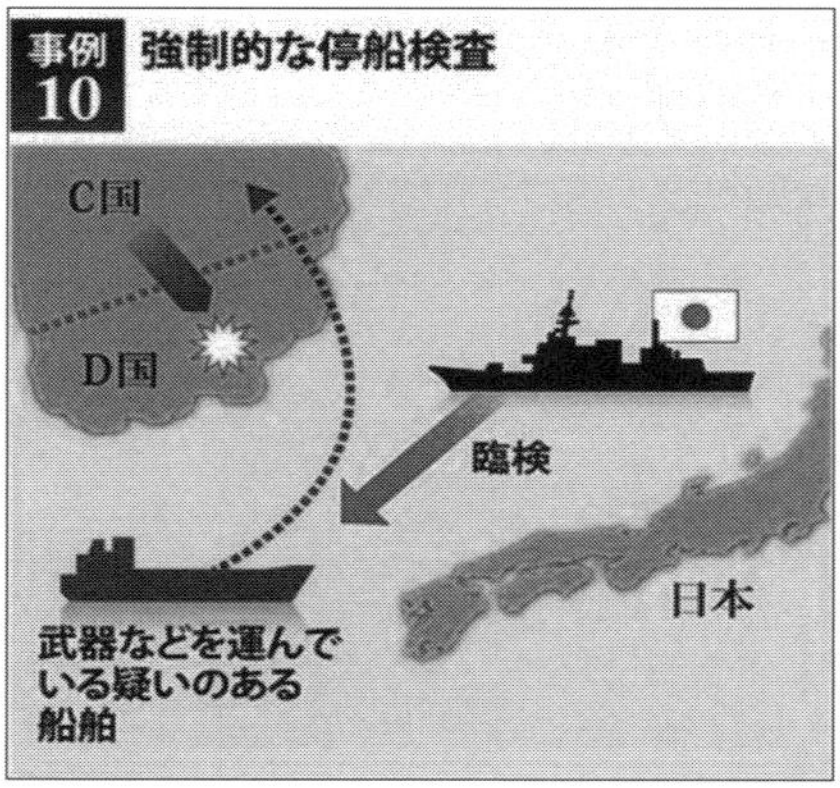

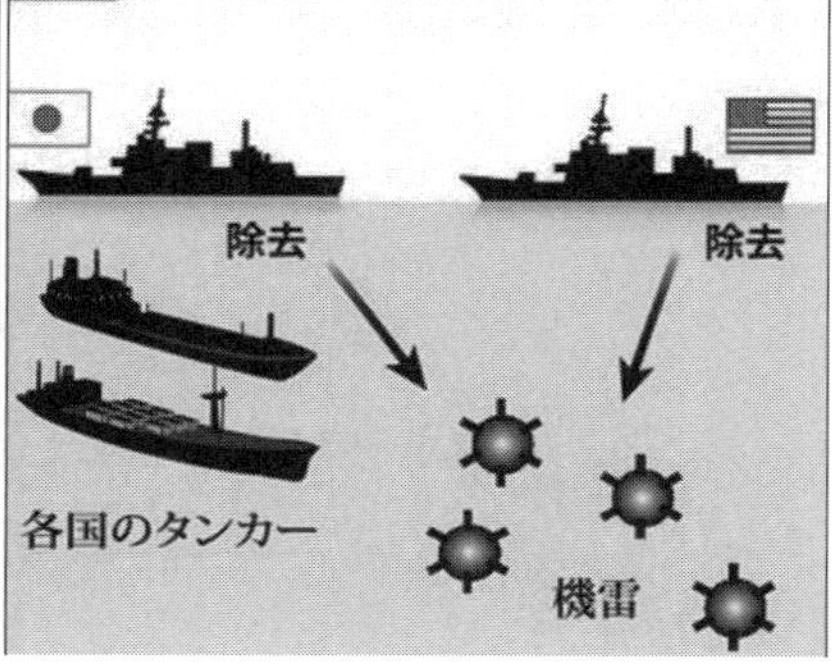

事例14　戦時における国際的な機雷掃海活動への参加

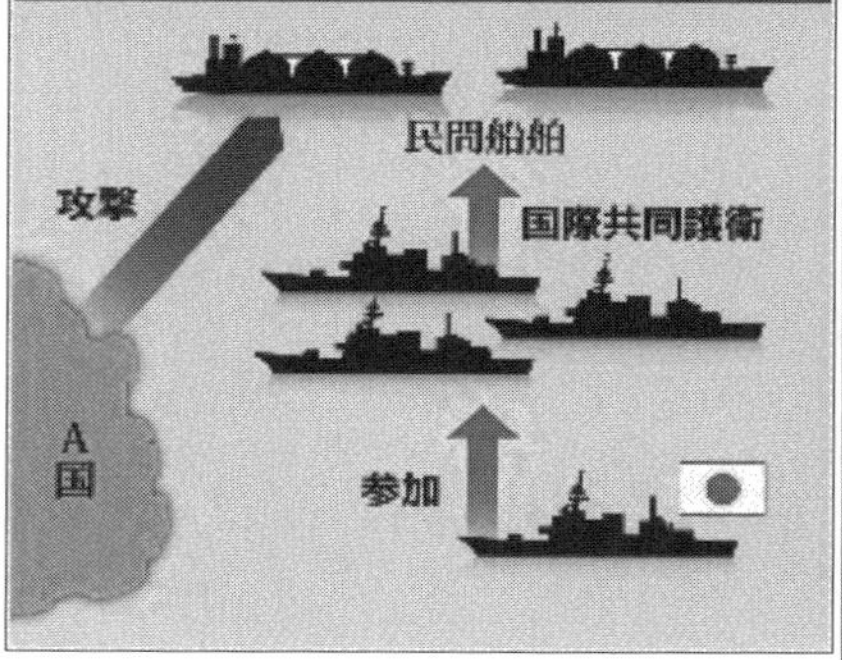

事例15　民間船舶の国際共同護衛

ます。機雷掃海も湾岸戦争の時、日本はペルシャ湾で独自に掃海活動を行いました。問題は多国籍や他の国と共同してこれを行うかどうかということです。

　事例⑮は、民間船舶の共同護衛です。これは、ソマリア沖やアデン湾で頻繁に出没した海賊に対処するための措置です。もちろん日本の海上自衛隊は、法律に基づき単独で海賊対処できます。ポイントは、そのために活動している国際的な組織に参加できるかどうかということです。２００９年以来、日本の海上自衛隊は、ソマリア沖やアデン湾で活動する海賊行為から付近を航行する船舶を護衛するため活動を継続しています。

　具体的な内容は、海上保安官を同乗させた海上自衛隊の護衛艦が派遣海賊対処行動水上部隊として洋上で船舶を護衛するとともに、Ｐ３-Ｃ哨戒機が派遣海賊対処行動航空隊として空から海域を監視しています。派遣海賊対処行動航空隊は陸上自衛隊との統合任務部隊であり、陸上自衛隊はＰ３-Ｃを運用するためにジブチに設置された基地において警護と基地管理を担うとしています。また航空自衛隊が物資と人員輸送のためジブチに部隊を派遣しています。

　日本の航空部隊は、当初ジブチ国際空港に隣接するアメリカ軍キャンプ・レモニエを拠点にしていましたが、駐機場まで移動に時間がかかり、夏には気温が50度を超える炎天下で整備を行うなど活動環境が厳しかったため、ジブチ政府から空港内の12ヘクタールを借りて、整備用格納庫、宿舎、駐機場などを整備することになりました。これは、自衛隊初の恒久的な海外施設となる基地ということになります。

5 平和安全法制

第3次安倍内閣は、2015年5月、国家安全保障会議及び閣議において、平和安全法制関連2法案を決定し、翌日、衆議院に提出しました。その法律は一つの名称で「「国際平和共同対処事態に際して我が国が実施する諸外国の軍隊等に対する協力支援活動等に関する法律」で「国際平和支援法」と略称されます。これはいわば、先ほどの15事例を法案したものです。この法案は、その年の9月に成立しました。

15事例がすべて集団的自衛権の行使ではないことは説明した通りですが、それだけが法律を整備した目的ではありません。例えば、PKO法の改正は、従来できないとされていた「駆けつけ警護」や「宿営地の共同防衛」を可能とするもので、法的に「集団的自衛権」とは別の概念だと指摘されています。従来から日本を防衛するための行動をより円滑にする、法的な不備事項を改善するという改正も多いように見えます。本日はここで終わりにしましょう。

第11講

抑止・抑止力とは何か？

軍事力は、国際紛争を抑止できるか？

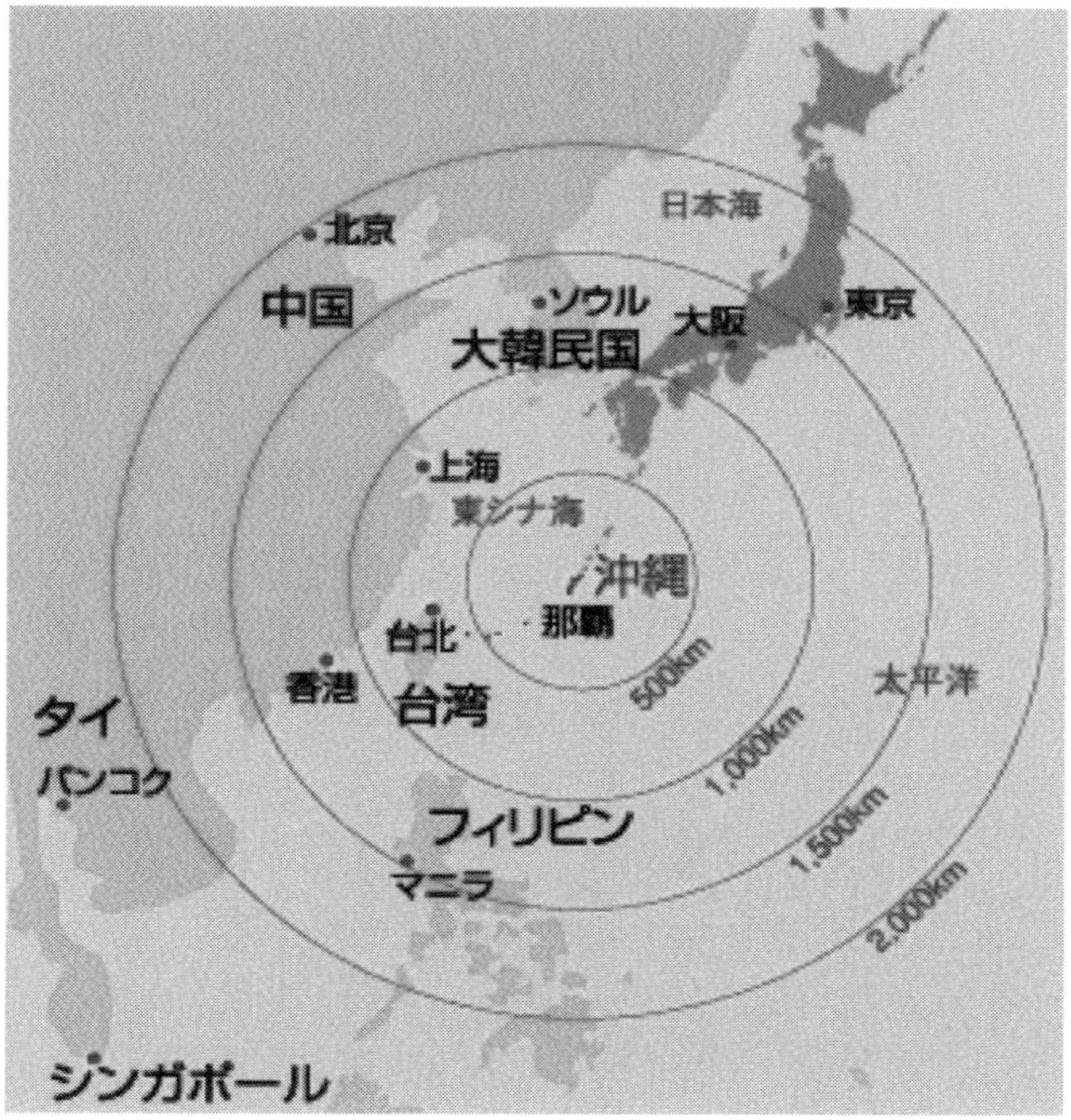

本日最初の地図は、極東アジアの地図です。

この地図は、沖縄本島を中心として500㎞ごとの同心円を描いています。この地図を見ると沖縄と関係諸国の地理的な離隔度が分かります。沖縄本島から東京までの距離はおおむね1700㎞です。韓国のソウルまでは1300㎞、東京よりソウルの方が近いんですね。台北までは700㎞、上海は800㎞、香港は1200㎞、フィリピンのマニラまでは1500㎞の距離にあります。沖縄が極東アジアにおいてほぼ中心にあって、これが沖縄の置かれている地政学的な立場とか戦略的な要衝にあると言われる理由です。

現在、日本には日米安全保障条約に基づいて米軍が駐留していることは、皆さんも知っていると思います。その米軍の多くが沖縄にあることも知っているでしょう。そして、現在沖縄に駐留する米軍基地について多くの問題があることも知っていることと思います。沖縄の基地問題はいずれあらためて考えることとしますが、最初に沖縄を取り上げたのは、民主党政権時代に、当時の日本の総理大臣が「沖縄の米軍基地は抑止力であるということが分かった」と述べたからなのです。「抑止・抑止力」とは一体どういうことなのでしょうか？ 本日は「抑止」について皆さんと考えてみたいと思います。

1 「抑止・抑止力」とは？

抑止と防犯

抑止を考える前に、身近なところから考えてみましょう。最近では街の至る所に防犯カメラが設置されるようになりました。防犯というのは犯罪を未然に防止することです。街角に交番があって警察官がそこに常駐しているというのも犯罪を防止する大きな要因となっています。安全保障において「抑止」という概念は、「防犯」と似ているところがあります。

一方で、「防犯」と「抑止」が決定的に異なっている部分があります。それは何でしょうか？ 罪を犯した者が警察に捕まることは、検挙率で表わされます。殺人や強盗などの重要犯罪の場合、日本の2017年度の検挙率は80・3％で世界最高です。犯罪を起こさせないようにするためには、罪を犯せば必ず捕まって法律で裁かれるということが大事です。

実は「抑止」にはこの機能がありません。すなわち、国際紛争にはそれを取り締まる警察や刑法がないということです。では国際社会において紛争を抑止する手段は何でしょうか？　それは「力」、パワーそのものなのです。

「抑止」とは何か？

過去も現代も国際社会において「抑止」と言われるものは、「やられたら、それ以上にやり返される」という報復の論理です。数年前、集団的自衛権を盛り込んだ「平和安全法案」の審議の際、当時の安倍首相は「抑止力」について次のように答弁しました。

「まさに抑止力とは、日本に対して攻撃をする、あるいは日本を侵略しようとすれば、相当の打撃をこうむらなければならないということを覚悟しなければいけない、となれば、それはやめておこうということになるわけでありま す。（中略）すきがないか、しかし、すきがないということになれば、それはやはりやめておこう、それは外交的に今後解決していこうということになってくるわけでありまして、相手にそういう気を起こさせない、これこそ未然に防ぐ抑止力になっていくわけであります」（２０１６年５月27日衆特別委員会安倍総理答弁）」

抑止とは、「相手が攻撃してきた場合、軍事的な対応を行って損害を与える姿勢を示すことで攻撃を思いとどまらせる」軍事力の役割のことを言います。

この抑止が機能するためには、抑止する側に、軍事的対応を実行する意図と能力があること、かつ、それが相手に正しく認識されることが極めて重要です。つまり、ドラえもんののび太がジャイアンに対して強がったとしても、もともと弱いことはわかっていますから、あまり効果はないということです。しかし、のび太がドラえもんの力を借りて特別な力を持つとジャイアンもうかつに手を出せない、これが「抑止」であり、その実態は「力」、具体的には「軍事力」を中心とする国のパワーなのです。

もちろん、軍事力だけが国の力ではありません。経済力や歴史や文化的な力も抑止の一因となります。しかし、例えば同じ町内会で悪い暴力団や暴走族がいて、しかも警察がいない状況で暴力団や暴走族が自分に対して仕掛けてこないようにする方法は、ふたつしかありません。自分の家の周りに壁を作って相手が絶対に入ってこれないようにすること、そしてもし相手が暴力を仕掛けたら、それ以上の損害を相手に与えるということを相手にわからせることです。前者を「拒否的抑止」、後者を「報復的抑止」と定義しています。

「抑止」が機能する条件

国際社会において、この「抑止」が機能するためには、いくつかの条件が必要となります。第一に、「抑止の脅威が潜在敵国に理解される場合に限り、抑止の信頼性が保たれ、抑止の脅威と行動とが比例均衡していれば、抑止が機能する」ということです。第二に、「抑止の脅威は『相手国に自国の意図を理解させ、行動の結果に関する予測の判断基準を提供』し、同時に『行動と反応の相互関連性には、偶然性を排除し、結果予測の根拠を提供する』（トーマス・シェリング『軍事力と影響力』）」ことです。

これを要約すれば、「抑止」とは、①相手国に自国の意図を理解させ、②行動の結果に関する予測の判断基準を提供し、③行動と結果に対する偶然性を排除し、結果予測の根拠を提供するという3条件が必要ということです。

このことから、軍事力には二つの要素があることが分かります。すなわち、物理的に相手を破壊する力＝軍事力であると同時に、敵がその軍事行動から期待しうる利得を上回るような損害を与えると相手に予測させる力＝軍事力であると言えます。抑止は未然に防ぐ力ですから、実際に相手にとって損かどうかはわかりません。相手にこの戦いは自分にとって不利であり、危険だと思わせることが抑止の本質なのです。

したがって、「抑止」とは、相手の合理的な判断や予測に期待しているということが分かると思います。すなわちツキディデスいうところの、「恐怖・利益・名誉」という3条件の内、「恐怖」と「利益」、中でも「恐怖」に比重を置く考えです。ですから自分がどうするかではない、あくまでも自分の持つ力を相手にわからせることが重要です。このような考えに基づく戦略を「抑止戦略」といい、世界の軍事力はほとんど抑止を前提に構成されていると言って過言ではありません。「これだけ軍事力を揃えれば、相手は思いとどまるだろう。相手は、きっと怖がるに違いない。相手も馬鹿じゃない、合理的に考えるだろう」というもので、実は、抑止とは自分本位、勝手な思い込み、過度の期待となることもあるのです。すなわち、抑止は破綻することがあるのです。抑止に失敗すれば、戦争となります。

2 核抑止理論

核兵器が戦争を変えた

抑止、抑止戦略の中で最も端的なものが「核抑止」です。核兵器の出現で戦争の概念がどのように変わったのか見ていきたいのですが、その前に核兵器とは何か、大まかにおさらいすることにしましょう。

核兵器とは、「核分裂の連鎖反応、または核融合反応で放出される膨大なエネルギーを利用して、爆風、熱放射や放射線効果などの作用を破壊に用いる兵器の総称」で「原子爆弾、水素爆弾、中性子爆弾等の核爆弾（核弾頭）とそれを運搬する運搬兵器で構成されている（Wikipedia）」とされます。核兵器は、化学兵器と生物兵器とともに「大量破壊兵器ＭＤＷ：Mass Distraction Weapon」と呼ばれています。核兵器は、人類が開発した最も強力な兵器のひとつであり、その爆発は一発で都市や国家を壊滅させる事も可能です。

その威力ゆえに、20世紀後半に配備数が増えるにつれ核戦争の脅威が想定されるようになり、単なる兵器としてだけではなく、国家の命運、人類の存亡にも影響するものとして、開発・配備への動きのみならず、規制・廃棄の動きなど様々な議論の対象となりました。実際に、実戦で使用されたのは最初に開発したアメリカ合衆国の二発、それが広島と長崎で、その後、核兵器は実験以外で使われたことはありません。すなわち、核兵器が「使えない兵器」と言われる理由はそこにあります。実際に使えないのに、何故、世界の大国は核兵器を保有しているのか？ それは核兵器が戦争を抑止するばかりでなく核兵器そのものの使用を抑止する力があるからです。

本来、核兵器は常任理事国に限られていました。国際連合の安保理常任理事国は全て核保有国です。この五か国以外の国は核兵器を持ってはいけないというのが、「核不拡散条約」通称「ＮＰＴ条約」と呼ばれるものです。実態としてこの五か国以外にも核を保有している国があります。明らかなのは、インド、パキスタン、明言していませんがイスラエル、そして近年核開発に成功した北朝鮮です。

核兵器の出現で第１次・第２次世界大戦のような大規模な世界は起こりにくくなりました。確かに戦争を仕掛けたら核兵器を撃ち込まれて全滅どころか、国が滅んでしまう

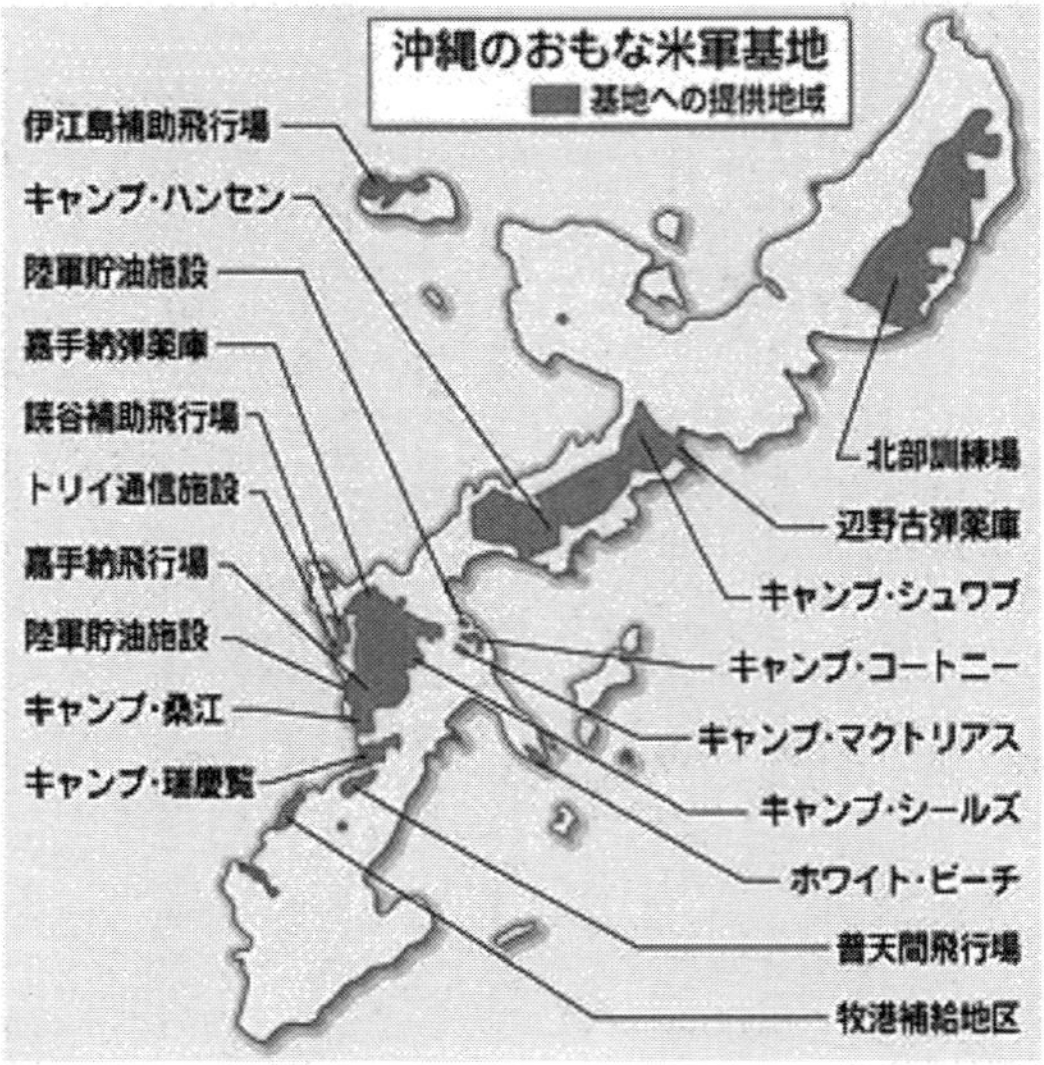

かもしれないとなれば、なかなか戦争することはできません。

しかし、核兵器を持たない小さな国同士はこの限りではありません。核兵器が出現した後の冷戦間、限定戦争が多く起こったことは冷戦の講でお話しした通りです。

米ソのような大国においては、危機管理の重要性が認識されました。すなわち、小さな事態が段々と大きくなって後戻りできなくなるというエスカレーションの恐怖を減らす努力が行われました。そして重要なことは米ソという超大国間に事実上の連携・協調が図られたことです。

4　沖縄の米海兵隊は抑止力か？

さて、冒頭の沖縄に戻りましょう。

当時の総理大臣は、「沖縄に海兵隊がいることで、抑止力が維持できる」という趣旨の発言をして、一度は県外への移設を模索した海兵隊の普天間飛行場問題を再度、辺野古地区に移設すると決めました。これに沖縄県民が反発し沖縄で基地問題が再燃しています。沖縄に展開している米軍は、33か所。上図のように沖縄の広大な地域を占有しています。日本全国に展開する84か所の米軍基地（日米共同基地を除く）の施設数にして40％、面積にして74％を占めています。図の真ん中にあるキャンプハンセンと北部訓練場が非常に広い地域ですが、ここはほとんどが訓練場なので、この数字になっていることは付け加えなければなりません。しかしながら、移設問題が進行中である海兵隊の普天間飛行場は、市街地の真ん中にあって、安全性の面からも早急に移設することが日米の合意事項でした。

沖縄の海兵隊が「抑止力」であるとはどういうことでしょうか？　抑止の概念からすれば、日本を侵略しようとする国がいた場合、割に合わないほどの損害を与えることで侵略を思いとどまらせようとする力が沖縄の海兵隊だ、ということになります。その場合、沖縄の海兵隊が抑止力であるかどうかを具体的に分析する必要があります。すなわち、思いとどまらせるのはどの国のことを言っているのか？　どんな侵略なのか？　上陸侵攻なのか？　航空攻撃なのか？　ミサイル攻撃なのか？　海兵隊が持っている相手に恐怖を与えるほどの軍事力の実態は何なのか、などを明らかにする必要があるのではないかと思うのですが、そのような議論は少ないように思います。

在日米軍については、後日、「日米同盟」というテーマで研究する予定です。

5 テロに抑止は効かない

核には核を。通常兵器には通常兵器を。相手と同じことを、相手以上にやり返すことで「抑止」は成り立ちます。

この原則を「比例の原則」と言います。いわゆる、「目には目を、歯には歯を」ということです。過去の戦争は、どちらかというと敵も味方も同じ戦い方をする対称的な戦争が主流でした。冷戦崩壊後、世界が直面したのは従来の戦争とは全く異なった戦争の形態でした。その最も典型的なものが「テロ」です。

「テロには抑止が効かない」と言われます。特に自爆テロは、失うものが何もないのですから「報復の恐怖」が成立しません。すなわちどんなに強力な兵器や核を持っていてもテロを抑止することは出来ないということを世界は思い知りました。その現実は、9・11の米国同時多発テロ事案で明らかになりました。

次回は、紛争を未然に防止するためのさまざまな活動を見ていきます。

第12講

戦争に至らない諸活動1　予防外交

予防外交をどう評価するか？

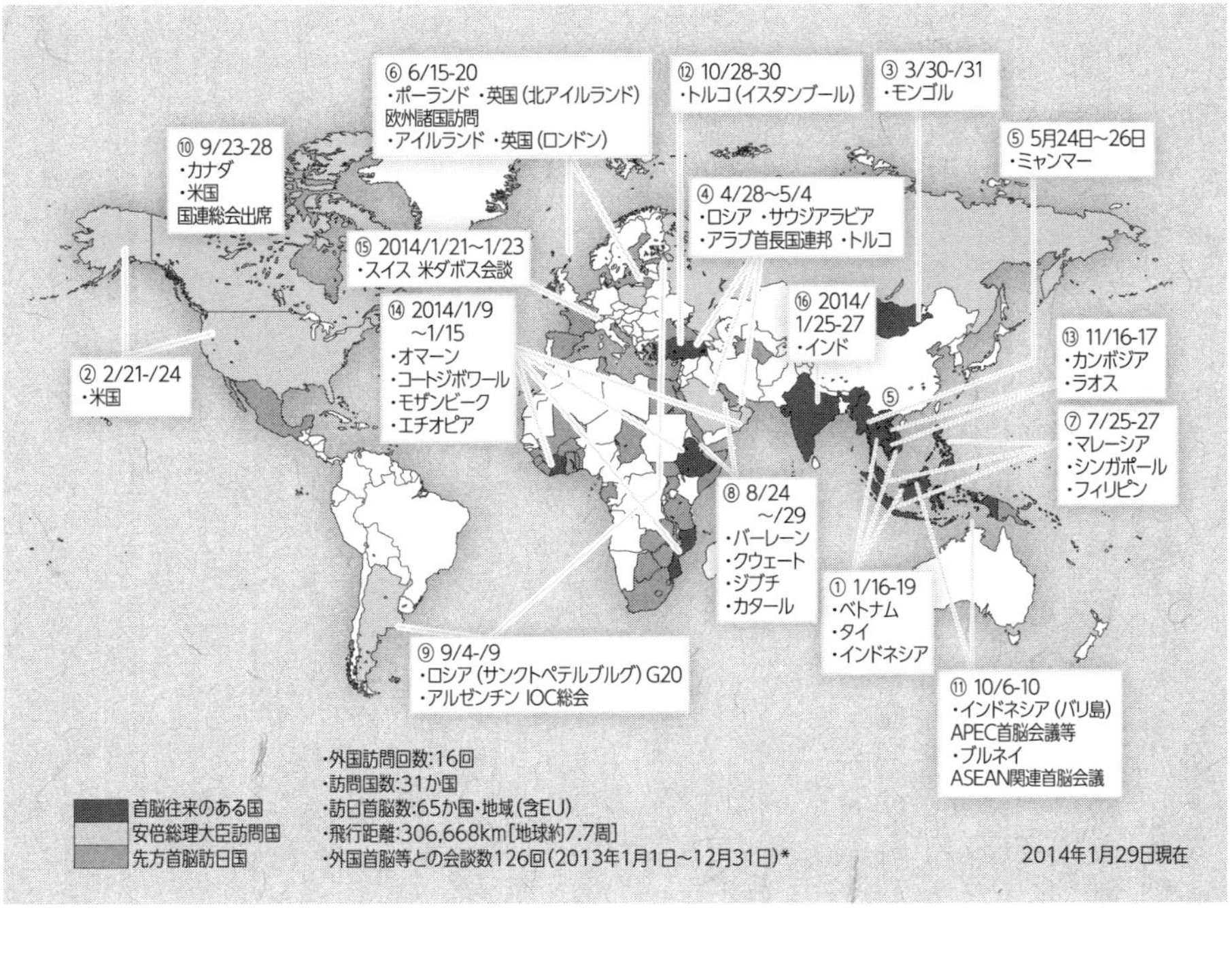

本日最初の地図は、２０１７年前半の安倍総理大臣の海外出張日程です。一国の総理大臣が外遊して海外の要人に会うということ以上の外交はありません。安倍総理の外遊は、その時点までで16回、31か国に及びます。一方日本を訪問した外国首脳は65の国と地域、首脳同士の会談数は１２６回という数字が残っています。

数字だけを見れば安倍総理は積極的に外遊している総理大臣だと思います。まあ、普通の社会人であれば、ただ単に海外旅行がお好きなのだという風にも取られますが、一国の政治指導者が海外に高い関心を持っているということは、無いよりも良いということは言えるのかもしれません。

問題は、多い少ないというより、首脳外交がどのような戦略に基づいて行われているかということです。通常、総理大臣は誰よりも忙しい公務員です。したがって、忙しい総理大臣がどの国を訪れ、どの国を訪れないかということを見ることは、総理個人の考え方もあるでしょうが、むしろ日本の外交の方向性が見て取れます。

本日の講義は戦争に至らない諸活動の1として「予防外交」を皆さんと考えてみたいと思います。それでは始めましょう。

1 予防外交とは何か？

平和のための課題（Agenda for Peace）

国連事務総長であったブトロス・ブトロス・ガリというエジプト人がいます。今の事務総長は、アントニオ・グテーレスというポルトガルの人ですが、その前が韓国の潘《パン》基文《ギムン》、その前がコフィ・アナン。そして、その前がガリという人です。

彼は１９９２年1月から１９９６年の1期5年という短い間事務総長を務めました。実は、彼は2期目を目指していたのですが、米国が拒否権を発動して1期で退任しました。国連事務総長は安全保障理事会の推薦を受けて、総会で任命されます。ですから安保理常任理事国が事務総長を決めるといっても過言ではありません。その代わりというわけではありませんが、事務総長は常任理事国以外の人で世界の各大陸から順番で選ばれるというのが慣例となっています。

このガリという人は、冷戦後の国連のあり方を変えようとした人として知られています。だから、アメリカに嫌われたのでしょうけれども……。彼が事務総長時代に出した文書（本）が「Agenda for Peace：平和への課題」と呼ばれるものです。

例によって、時代背景を見てみましょう。ソ連が崩壊して、冷戦構造も崩壊しました。一時は平和になるかと思われた世界で地域紛争や内戦が勃発しました。典型的な紛争がイラクのクウェート侵攻です。国連の対応は非常に迅速でした。一つはロシアが拒否権を発動しなかったからです。湾岸戦争後、国連事務総長になったのがガリでした。

彼は、冷戦になって米ソの対立が下火になったことで、これからは国連がイニシアチヴをとる時代になったと考えました。カンボジアにおける新しいタイプの国連平和維持活動（ＰＫＯ）が軌道に乗ったことを背景に、彼は国連が主体となって国際紛争を解決する大きな改革案を提示します。それがThe Agenda for Peaceです。その中でガリは、具体的な平和的紛争解決手段を提案します。

それは、①予防外交、②平和創造、③平和強制、④平和維持、⑤平和構築の5段階からなる総合一体的な平和維持、紛争予防、紛争解決のプロセスです。

予防外交とは？

そのプロセスの最初の段階が「予防外交：Preventive Diplomacy」です。予防外交とは「あらゆる主体によって行われる国内的または国際的な紛争の発生や拡大を未然に防ぐための非強制的な行動」と定義されました。

従来の外交の主体である国家や地域機構、ＮＧＯなども含んだ、あらゆるものがその主体と考えられました。

同時に制裁などの強制的な手段を使わず、信頼醸成措置や地域調査による早期警戒、状況により国連組織の予防展開や非武装地帯を設定するという当時は非常に斬新なものでした。

因みに、平和創造・平和強制についても国連憲章との関係において再定義されました。それまでにやろうとしてできなかった平和強制部隊構想も明確にされました。この背景に湾岸戦争の多国籍軍が念頭にあったのは間違いないと思います。

従来から国連が実施していた平和維持と平和構築についても明確な方向性がなされました。何より、財政と人員の提供がＰＫＯ実施上の最大の課題ですから、その点が強調されています。

さて予防外交については、従来から次のように問題点が指摘されていました。

その第一は、民族自決の原則に基づいて植民地からの独立運動を容認した場合、武力闘争は正当化される。このような戦争の正義や理念をめぐる問題は政治的に解決が困難であること。第二は、予防外交は実行の際に国家の主権をどれほど尊重するべきなのかについての国際的合意がないこと。第三に、国家には主権があり、その領域内において排他的な支配権が尊重される。仮に紛争当事者が国外の一切の介入を拒否すれば予防外交は主権を侵害する行為であり、実施はもちろん、その評価もきわめて困難となることなどです。

当時の米国大統領は民主党のビル・クリントンです。彼はベトナム戦争時代に大学生で反戦的であったため軍関係者から嫌われ、彼の政権も軍隊の派遣に消極的な大統領とみられていました。クリントンは、冷戦後の米国の戦略として国連重視主義を打ち出します。ガリとクリントン政権の両方に影響力を持ち、「平和への課題」の作成にも影響を与えたと言われる国際法学者リチャード・ガードナー（コロンビア大教授）は国連軍のために各国が国連に兵力を提供する特別協定の締結を定めた国連憲章第43条の重要性を指摘して、小規模のＰＫＯや平和強制活動のために国連の指揮の下に小規模の「国連警察」を設置することを提案しています。さらに、各国の待機部隊のために訓練や装備の標準化や国連司令官の下での共同演習や日本とドイツの常任理事国入りを提唱し、ブッシュ大統領がＰＫＯ費用の支払や米軍の一部をＰＫＯ用に指定することに言及していないことを批判しています。

すなわち冷戦後のアメリカもこれからは国連の時代だと認識していたことがわかります。

しかし、クリントンの国連重視、ＰＫＯ重視論は次の二つの事例で大きく変わることになります。

2 ソマリアとボスニア：二つのＰＫＯ

それでは、ソマリアとボスニアの二つのＰＫＯを見ていきましょう。二つの国の位置は、次頁の地図のとおりです。ソマリアはアフリカ、ボスニアヘルツェゴビナは旧ユーゴスラビアの一地域です。

ソマリアＰＫＯの場合

ソマリアという国は「アフリカの角」と呼ばれています。地中海からスエズ運河を通過してインド洋に抜ける戦略的交通の要衝です。そのソマリアが「破綻国家」と呼ばれるようになるまでの経緯を見ていきましょう。

１９６７年以降、ソマリアはバーレ政権による独裁体制でした。これを経済的に支援していたのが旧ソ連です。しかし１９７７年から78年にかけてエチオピアとの間でオガデン紛争という領土紛争が起きました。この際にソ連がエチオピアを支援したため、ソマリアはやむなく西側路線に方向転換、アメリカがソマリアに対して多額の経済援助をするようになりました。１９８９年におきた首都暴動によってバーレ政権は急速に弱体化し、１９９１年１月、武装集団の一派であるアイディード派によって追放されます。暫定大統領にアリ・マハディ・モハメドが就任しましたが、暫定政権発足に際して各勢力の内部抗争が表面化し、暫定政府は完全に統治能力を欠いて、ソマリアは破綻国家といわれる状況に陥りました。ソ連の崩壊とともに、アメリカが経済援助を行う必要性もなくなってきたことも影響して、際限のない部族同士の抗争が頻発し、干ばつと国内経済の崩壊によって、１日推定３０００人の餓死者、合計で１７０万人の難民が生まれました。

国連は、安保理決議７５１（１９９２年４月24日）によって、伝統的ＰＫＯである第１次国連ソマリア活動（ＵＮＯＳＯＭＩ）を設置します。このＰＫＯは、暫定政府ではなく内戦当事者からＰＫＯ展開の合意を取りつけ、人道援助と停戦監視の双方を任務とする非武装の監視団50人と軽

武装５００人からなる組織でした。このＵＮＯＳＯＭＵⅠは次第に内戦と現地状況の悪化によって十分に機能できないことが明らかになります。１９９２年12月、安保理決議７９４号によって、米国中心の多国籍軍（ＵＮＩＴＡＦ）が派遣されることが決まりました。ソマリアでの「大規模な人間の悲劇」を「国際の平和と安全への脅威」と認定した上で、憲章第７章のもとに「あらゆる必要な措置」をとることが容認されたもので、強制力を持った新しいタイプのＰＫＯです。

結果的にアメリカが主導した国連ＰＫＯはどうようになったか、それを見ていきます。

ＵＮＯＳＯＭＵⅡは、飢餓状態の緩和など人道面で成果をあげたものの、強制行動を行うことによって自らが紛争当事者となってしまいました。国連側に数千人の犠牲者が出て、１９９３年10月には、首都モガディシオでアイディードの本拠地を襲撃に行ったアメリカ特殊部隊が、逆に地元武装勢力に包囲され、18人の米兵が殺されます。さらに、その中の一人の遺体が市中を引きずり回されるシーンがテレビで放映されます。アメリカをはじめとする数か国が人道目的よりも自国の利益を優先し、相次いで部隊撤収意思を表明します。１９９４年２月、安保理は決議８９７を採択し、ＵＮＯＳＯＭＵⅡに課せられた任務を大幅に縮小、武装解除や和平協定実施は現地の武装勢力各派が自発的に行うとされ、平和強制権限は任務から削除されました。その後和平プロセスの実質的な進展は見られず、１９９５年３月、ＵＮＯＳＯＭＵⅡは完全撤退しました。国連の冷戦後の新しいＰＫＯは完全な失敗に終わりました。

ボスニアヘルツェゴビナの場合

ボスニアヘルツェゴビナは、旧ユーゴスラビアの一地方です。アドリア海に面するこの地域は非常に歴史の深い地域であるばかりでなく、言わば歴史の接点といえるところです。冷戦が崩壊し、ユーゴスラビアもまた分裂することになりました。

さて前頁の写真を見てください。緑色の物が何百も並んでいます。これが何だかお分かりですか？ これは棺桶、棺《ひつぎ》です。一体いくつあるんだ？ と思うかもしれません。はるかむこうまで何百と続いています。ソマリアと同じ、それ以上の大虐殺が起きたところです。それはスレブレニツァの虐殺と呼ばれました。

ボスニアヘルツェゴビナは、第２次世界大戦後７つの地域民族が統合されて独立したユーゴスラビアの一地域でした。１９９１年ソ連の崩壊とともにユーゴスラビアの各民族運動が起こり、ユーゴスラビアは、ユーゴのほかセルビア、クロアチア、モンテネグロ、アルバニア、そしてボスニアヘルツェゴビナのそれぞれの国が独立を宣言します。それらの国の中で中心部にあったボスニアが民族的に一番複雑な状況にありました。

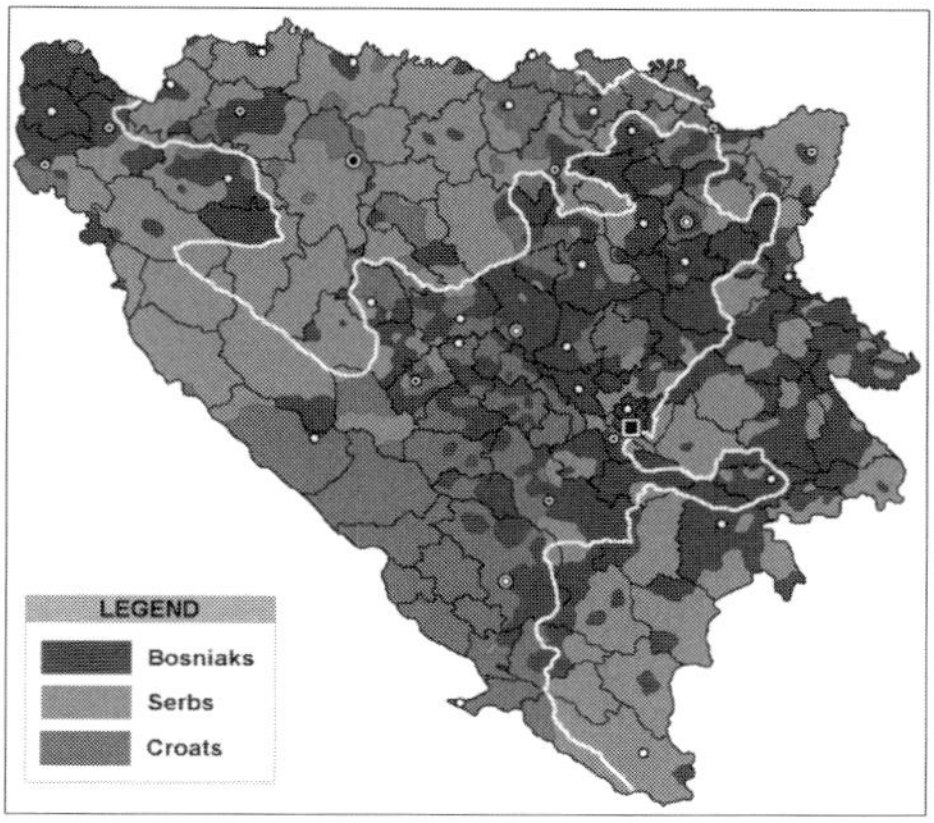

上の図は、ボスニアヘルツェゴビナの民族分布図です。濃いのがクロアチア系住民で主としてカトリックです。中間がセルビア系住民でほとんどがギリシャ正教を信じています。薄い色が一番多いボスニア系住民でほとんどがムスリムです。この宗教的対立が根深く各民族の対立の原因となったことは間違いありません。１９９２年のユーゴ解体の過程でボスニアヘルツェゴビナのクロアチア系、ボスニア系の住民は独立を選択するのですが、セルビア系の住民が独立に反対し国民投票をボイコット、分離を目指したため軍事衝突に発展しました。セルビア系住民は独自にスルプスカ共和国の独立を宣言します。独立派のクロアチアとボスニアも仲が悪く、軍事的にはユーゴの支援を受けたスルプスカ（セルビア系）が最も充実していました。３年半以上にわたりボスニア全土で戦闘が起こり、死者20万、難民・避難民２００万が発生するばかりでなく、ボスニア系住民に対する残虐行為（男性に対する暴力・殺人、女性に対するレイプや強制出産）が起こりました。特にラトコ・ムラディッチに率いられたスルプスカ共和国軍によって推

計８０００人に上るボスニア人の虐殺が起こったスレブレニツァの悲劇は、第二次世界大戦後ヨーロッパで最悪の紛争と呼ばれる事態となりました。

３ 国連の挫折

冷戦後の国連の試みは挫折しました。旧ユーゴスラビア紛争、特にボスニアヘルツェゴビナや、ソマリアの強制的なＰＫＯはことごとく失敗する結果となりました。このため、国連は冷戦間の伝統的なＰＫＯに回帰することになります。

１９９５年ガリ事務総長は、「The Agenda For Peace 1995:平和への課題——追補」を発表します。その内容は、ＰＫＯの概念区分の変更について

① 紛争当事者の合意を前提とする活動

② 上記の合意を必要としない強制活動

に区分し、①については、今後も継続・強化としながら、②については、「国連が長期的に平和強制の能力を発展させていくことが望ましい」と一歩後退する表現となりました。さらにその後の文章で「現時点でそのような試みは愚行である」と述べています。

さて、もう一人の人物を紹介しましょう。ブトロス・ガリの試みはとん挫しましたけれど、世界の紛争や内戦がなくなったわけではない。ガリの後を受けたコフィ・アナン事務総長は、２０００年8月国連平和活動検討パネルを設けて、ＰＫＯに関する新たな方向性を模索しました。その中心となったのが、ヤシン・ブラヒミという人です。その検討パネルの報告書を「ブラヒミレポート」と言います。

ブラヒミレポートは、国連ＰＫＯの現状を認識するとともに冷静に自己評価しました。その上で、冷戦後のＰＫＯの主流が国家間の紛争解決から内戦型の紛争解決へ、すなわち第2世代の復興型・多機能型ＰＫＯへ移行していることと、同時に破綻国家（Failed States）問題が国連として新たな課題になっていることを明らかにしました。

ブラヒミレポートの国連ＰＫＯの改善方向は、以下のとおりです。

第一に部隊展開の迅速化です。第二にＰＫＯ支援能力の強化（情報・兵站・予算）、第三に調査団の派遣、第四に武装・動員解除の必要性、そして第五に住民の生命保護に重点（クイック・インパクト）をおくことなどが謳われています。

もっとも予防外交が全部失敗したかと言われるとそうでもありません。予防外交の特性として評価が非常に難しいというのは既に述べたことですが、紛争が未然に防止されたことが予防外交の成果であるとはなかなか断じることが出来ないわけです。何しろ紛争は起きなかったわけですから。ただ、マケドニアの予防展開、予防行動は、予防外交の成功例の一つとして評価が固まっています。

本日も時間もないので、参考資料を添付しておきますから、興味ある人は確認してほしいと思います。

「民族武力紛争の防止：マケドニアにおける権力掌握と国際社会の関与」（笠原 千尋 上智大学 紀要）

「平和構築から紛争予防へ：エスニック紛争後の平和構築の課題を中心に」（吉川 元 神戸大学）

第13講

戦争に至らない諸活動2　ＰＫＯ

国連平和維持活動の始まりとその変遷

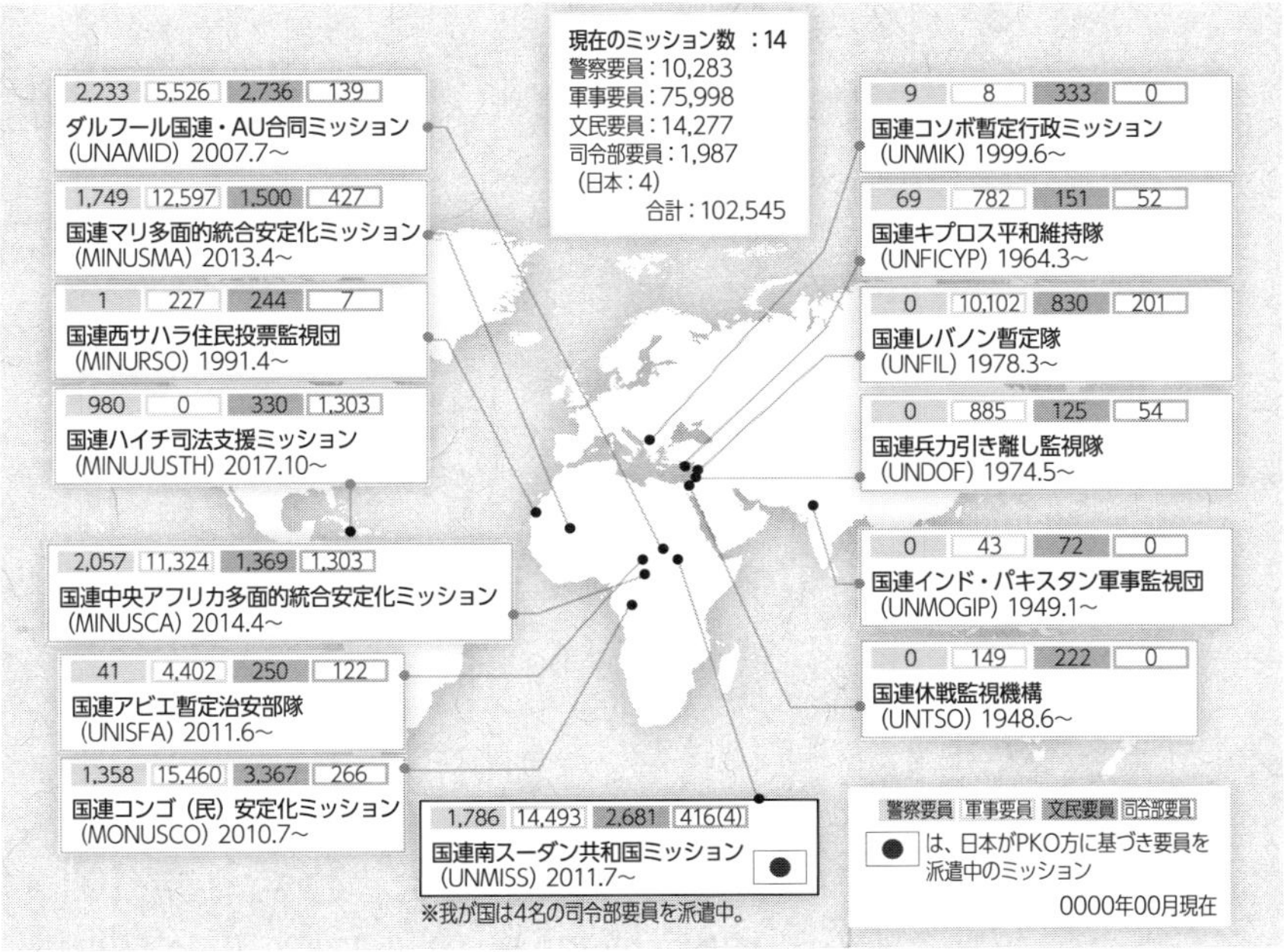

国連PKOの展開状況

本日最初の地図は、現在、世界に展開中の国際連合平和維持活動：ＰＫＯの場所と期間を現す世界地図です。国際連合平和維持活動は、アジアとアフリカに多いのが見て取れます。真ん中のボックスに概要が書かれています。展開中のＰＫＯは全部で17個、人員は、警察要員が約1万、軍事要員が約7万６０００、文民要員が1万４０００となっています。これらＰＫＯの中には50年以上の長きにわたって続いているＰＫＯもいくつかあります。地域的には、中東や中央アフリカ、コソボなど歴史的に紛争が多発した地域であり、いまだに紛争の余韻というか火種が残っているのだということが分かります。皆さんも知っているように、我が国も国連ＰＫＯに参加しています。日本が国連ＰＫＯに初めて参加したのは１９９2年9月、カンボジアに展開した国連カンボディア暫定統治機構 United Nations Transitional Authority in Cambodia（ＵＮＴＡＣ）のときでした。実は、わたしはこの国連カンボジア暫定統治機構に参加した日本の施設大隊の指揮官だった経験があります。ですからＰＫＯに関しては、少しだけ個人的な拘りがあるかもしれません。そのことをはじめに皆さんにお断り申し上げ、話を進めることにしましょう。

1 国連憲章にないＰＫＯ

そもそものはじまり

国際連合平和維持活動（ＰＫＯ：Peace Keeping Operation）は、国際連合の本来の目的である国際紛争の平和的解決のための活動で、いわば最も国連らしい活動であると言えます。国連は、参加各国の経済状況に応じて分担金を収集して各種活動を行っていますが、ＰＫＯは別の分担金制度に基づいて国連の本予算とは別に予算が編成されています。しかし、国連の平和維持活動は国際連合憲章の中には規定されていません。最も国連らしい活動なのに、何故ＰＫＯの根拠が国連憲章にはないのでしょうか。そのことを知るためには、国連ＰＫＯの始まりを見る必要があります。

さて、ＰＫＯの始まりはどのように歴史を見るかで見解が分かれます。時期的に見るならば、イスラエルの建国に伴い勃発した第1次中東戦争後に設置された国連休戦監視団：ＵＮＴＳＯとなるでしょう。１９４７年11月、国連総会は、パレスチナを分割してアラブ人国家とユダヤ人国家を創設し、エルサレムを国際管理下に置くというパレスチナ分割決議案を承認する決議第１８１号を採択しました。１９４８年5月、英国がパレスチナの委任統治を終了したことを受け、イスラエルは建国を宣言、これを認めないアラブ側とイスラエルとの間で第1次中東戦争が勃発しました。当然、国連の安全保障理事会は休戦を呼びかけます。安保理決議第50号を採択し、国連調停官が軍事監視団の援助を受け休戦を監視することが決定されました。休戦または停戦を監視するという意味で、これが最初のＰＫＯと呼べるものです。しかし当時は本活動を「国連平和維持活動」と規定し一般化することは考えられていませんでした。

その後、インドとパキスタンの間にカシミール地方の領有をめぐって紛争が起きます。１９４７年8月のインド、パキスタンの分離独立以来、両国間に生じた一連の紛争の最初の衝突です。両国は、カシミールの帰属問題、インダス川水利権問題、国境問題などをめぐって分離・独立当初から対立を続けています。具体的な係争問題のほとんどは解決したのですが、唯一カシミールの帰属問題だけは双方譲らず、いまだ最終的解決をみていません。現在もカシミール地方には国連インド・パキスタン軍事監視団（ＵＮＭＯＧＩＰ）が展開していますが、これも当時はＰＫＯとは呼ばれませんでした。

英仏・イスラエルの誤算から生まれたＰＫＯ

実質的に最初のＰＫＯといえるのは、スエズ運河を巡って争われたエジプトと英・仏・イスラエル間の紛争の際に取られた国際連合の措置です。スエズ運河は皆さん知っていますね。地中海と紅海・インド洋を結ぶ世界的に有名な運河です。スエズ運河は、フランスとエジプト政府による資金援助で１８６９年に開通しました。しかし、莫大な建設費負担の為にエジプトは財政破綻し、エジプト政府保有株は英国に譲渡されてしまいます。最終的にエジプトは英国の財政管理下におかれ、後に保護国となりました。そして第２次世界大戦後もスエ

ズ運河は英国が管理し軍隊も駐留させていました。
しかし、1952年エジプトでクーデターが起き、英国軍は撤退を余儀なくされます。その後、エジプトが非同盟主義を掲げてソ連と連携する動きを見せ、チェコスロバキアからソ連製の武器を大量に輸入すると、米・英はアスワン・ハイ・ダムの建設資金を凍結するなどの対抗処置をとります。当時のナセル大統領がスエズ運河の国有化を宣言、同時にイスラエルに対抗するためアカバ湾から紅海に至る出口のチラン海峡を軍艦で封鎖します。

ここに、スエズ運河の利権を手放したくない英仏と、チラン海峡における自国船舶の自由航行権を確実なものとするためにエジプト軍をシナイ半島から追い払いたいイスラエルの利害が一致しました。英・仏・イ三国は隠密に軍事作戦を計画実行します。シナリオは以下のようなものです。先ず、イスラエルがシナイ半島に駐留しているエジプト軍を攻撃します。ある程度の作戦が進んだ段階で英・仏軍の空挺部隊が降着し、両国の間に立って兵力を引き離し、戦いを仲介するというシナリオです。いわばイスラエルが悪役を買って出て、英・仏が正義の味方を演じるというシナリオです。イスラエルはこの時国連の加盟国でしたが、悪役を演じることに全く迷いはなかったようです。一方で英・仏は、ともに常任理事国ですから世界の非難を浴びるわけにはいかない。そんな背景がありました。

1956年10月、イスラエルの攻撃はミトラ峠への空挺攻撃で始まり、10個旅団の兵力でシナイ半島のエジプト軍の拠点を攻撃、スエズ運河へと迫ります。この時点で英国はエジプト・イスラエル両国に対して即時戦闘中止、スエズ運河から16㎞離れた地点まで撤退するように勧告します。ナセル大統領は、徹底抗戦の構えを見せ、スエズ運河に船を沈めてバリケードを築きます。英仏連合軍は11月5日、シナイ半島への侵攻を開始、英陸軍の空挺部隊はスエズ運河西岸のポートサイドのエジプト軍を急襲、地中海に展開した戦艦や巡洋艦の艦砲射撃の援護のもと上陸作戦を開始しました。

ここまでは英・仏の思い通りの作戦といえます。エジプトの降伏は目前かと思われましたが、ここで米国のアイゼンハワー大統領が冷戦で対立していたソ連のブルガーニン首相とも手を組み、停戦と英仏イスラエル軍の即時全面撤退を通告したのです。連合国として賛成すると考えていた米国が事実上エジプト側に回ったことは、侵攻3か国に

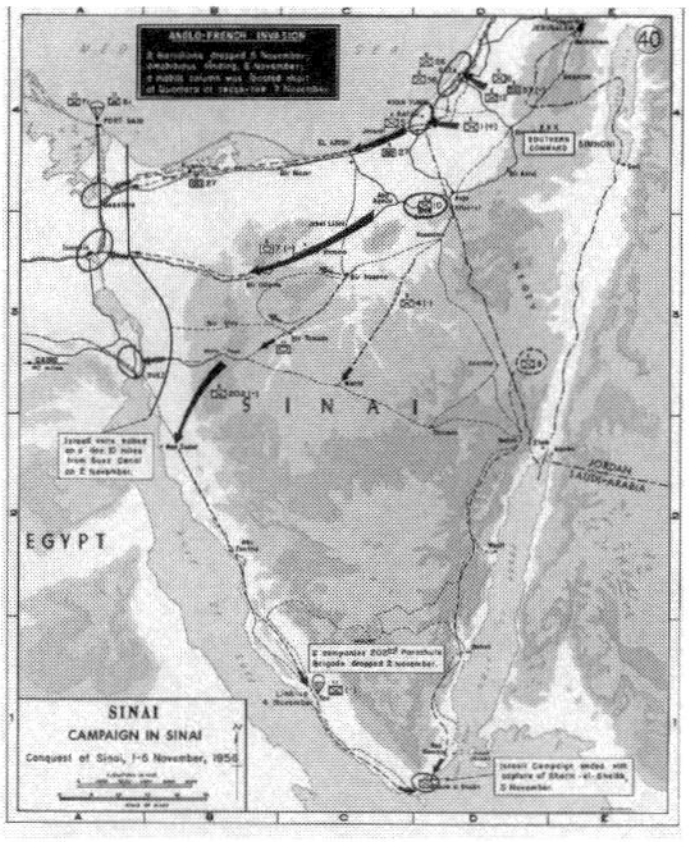

とって大きな誤算でした。国連では、英仏の拒否権行使を押し退けて（紛争当事国は採決に参加できない規定）米ソが採択させた国際連合安全保障理事会決議第１１９号によって平和のための結集決議での国連緊急総会が招集されました。英・仏・イスラエルに対し即時停戦を求める決議を求める総会決議９９７が11月２日に採択され、国連・米国・ソ連の圧力を受けて、11月６日英仏が停戦受諾、11月８日にはイスラエルも受諾して全軍の停戦に至りました。

イスラエル軍の撤退後、休戦ラインのエジプト側に第一次国際連合緊急軍（ＵＮＥＦ）が展開されました。これは当時のカナダのピアソン外相の提案であり、この功績により、ピアソンは翌年にノーベル平和賞を受賞することになります。国連が国際紛争後の平和維持に大きな役割を果たしたことで、国際連合安全保障理事会が主導するＰＫＯの位置づけが決まったわけです。この第２次中東戦争（スエズ動乱）の際に設置された国連ＰＫＯが最初のＰＫＯとして世界的に認知されています。また、この時、ブルーヘルメットや軍用車両を白く塗装されることも初めて行われました。

さて敵対するソ連ならともかく、同じ連合国の仲間であった英・仏の行動をユダヤ人社会の影響を受けているといわれる米国は、何故強く非難したのでしょうか？実は第２次中東戦争の６日前に、ハンガリーで動乱が起きているからです。米国はソ連の暴挙としてこれを強く非難し、第三世界へもソ連非難の論調を巻き起こそうとしていました。しかし、あまりにも明白な植民地主義に基づく英仏のエジプト侵攻により、第三世界の非難はむしろ西側諸国へ向いてしまったため、ハンガリー動乱が霞んでしまったわけです。結果的に第２次中東戦争はソ連の東欧支配を助けることになり、対ソ包囲網の構築を狙ったアメリカの戦略の足を引っ張ってしまいました。このことが米国が英仏側に立たず、彼らを非難した理由であると言われています。

2 ＰＫＯの本質と変質

6章半、6・5章とよばれるＰＫＯ

このようにして始まった国連ＰＫＯは、「国際の平和及び安全を維持する（国連憲章第1章）」とした国連の趣旨に合致している一方で、国連憲章上に明文の規定がありません。憲章第6章は、「紛争の平和的解決」で調停や斡旋など非軍事の手段による解決を規定しています。一方で憲章第7章は「平和に対する脅威、平和の破壊及び侵略行為に関する行動」を規定しており、その最終の行動が国連軍の派遣です。しかし、朝鮮戦争を除き国連軍は一度も創設されていません。朝鮮戦争国連軍については、冷戦の中ですでに述べたので、ここでは割愛します。ＰＫＯのような軍事組織が行う非軍事の平和維持活動については、国連憲章に規定されていないのです。

しかし、ＰＫＯの経費を巡って論争が起きました。すでに述べた1956年の第2次中東戦争後に派遣された国連緊急軍、さらに1960年にコンゴに派遣されたコンゴ国連軍の平和維持活動に要する経費を、国連が総会決議に基づいて加盟国に割当てたところ、これに異議を唱え支払いを拒否する国が続出したのです。お金のこととなるとやはりどの国も出したがらないのは当然です。これらの経費が国連憲章17条2項に規定されている「この機構の経費」に該当するかどうかについて総会が国際司法裁判所に勧告的意見を求めました。これを「国際連合のある種の経費に関する事件」と呼ぶのですが、これに対し国際司法裁判所が肯定的な回答を行い、またその際、17条2項の解釈のみならず、総会と安全保障理事会の権限関係、平和維持軍の憲章上の根拠、事務総長の権限の法的根拠が一定の理解を得られることになりました。すなわちＰＫＯは明白な規定条文はないものの国際連合の正当な活動であるということになったのです。このためＰＫＯは「6章半」または「6・5章」の活動と呼ばれるようになりました。

冷戦間と冷戦後のＰＫＯ

しかしながら、国際連合の安全保障理事会では常任理事国5か国が一致しないとＰＫＯは設置されません。国際連合が設立されてから、今日までに72回の国連平和維持活動：ＰＫＯが設置され世界に展開しました。ＰＫＯを冷戦間と冷戦後で比較すれば、72個のＰＫＯの内、冷戦後に展開したＰＫＯは53個であり、ＰＫＯの多くが冷戦後に設置されたものであることが分かります。この理由は、もうお分かりだと思います。そうですね、冷戦間は大国の拒否権によりＰＫＯの設置そのものについて五大国全てが一致することが少なかったからですが、何より米ソが自分の陣営の細部に至るまでしっかりと目を光らせていたからという方が正しいかもしれません。冷戦間米ソ対立の陰でくすぶっていた民族対立や宗教対立などが、冷戦終了とともに顕在化し、冷戦後は国連が米ソに代わって国際紛争を解決する場面が増えるようになりました。そしてそれはアフリカにおいて一層顕著に表れるようになりました。

ＰＫＯの変質

形態的に見て、ＰＫＯは大きく四つのタイプに分類できます。

第１のタイプは、国際紛争が勃発して、ある程度決着した段階で両者の停戦状態を監視し、または兵力を引き離すための緩衝地帯におけるＰＫＯ部隊の駐留です。第２次世界大戦後に行われた国境紛争や国際紛争の多くがこのタイプであり、ＰＫＯ部隊が撤収すると再発する恐れがあるので、長期の派遣が続くことになります。中東、キプロス、カシミール地方などで展開中のＰＫＯがこれに該当し、中には50年以上も続いているＰＫＯがあります。

第２のタイプは、内戦終了後の国家復興型のＰＫＯです。第２次世界大戦後多くの内戦がおこりました。朝鮮戦争やベトナム、アフガニスタンを除き、内戦に大国が介入することは稀でした。ひとつは内政干渉になるからであり、大国の干渉はさらなる衝突を引き起こす恐れがあったからです。核兵器を撃ちあう第３次世界大戦が起きたら世界が滅ぶという時代が冷戦でした。しかし内戦が長期化するとその国の国内は疲弊し、国民生活は破綻します。停戦を監視するだけでなく、積極的に国家建設や復興を国連がおぜん立てしてやる必要性が高まりました。このため、新しい国家建設のための憲政議会選挙の実施や行政支援や難民支援、地雷の撤去や国土の復興などの広範多岐にわたる復興型ＰＫＯが展開するようになります。冷戦後展開したカンボジア、モザンビーク、東チモールなどのＰＫＯは一定の成果を得て、国連の新たな可能性を象徴するＰＫＯとなりました。

しかし復興型のPKOは長い内戦の終結を待たなければならないわけで、その間多くの悲劇や難民を生み出しました。PKOは紛争を未然に防止することが出来なかったわけです。特に冷戦後、アフリカで多発した民族対立や中東から南ヨーロッパで起きた宗教対立・民族対立を早急に解決することが国連に求められるようになりました。これら紛争介入型、紛争拡大防止のためのPKOが第3のタイプです。しかしながら予防外交で見たように、ソマリアやボスニア、コソボで行われた国連の第3のタイプというべきPKOは成功しませんでした。国連PKOは大きな岐路に立ったといえます。

文民保護としてのPKO

1999年8月、アナン国連事務総長は「国連部隊による国際人道法の遵守」という表題の事務総長告示を発表します。この告示は、PKOに参加する部隊に対し国際人道法を適用するという趣旨のものです。

国連PKO部隊に国際人道法を順守させるということは、当たり前のことだと皆さんは思われるでしょうか。この場合の国際人道法とは、「戦地にある軍隊の傷者及び病者の情態の改善に関するジュネーブ条約（第1条約）」、「海上にある軍隊の傷者、病者及び難船者の情態の改善に関するジュネーブ条約（第2条約）」、「捕虜の待遇に関するジュネーブ条約（第3条約）」、そして「戦時における文民の保護に関するジュネーブ条約（第4条約）」です。もちろん「国際人道法」は内戦やゲリラにも適用されますから紛争当事国は国際人道法を守る責任があります。しかし、従来のPKOは「国際人道法」の適用を受けていないという解釈が一般的だったのです。事務総長の告示に関して当時の国連広報センターのHPにザックリン事務次長補ブリーフィング論点として次のように述べています。

「それまで、国際人道法の国連に対する適用可能性について何ら正式な文書がなかったのは、単に国連がジュネーブ条約（および関連するその他条約）の当事者ではなかったからです。周知のとおり、平和維持自体が国連憲章で成文化されていないということもありますが、平和維持要員は停戦が確保されてからはじめて現地で活動を展開するため、戦闘状態を取り扱うジュネーブ条約を国連部隊に適用する必要性はないはずだとする理解が一般的だったのです」

すなわち、国連のPKO部隊は紛争当事者ではなく、交戦しないのであるからジュネーブ条約の適用外だということです。しかし、冷戦後のＰＫＯ部隊はしばしば交戦に巻き込まれましたし、紛争介入型のＰＫＯでは交戦主体とならざるを得ない状況が多く生起しました。１９９９年の事務総長告示は、この論争に決着をつけたということが言えます。結論から言えば、国際人道法を順守するということは、「交戦の主体」になるということであり、交戦主体者にならなければ、文民すなわち民間人を保護できないということです。

国連ＰＫＯが積極的に一般市民を保護する活動にシフトするとした背景は正式に語られていませんが、やはり国連がルワンダ虐殺やボスニアでの大量虐殺を防げなかったという苦い教訓があったからだといえます。第４のタイプのＰＫＯとは、一般市民を保護するためのＰＫＯと言えるでしょう。

３　今後のＰＫＯと我が国への影響について

さて、ここでＰＫＯの将来と我が国の国際協力のあり方について考えてみたいと思います。

これまで見てきたように、ＰＫＯは国連憲章に明確に規定されていないが故に、その歴史を通じて大きく変化してきました。柔軟性を持って対応してきたといえば聞こえは良いのですが、場当たり的にその場で最善を尽くそうとしてきたといえるでしょう。いくつかのＰＫＯでは大成功を収めましたが、いくつかで大きな挫折も味わってきました。

問題は今後どうなるのかということです。国連のＰＫＯは第２次世界大戦後の紛争の歴史ともいえるものです。したがって、将来のＰＫＯは将来の国際紛争の形態というかトレンドを色濃く反映するものとなるでしょう。伝統的な停戦監視を主体とする第1タイプのＰＫＯを継続しつつ、紛争によって一番被害を受ける一般市民、特に社会的弱者を救う第４のタイプのＰＫＯは益々増加していくものと推測できます。新たな分野として考えられるのは、例えばテロ対策です。テロについては各国がそれぞれ対応しているもののテロ組織の国際的な広がりとテロ手段の多様化は一国では対応困難な状況が生起していることも事実です。国連が主体性をもってテロと向き合うことが今後必要となるかもしれません。また、テロや紛争の温床となる社会的不安定を改善し、混乱を未然に防ぐための予防外交やＪＩＣ

Aや防衛省が進めるキャパシティビルディング（能力構築支援：途上国や紛争国に自国で課題を対処する能力を付与する支援活動）もひとつの分野として考えられるでしょう。

一方で、我が国、日本の国際協力は限界に達しているといわざるを得ません。現在南スーダンPKO派遣を最後に自衛隊の部隊派遣は行われていません。それは国連の新しい動きに我が国の制度が追い付いていないということにつきます。1992年当時、日本が初めてPKOに参加した時の世界情勢はまだまだ第1タイプの伝統的なPKOや復興型の第2タイプのPKOが全盛の時期でした。日本は国外において武力を行使できない法的な縛りがありますから、PKO参加にあたって五つの原則を決めました。PKO参加五原則とは、①紛争当事者間で停戦合意が成立していること、②紛争当事者が日本の参加に同意してること、③中立的立場を厳守すること、④以上の条件が満たされない場合に撤収可能であること、そして⑤武器の使用は要員の防護のための必要最小限にとどめること、です。しかし、アナン事務総長の告示にあるとおり、PKOは国際人道法を守る交戦主体となりました。したがって五原則のままでは一般市民を保護する第4のタイプのPKOにはそもそも参加することができないのです。

PKOを経験した者としてはいささか複雑の想いがあります。PKO参加五原則の議論は高まっていません。それは、その延長線上に憲法改正または憲法の解釈の問題があるからだと思われます。国家としての議論の高まりに期待するものです。本日も時間が来ました。参考として「アナン国連事務総長の告示」の内容を載せておきました。

【国際人法の順守に関する事務総長の告示】

第1条 適用範囲

1.1　本告示に定められた国際人道法の基本原則と規則は、戦闘員として軍事紛争状態に積極的な関与を行っている国連部隊に対し、その関与の程度および期間において適用される。よって、これらの原則および規則は、強制行動、あるいは、自衛のために武力行使が許されている平和維持活動において適用される。

1.2　この告示の宣布は、1994年の「国連および関連職員の安全に関する条約」によって保護された平和維持活動要員の地位、あるいは、その非戦闘員としての地位に対して、彼らが国際武力紛争法によって文民に認められている保護を受ける資格を有する限り、影響を及ぼさないものとする。

第2条 国内法の適用
本告示の条項は、軍事要員に対して拘束力を有する国際人道法の原則および規則の網羅的なリストではなく、また、その適用を損なうものでもなければ、軍事要員が作戦中を通じて拘束される国内法に代位するものでもない。
第3条 兵力地位協定
国連と、国連部隊が展開される領域の国との間で結ばれた兵力地位協定において、国連は、国連部隊が軍事要員の行動に適用される一般的条約の原則および規則を完全に遵守して作戦を遂行することを約束する。国連はまた、国連部隊の軍事要員に、これら国際条約の原則および規則を周知徹底させることを約束する。前述の原則および規則を尊重する義務は、兵力地位協定がない場合でも、国連部隊に適用される。
第4条 国際人道法の違反
国際人道法に違反した場合、国連部隊の軍事要員は、それぞれの国内裁判所で起訴の対象となる。
第5条 一般市民の保護
国連部隊は何時においても、一般市民と戦闘員、および、民間施設と軍事目標とを明確に識別するものとする。軍事作戦は、戦闘員と軍事目標のみを対象にするものとする。一般市民あるいは民間施設に対する攻撃は禁止される。一般市民は本条によって認められる保護を享受するものとするが、敵対行為に直接的に関与している場合は、この限りでない。
国連部隊は、一般市民の巻添えによる死亡、一般市民の負傷あるいは一般市民の財産に対する損害を回避し、かつ、発生した場合でもこれを最小限に止めるため、あらゆる実行可能な予防措置を講じるものとする。その作戦区域において、国連部隊はできる限り、軍事目標を人口密集地域の中あるいは近くに設置することを避けるとともに、一般市民の全体および個人、ならびに、民間施設を軍事作戦に起因する危険から守るため、あらゆる必要な予防措置を講じるものとする。平和維持活動の軍事施設および機材は、それ自体としては軍事目標と見なされないものとする。国連部隊は、軍事目標と一般市民を無差別に攻撃する可能性が高い性質の作戦、および、一般市民の巻添えによる死亡、あるいは、期待される具体的かつ直接的な軍事的効果に比して過大な民間施設への損害をもたらしうると見られる作戦の遂行を禁じられる。国連部隊は一般市民あるいは民間施設に対する報復攻撃を行わないものとする。（一部省略）
出典：国連広報センター https://www.unic.or.jp/news_press/features_backgrounders/1468/

日本初のカンボジアＰＫＯに大隊長として参加して

1992年、わたしは防衛省の大臣官房総務課に出向していました。大臣副官という役職名で秘書のような仕事、いわゆる鞄持ちです。2年も過ぎて異動の時期を迎え、そろそろ部隊が恋しくなる時期でした。2等陸佐（中佐）になっていましたから、次の仕事は大隊長しかないと勝手に思っていましたが、それは難しいと人事担当者は言っていました。

ところがある日、その人事担当者がやってきて「大隊長になれるかもしれない」と言います。「ところで、場所はどこでもいいか？」というので「大隊長ができるのであればどこでも結構です」と答えたところ、内示を受けたのは、自衛隊が初めて参加するカンボジアのPKOの派遣施設大隊長でした。その年の8月京都府に所在する大久保駐屯地第4施設団に赴任、その駐屯地でPKO大隊長に着任しました。6月に牛歩国会で成立した国際平和協力法の初めての適用であるカンボジアに展開する国連カンボジア暫定統治機構へ参加でした。

初めてのことで組織も部隊もどこで、どんな仕事をするのかわからない、何が必要でどうやって現地に運ぶのかも分からないそんな中での派遣準備でした。9月15日に伊丹駐屯地で編成完結式、17日には海上自衛隊の輸送艦が神戸港を出港、9月23日に航空自衛隊のC-130輸送機が出発というあわただしい日程でカンボジアに向け出発しました。当時の国内は、「戦後初の海外派兵」だと声高に叫ぶ反対派と「日本も国際貢献に参加すべきだ」という賛成派で二分されていました。メディアにも連日追いかけられるような忙しい出国準備でした。

現地に到着して見たのは、20年間に及ぶ内戦の現実とその内戦に翻弄された国民の悲劇、荒廃した国家の姿でした。プノンペンから南に80kmほどのタケオという地域で自分達の宿営地を選定し、港から陸揚げされた器材・装備品を宿営地までの輸送し宿営地の建設がはじまり、並行的にカンボジアの内戦で荒廃した道路・橋梁の補修という我が国初の国際平和業務（PKO活動）が始まりました。7か月という短い期間でしたが24時間、片時も気の抜けない指揮官勤務を支えてくれた600名の部下隊員たちに感謝しています。

第14講

国際法と安全保障

国際法は法としての性質を有するのか？

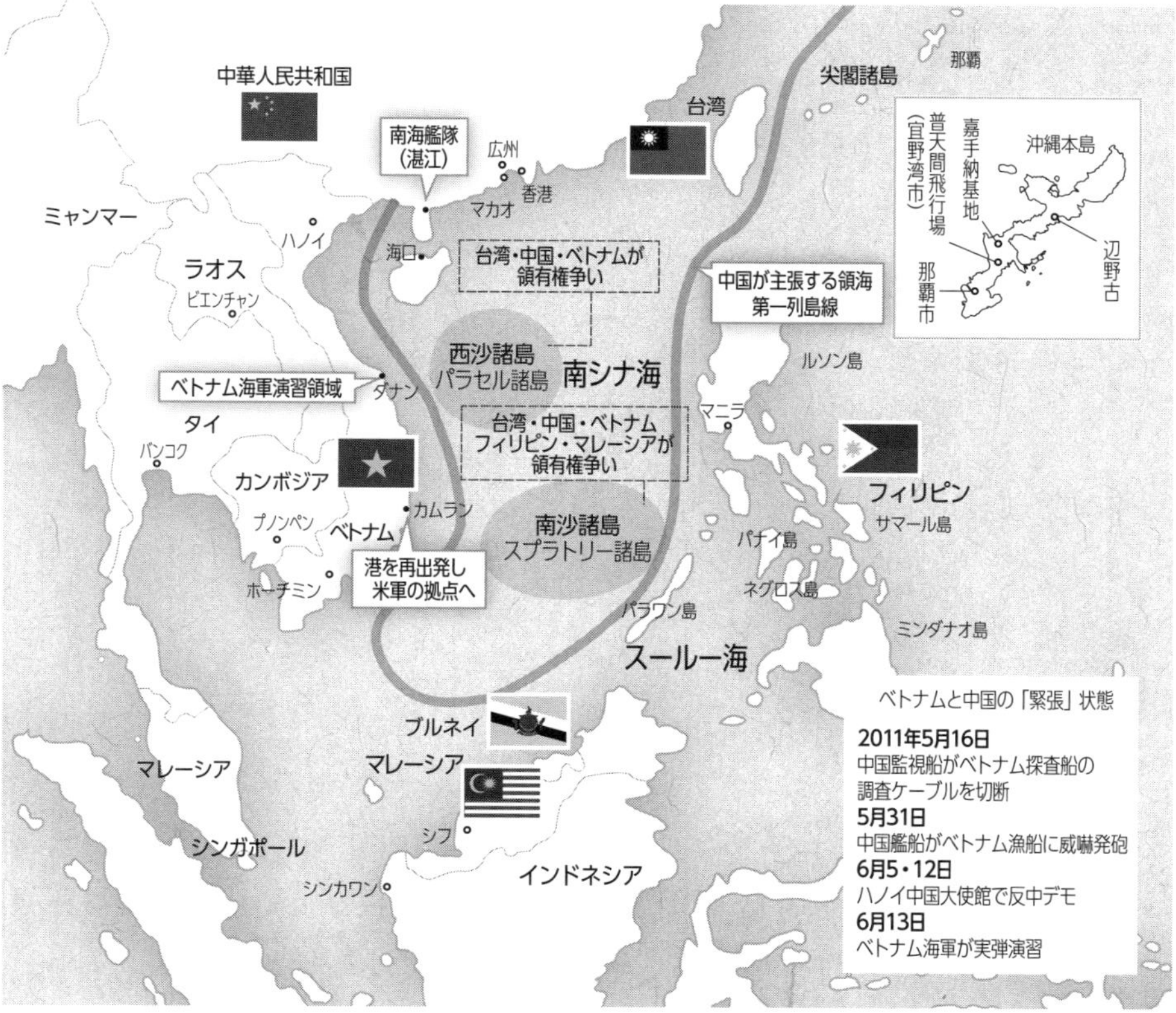

中国とベトナムの領有権対立再燃

本日最初の地図は、南シナ海における中国とベトナムの領有権対立を表わした地図です。西沙諸島（パラセル諸島）南沙諸島（スプラトリー諸島）という名前を聞いたことがある人もいると思います。

この地域には、中国とベトナム以外の多くの国も関係しています。ここに表されている国旗だけを見ても、台湾、フィリピン、ブルネイ、マレーシアなどの国が見て取れます。中身については講義の中で詳しく見ていくことにしますが、本日のテーマは安全保障における国際法について考えたいと思います。

1　法としての性質とは何か？

否定論の根拠

わたしは、防衛省という役所で勤務したこともありますから、法律や政令、訓令・達などの諸法規を作ったり、解釈したり、その規則に基づいて行動したことがあります。しかし、もともと理工系の人間ですから学問としての法律を系統立てて勉強したことはありません。ですから法の精神とか、特性などについては皆さんの方が詳しいのかもしれません。安全保障は、国際政治学や国際関係論と密接に連携する分野で、しかも国と国の争い、いざこざを扱う学問ですから、当然のことながら国際法についても見ていく必要があります。国際法そのものというよりは、安全保障に関係する部分として考えてみたいと思います。

最初に、皆さんに考えてもらいたいのは、「国際法は真に法としての性質を有するか？」ということです。

国際法が法ではないと思っている国際法学者はほとんどいないと思います。国際法は法であって、少なくとも法に向かって進化しているという立場の学者がほとんどです。しかし、それを否定する議論を見ると国際法の置かれている現状を認識できるのではないかと思いますので紹介します。

否定論のひとつ目は、法の精神というか特質に関するものです。法律が道徳や慣習と違う一番のところは、強制があるかないかということです。すなわち法の本質的要素が「例外なき強制」にあることです。国際法にはこれがない、強制があったとしてもそれは例外なき適用ではない。法の本質的要素である平等性と強制が国際社会にはありません。「いや、国際司法裁判所があるじゃないか」という人もいますが、現在、国際的な検察組織はありません。インターポールのような国際刑事（捜査）組織はありますが、これは国際犯罪を取り締まる組織で安全保障の分野ではありません。

否定論の二つ目は、国際社会の枠組みに関するものです。皆さんは、すでにヨーロッパ中世の30年戦争の結果締結されたウェストファリア条約のことを勉強しました。そのウェストファリア体制が現在でも国際的な概念として確立していることを思い出してください。すなわち、国際社会において国家は唯一不可侵の存在であるということです。国家の上に立法権はなく、強制・制裁の主体はないというのが国際社会である。とすれば国際法は概念上「法」として成立しない、ということになります。

国際法とは何か？

国際法とは、①国際慣習、②条約、③一般原則の三つからなります。これらをまとめて国際法といっています。ここで明らかにしなければならないのは、国際法と国内法の関係です。すなわち国内法というそれぞれの法体系に対して国際法をどのように位置づけるのかということが問題となります。

大きく、対立説と統一説があります。対立説とは「二元論」とも言います。すなわち、国内法と国際法は別物であるとする説です。ですから両者が矛盾する場合もある。それはそれでいいという考えです。

一方で統一説は、「一元論」です。法として統一されねばならない、矛盾があってはならないし、それを統一しようとする考えです。昔は対立説、二元論的考えが主流でしたが、最近では統一説の方が主流になっていると思います。それは、現在の国際社会の相互依存性が非常に高まって、世界が国際的な基準や規範というものに左右されやすくなっているという実態を反映したものと言えます。

当然のことながら統一説をとれば、どちらが上位の概念であるかが問われるわけですが、必然的に国際法が国内法の上位概念であるという考え方が主流になってきています。もちろん先進的民主国家であればあるほど、その概念は高く、開発途上国や非民主国家の間では、国際法が上位の法的概念であるとすることは多くないのが現状です。

2 国際法の種類と内容

国際慣習

国際慣習法は、条約と並ぶ重要な法源の一つです。もっとも明確な文章として存在しているわけではありません。しかし守られています。歴史的に長い間、法規範性を有して守られてきたものを国際慣習と呼んでいます。

よく具体例で挙げられるものは「外交官特権」(外交特権：Diplomatic privileges and immunities）です。これは、外交使節団の接受国が国内に駐在している外国公館や外交官及び国際機関などに対して与える特権及び免除のことで、簡単に言えば外交官は逮捕されず、大使館は不可侵だということです。ですから良く亡命希望者が大使館に逃げ込むと現地の警察はどうすることもできないというわけです。

慣習国際法が成立するには二つの要件があるといわれています。何より同様の実行が反復継続されることにより一般性を有するに至ること、これを一般慣行と呼んでいます。要するに何度も多くの国が長い間そのように行い、それが継続されていることです。もうひとつの要件は、国家その他の国際法の主体が当該実行を国際法上適合するものと認識し確信して行うこと、これを法的確信といいます。

条約

条約とは、国際法上で国家間ないし公的な国際機構で結ばれる成文法で、国際法にもとづいて成立する国際的合意であり、国家および国際機構を拘束する国際的文書が条約であると「条約法に関するウィーン条約」に規定があります。また、同条約では、「条約」とは、国の間において文書の形式により締結され、国際法によって規律される国際的な合意をいうとあります。いずれにしろ大事なのは、条約は文書、すなわち紙に書かれた文章であるということです。契約社会としての欧州を考えれば、条約はいわば国同士の契約書であり、誓約書であるとも言えます。

したがって国際法の原則は一般社会と同じです。すなわち信義に従い誠実に行われることが望まれ、同時に衡平の原則が求められます。これは国内法の民法と同じです。

併せて国際法の一般原則というものがあります。これには「武力の威嚇と行使の禁止」（第1）や「国際紛争の平和的解決の義務」（第2）、「国内事項への不干渉の義務」（第

3)、「国々が相互に協力する義務」(第4)、「人民自決の原則」(第5)、「国の主権平等の原則」(第6)、「国連憲章の義務の誠実な履行」(第7)まで7つあります。主として国際関係論、安全保障の分野を謳った原則が多いように思います。この原則の一つひとつを説明すると時間もかかりますし、それは本授業の本旨ではないので提示するにとどめることにします。興味のある方は、調べてみてください。

3 南シナ海をめぐる領土対立について

さて、冒頭の南シナ海の図にもどりましょう。西沙諸島、南沙諸島の島々の領有権をめぐって、中国とベトナムなどの各国が対立していると説明しました。この問題を国際法から見ていきたいと思います。

この島々を巡る対立の根拠となっている国際法は、「国家の大きさ」の講義で述べたところの「国際海洋法条約」です。しかし、南沙諸島は、中国の沿岸から200カイリ以上離れていると思いませんか? ところが中国はこの図で見にくいかもしれませんが、南沙諸島と西沙諸島を囲む広い地域(薄い線で表示)を自分の領域だと主張しています。それはなぜでしょうか? それが「国際大陸棚条項」です。

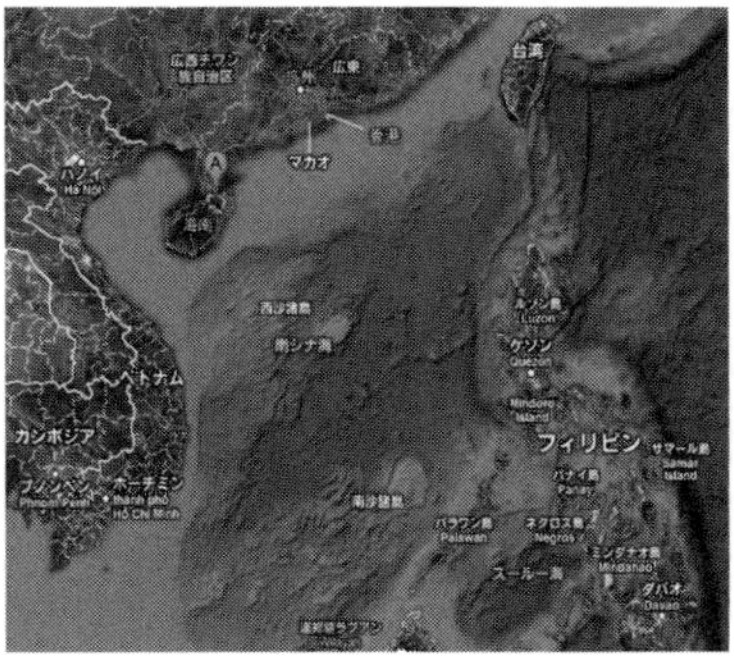

上の図は、南シナ海の海底の地形を表している地形図です。これも見にくいかもしれませんが、海底の内、薄くなっているのが遠浅の海です。それが遠くまで続いています。

「国際海洋法条約」の第76条第1項によれば、「領海をこえ領土の自然の延長をたどって大陸縁辺部の外縁に至るまで、または大陸縁辺部の外縁が領海基線から200カイリの距離まで延びていない場合には基線から200カイリの距離までの、海底およびその地下は大陸棚につながる国家の排他的領域である」ということなのです。大陸棚は、排他的経済水域:EEZとともに海洋資源確保の根拠規定となっています。

実際の南沙諸島の領有の状況を見るとベトナム、中国、マレーシア、フィリピンなどの島々旗が複雑に入り乱れています。これが南沙諸島問題と呼ばれるもので、ASEAN、ARF(アジア地域フォーラム)などの国際会議の場や国際司法裁判所にも提訴されていますが、現在解決する兆しはありません。

「実効支配」という言葉がよく出てきますが、決して不当に支配していることではありません。例えば、尖閣諸島は日本が実効支配していますし、竹島（韓国名：鬱陵島、独島）は韓国が実効支配しています。

西沙諸島最大の島、永興島は1974年、ベトナム戦争のさなか中国がベトナムから武力で奪取した島で今では滑走路を整備して、実効支配しています。

同じように中国が実効支配する渚碧礁《スービ》も1988年にベトナムから奪取した環礁ですが今ではレーダーサイトを構築しています。これを見ると、中国が日本の沖の鳥島をとやかく言う資格はないと思いますが、皆さんはどう思いますか。

南シナ海の現在の領有権の争いは、今後注目していく必要がありますが、本日のテーマは国際法ですから、この話はここまでとします。

4 戦時国際法について

安全保障という視点では戦時国際法について触れておかなければなりません。

戦時国際法には大きく二つの分野があります。ひとつは、武力紛争法であり、もうひとつは国際人道法です。

武力紛争法は、いわば戦争のルールのようなものです。戦争は悪なのだから無くしたい、しかし無くならない。ならば次善の策ではあるけれども戦争のルールを定めてその悲惨さを少しでも軽減させたい。これが武力紛争法の目的といえるでしょう。

戦争だから何をやっても許されるということではありません。武力紛争法では、軍隊及びその構成員に対してこのようなことが一般原則として決まっています。

一方で第1次世界大戦以降は戦争犠牲者は戦場で戦う兵士だけではなくなってきました。非戦闘員すなわち一般市民を戦争の惨禍からどうやって守るかということが大きな問題となりました。そのために各国が取り決めたのがジュネーブ条約であり、国際赤十字条約です。

さて、次ページの図が何のシンボルマークか考えてください。

上の形は良く知られています。「ダビデの赤盾」と呼ばれる徽章で、かつてのユダヤ民族、今はイスラエルを現す

マークです。真ん中はどうでしょうか？ これは「赤獅子太陽」と呼ばれている王政イランで昔使われていたシンボルマークです。赤い十字のシンボルマークは、皆さんにとってなじみのある「赤十字社」のマークですが、この国ではそのシンボルマークを使わずにこのマークを使用しているわけです。当然、そのマークを使えない、使いたくない理由があるんですね。

それでは下のシンボルマークはどうでしょうか？

赤十字徽章は、国によってシンボルマークが違うのです。日本では良く知っている左側の赤い十字のマークですが、イスラム国家では右、赤新月《せきしんげつ》のマークを使います。イスラム国家にしてみれば、赤い十字架はかつて聖地奪回で中東を侵略した十字軍遠征を思い出させるわけで、決してこのマークを使えないのです。

ジュネーブ条約の第4追加議定書というのは、この赤十字のマークを定めた国際条約です。近年になってようやく合意され各国で批准されました（日本は批准せず）。

すなわちイスラエルもかつてのイランも赤十字の仕事をしながら、赤十字とは認められていなかったわけです。現在では、図のような三つのシンボルマークが赤十字のマークとして正式に認められています。しかも、中央のレッドクリスタルは真ん中のスペースに独自のマークを付け加えてよいことになりました。

結果、イスラエルの赤十字は今では上のマークを使っています。国際法、国際条約が少し身近になったのではないでしょうか？ 次回は、実際のＰＫＯを疑似体験してほしいと思います。

第15講

ＰＫＯシナリオ研究

もし君が国連ボランティアでＰＫＯに参加したら

国際連合の平和維持活動は、日本にとっても身近な国連の活動になりました。また、多くの若者が海外でボランティア活動を行っています。海外でボランティア活動を行うには、大きく二つの方向性があると思います。一つは公的な機関の立場で参加するもの、もう一つはＮＧＯのような非公式、非国家組織の立場で参加するものです。ＮＧＯについては、あらためて本講義で見ていきたいと思っています。本日は、国際連合のＰＫＯの歴史と現状を踏まえた上で、具体的に国連ＰＫＯ要員がどのような活動を行っているのか、実際に疑似体験してもらいたいと思っています。疑似体験といっても実際の行動ではなくケーススタディとして、頭脳の中だけの体験です。シミュレーションゲームのような感覚でよろしいと思います。ＰＫＯ活動の主体は各国の軍隊が行う活動ですが、ＰＫＯは軍隊や自衛隊だけが行う活動ではありません。国連の平和維持活動には、多くの文民：シビリアンが活動しています。もちろん多くの女性も参加しています。皆さんは、普通の日本の若者として国連ＰＫＯに参加してもらいます。

先ず、シナリオを読んでください。

ＰＫＯシナリオ全般状況

(1) ＵＮＴＡＯＫ設立までの経緯

ア 全般

アフリカ、アジア、ヨーロッパの文化が交差するノーランド地域は、多くの民族と宗教がモザイク模様のように広がる地域である。

ノーランド地域には、A国、B国及びケイオス国が位置している。当地域は、東西貿易の中間地点にあり、18世紀以降、A国は英国の植民地、B国は仏国の植民地となった。ケイオス国は分断され、それぞれA国とB国に分割統治されてきた。イスラム教を国教とするA国とキリスト教信者の多いB国は、対立することが多く、過去数回武力衝突を起こしてきた。A国とB国に挟まれたケイオス国の住民は、ほとんどケイオス民族であり、第2次世界大戦後、A・B国が植民地から独立した時期に併せて独立を果たし現在に至っている。１９７０年代、産油国であるA国は、東側諸国から武器を輸入するとともに軍事顧問団を受け入れ、

ノーランド地域の概要

軍事力を拡大し、隣国との間に強圧的な外交を推し進めた。特にケイオス国に対しては、イスラム教信者の多い西部地区は自国の勢力圏であると明言し、ムスリム同胞を守るという理由で国境を越えてケイオス国内に侵入することが度々あった。

B国は軽工業を中心に近代化を推進し、西側の一員として西側との間に安全保障条約を締結し、A国と対立していた。ケイオス国に対しては、工業化の進んだ南部地区との経済連携を強めると同時に、農業地帯である北部地区への経済援助を通じて影響力を行使してきた。

イ 冷戦間

冷戦間、ノーランドでは東西対立の下、A・B両国が直

接の武力対立に至ることはなかったが、ケイオス国内の西部地区において、A国の武器援助を受けた武装集団が反政府活動を開始した。総選挙において、ケイオス国にB国寄りの政策を進める政府が樹立すると、政府は、B国の支援を受けて反政府活動を厳しく取り締まる反A国キャンペーンを開始した。これに対抗して西地区の地方民兵組織を率いるラモク将軍は、A国からの武器援助を受けて勢力を拡大し、西地区において政府軍と軍事衝突を起こすようになった。ケイオス国は内戦状態となった。

この事態は、幾度となく国連安保理の議題となったが、拒否権により停戦に関する調停はとん挫した。西地区で起こった内戦は、首都デリの南北の県境を境に西と東が争う様相で膠着状況となった。

ウ 冷戦後

冷戦後、最初のケイオス国における国政選挙は、西部地区における投票所への襲撃、破壊活動などが続発し、投票率が著しく低下したため、実質南部と北部の投票結果だけを受けて、再びB国寄りの政権が樹立された。しかし、この選挙結果は西部地区の住民の意思が反映されていないとする国内世論が起こり、ラモク将軍率いる武装集団及びその他の武装各派の反政府運動が活発化し、西部地区及び首都周辺を中心にゲリラ活動が続発して、ケイオス国は再び混乱した。その後10年間、政府機能は次第に低下し、治安は悪化し、国土の荒廃が進んだ。混沌と荒廃は、特に西部地区において顕著であった。

表－1　ケイオス国 *1 の地誌

地域		人口	主産業	地形
西部地域	西北	180万	遊牧　農耕	砂漠　サバンナ
	西南		石油採掘	湿地
			農耕	低地
南部地域	南東	250万	軽工業　農耕	平野
	中央		軽工業　商業 *2	市街地
北部地域		50万	農耕	高地
ケイオス国全体		480万人		

*1　言葉はケイオス語（但し、10年間の内戦で地方では識字率20%以下）

*2　首都及び南部軽工業地帯では、一部英語が通じる。

一方で、冷戦終結を受けてA国の援助が先細りとなったため、武装各派は、新たな国政選挙の実施と西部地区代表者の国政へ参加を条件に和解の道を水面下で求めるようになった。仲介役となった日本の呼びかけに応じ、A国、B国、ケイオス国政府及び武装各派の停戦のための国際会議が東京で開催され、停戦が合意された。これを受けて、国連安保理は停戦監視、選挙監視そして人道支援を重点とした国際連合平和維持活動のための組織設立を決議した。

（2）国際連合の動き

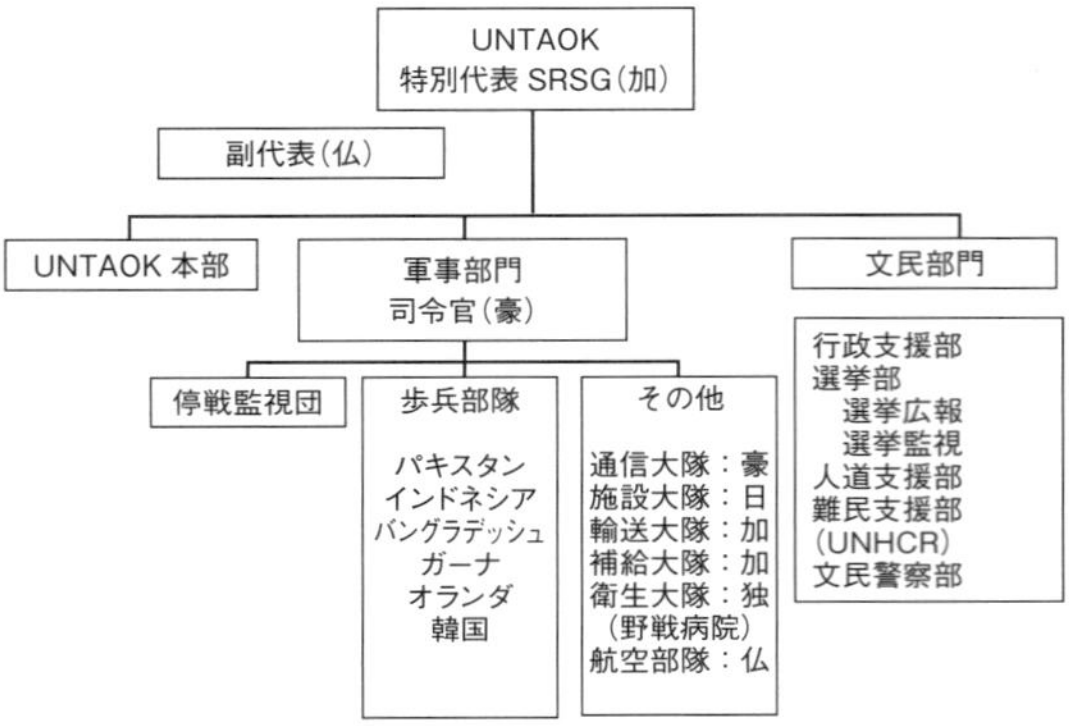

国連安全保障理事会は、ケイオス国紛争各派の当事者及びA国、B国の停戦合意を受けて、国際連合平和維持活動のための組織を設置することを決議した。安保理決議の内容は以下のとおり。

①名称

国際連合ケイオス国暫定行政機構

（United Nations Transitional Administration Of KAOS：UNTAOK）

②組織

国連事務総長特別代表を長とする文民部門・軍事部門の2つの組織からなる。人員1万人（内訳：文民部門4000人、軍事部門6000人）

③マンデート

任務：停戦監視、治安維持、人道支援、選挙の実施と監視

期間：1年。但し、1年後の選挙実施を前提とし、半年間の延長を考慮

（3）UNTAOK設立までの状況

ア 事務総長特別代表（SRSG）

国連事務次長経験のあるカナダ人

イ 軍事部門

司令官（FC：Force Commander）：オーストラリア陸軍の少将

歩兵大隊参加国：パキスタン、インドネシア、バングラディッシュ、ガーナ、オランダ、韓国

ウ 主な機能別大隊

オーストラリア（司令部・通信）、カナダ（補給・輸送）、日本（工兵）、ドイツ（衛生・病院）、フランス（憲兵、航空）など

UNTAOK 参加主要各国の配置状況図

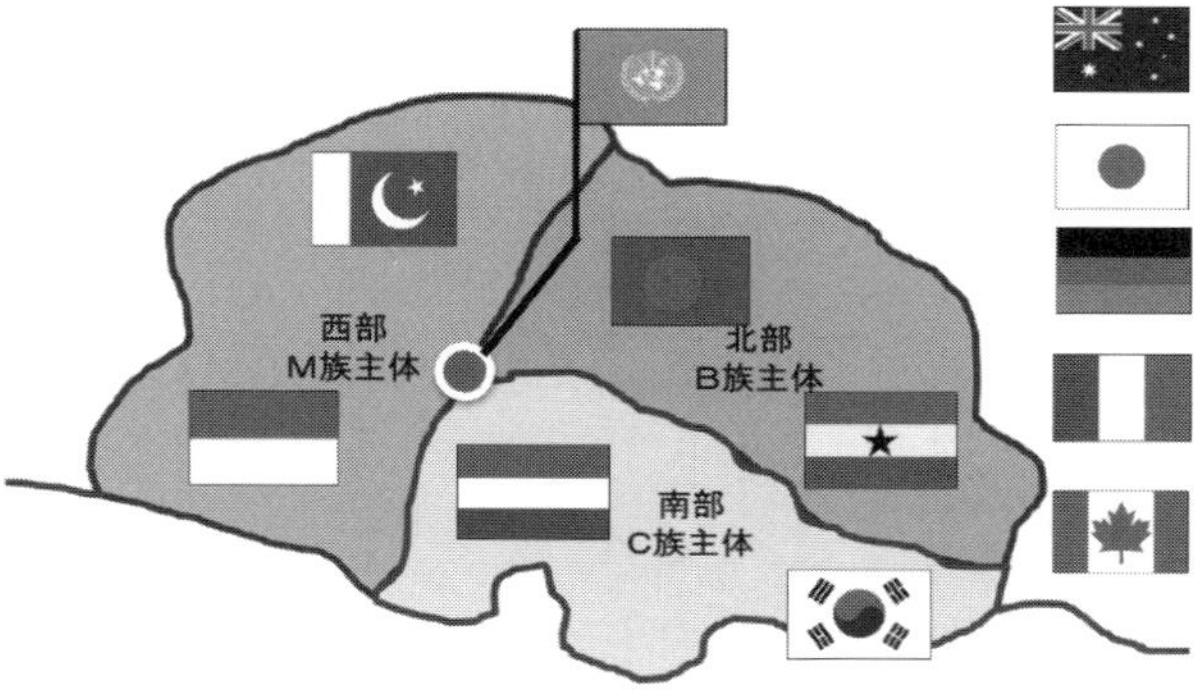

エ 停戦監視

米、英、仏、中、露の常任理事国から１００名、その他の諸国から１００名（計２００名、日本からは15名の参加）

オ 補給

水、食料、燃料は、ＵＮＴＡＯＫから補給、その他は各国独自の補給

【参考 ＰＫＯ各機能の具体的役割】

●停戦監視員

・各地域の停戦監視リーダーの下に8人から10人のチーム

・軍歴10年以上の大尉から中佐まで各地域50人配置

●歩兵大隊の任務

・地域の治安維持

・武装各派の武装解除

・武装各派要員の帰還支援

・国連職員（停戦監視員）の警護

●工兵大隊の任務

・ＵＮＴＡＯＫの活動のための道路・橋梁の補修

・ＵＮＴＡＯＫ要員に対する水の補給

・地雷・不発弾の探知・処理の技術指導

●兵站大隊の任務

・ＵＮＴＡＯＫの活動のための補給・整備・輸送支援

・ＵＮＴＡＯＫ要員（部隊以外）に対する燃料・糧食・輸送支援

・選挙部、人道支援部に対する輸送支援

【研究討議のための参考事項】

※UNV（選挙広報）に参加した要員の典型的な仕事

（1）選挙広報の国連ボランティアは、1チーム6名で行動する。

チームに車（ピックアップトラック）1台が割り当てられている。

チームは要員の国別・人種別・宗教的な背景を参考として、本部が編成を決定する。各チームに通常ひとりの現地語通訳が所属する。

（2）選挙広報は、3名1組となって、UNTAOKが設定した行政区（選挙区）を計画的に巡回し、選挙の意義、選挙人登録、具体的な投票要領などをVTRや紙芝居などを使って広報する（10年以上にわたる内戦の為、地域住民は一度も選挙を経験していない。識字率も非常に低い）。

（3）巡回する村・集落の順番などは、地区担当の国連PKO支部と治安と武装解除を担当する歩兵大隊と調整して決定する。危険な地域には歩兵大隊の1個分隊（約10名程度）が同行する場合がある。

（4）選挙期間中及び投票・開票作業は、新たに加わる選挙監視チームと共に受け持ち区域内の投票所の監視活動を行う予定。

※国連ボランティアの日常の生活

（1）生活はチームで一軒家を借り上げ（国連経費から折半）

（2）炊事は、当番制（但し、メンバーのひとりはイスラム教で、豚肉を食べない。チームの中にひとり人ベジタリアンがいる）

（3）電気は通じているが、時々停電する。インターネットは国際電話回線と接続できる。国連からチームに2台携帯電話型通信装置が貸与されている。飲用水は、国連の補給大隊のトラックが週2回運んでくる。食料は近くのマーケットで購入する。入浴はシャワーのみ。

（4）3か月に1度、1週間の休暇が与えられる。首都の契約ホテルで過ごすことも、海外で休暇を過ごすことも可能である。但し、経費はすべて本人負担であり、特別の理由なく一時帰国することは出来ない。

研究課題と参考資料

第1状況

貴君は、国連ボランティアに志願した。

国連大学（東京）において1か月間の研修の後、任地が発表され貴君の任地はケイオス国に設置されるＵＮＴＡＯＫと決まった。国連ボランティアとしてＰＫＯ活動に参加するにあたり、貴君は先輩から次のようなアドヴァイスを受けた。

「ＰＫＯは遣り甲斐のある仕事だが、同時に大変な仕事だ。国連ＰＫＯに参加する人材には、幾つかの資質が必要だと思う」

諸君は、派遣準備の傍ら、先輩の言葉を考えている。

【研究課題その1】

ＰＫＯに参加する要員（軍人を除く）が持つべき資質を列挙せよ。

但し、資質は5個以内とする。

※ 資質：特質、能力、性格、心構えなどの総称

ＰＫＯ要員に求められる10の資質（参考資料と解説）

1　Impartiality（中立性）
2　Patience（忍耐）
3　Compassion（優しさ）
4　Cooperation（協調性）
5　Study Background（背景の理解）
6　Outgoing Personality（外向的な性格）
7　Flexibility（柔軟性）
8　English Speaking（英会話力）
9　Humble & Modest Attitude（謙虚かつ真摯な態度）
10　Psychological Stability（精神的な安定、平常心　）

1　参考資料として提示したのは1992年、自衛隊がカンボジアに派遣される際、その準備訓練としてスウェーデンのPKO訓練センターで教育された内容。

2　PKO訓練センターでは、原則として軍人、民間人を問わず同じ内容のカリキュラムを受ける。※ 但し、軍人と民間人が一緒に訓練を受けることは稀、かつ科目ごとの時間数は異なる。（スウェーデンは国民皆兵の国家）

3　劣悪な生活環境、異文化、紛争後のモラルの喪失などPKOの現地における日常は、過酷であるが、肉体的な特性よりも精神的な特質に重きが置かれている。

第2状況

貴君がケイオス国におけるPKO活動に参加して、6か月が過ぎた。

リーダーである国連職員の下、貴君は5人の国連ボランティアと一緒に民家を借り上げ共同生活をしている。ようやく現地の生活にも慣れ、受け持ち地域の役所、学校などを巡回しながら選挙広報活動を実施中である。

受け持ち地域は、首都から50㎞西のバチィ郡で人口は5万人、田園が広がる農村地帯で一時期は反政府勢力の支配下にあった。難民キャンプが町の郊外に設置され、一時期B国に避難していた地域住民約3万人も逐次に帰還しており、別の国連ボランティアが人道支援に当たっている。治安維持については、インドネシア歩兵大隊の中隊（80名）が町の中心部に駐屯して、これまでのところ治安は維持されているが、武装各派の抵抗により武装解除は遅れている。

国政選挙の日程が決まり、1か月後には政党名と候補者が公示され、選挙活動が開始される予定であるが、前提となる選挙人登録と選挙広報活動は、計画より遅れている。立候補が予定されているのは、人気順から以下の3つの政党である。

① ケイオスイスラム同盟（イスラム代表）
② ケイオス民主党（キリスト系）
③ ケイオス人民党（社会主義系）

最近になって、ケイオス民主党の候補として人気のある元首相の長女が立候補する報道がなされてからは、民主党の人気が急上昇している。また、イスラム系住民の間に危機感が増大していて、他の政党・候補者に対して中傷誹謗など妨害行為の動きを見せ始め、選挙違反となる行為が頻発している。さらには国連選挙部門の活動に対しても明白な非難や妨害行為が起き始めている。

貴君は選挙部門の仲間と今後の活動方針について検討を開始した。

（参考）

UNTAOKの選挙部門は、選挙日程に変化はないと明言。

インドネシア歩兵部隊は、可能な限りの支援を約束している。

難民キャンプの大多数はB国からの避難者で、非イスラム教徒が多い。

【研究課題その２】

貴君のチームが、今後、選挙広報・選挙監視活動を行うにあたり、その活動の焦点と対象を研究し、以下の中から選択せよ。

Ａ案：選挙人登録に焦点を当て、その対象を難民キャンプの住民とする。

Ｂ案：選挙広報活動に焦点を当て、その対象を地区住民全部とする。

Ｃ案：選挙監視活動（違反行為の摘発）に焦点をあて、監視の対象を立候補予定各派（特にイスラム同盟）とする。

何故、その案を採用するのか理由を明らかにすること。

上記３案以外の活動の焦点・対象があれば、その案を提示し理由を述べよ。

（参考資料と解説）

Ａ案の狙い

選挙における選挙人登録は、選挙成功のための必要最小限の条件。

Ａ案は、それまで難民だった住民に国民としての自覚を促すとともに、選挙を通じて難民の定住と中期的な安定を目指す案。ＵＮＨＣＲ（国連高等難民弁務官事務所）が推す案

利点　○選挙人の登録そのものがじ後の住民登録などの地方行政に役立つ。○ＵＮＨＣＲの活動と連携することが出来る。

欠点　●一部の難民を対象にすることは、全体としての選挙の公正性に疑問。●各派の選挙運動が難民キャンプに集中すると、選挙活動と広報活動が競合する恐れあり。

Ｂ案の狙い

一度も選挙を経験したことがない住民が大半であることから、選挙の意義を広く知らしめることが重要。

Ｂ案は、公正で住民の選挙に臨む自発的意思を助長する

ことを目指す案
利点 ○最も中立・公正を目指す案。○地方行政の指導部の活動と連携することができる。
欠点 ●最も広範囲かつ活動地域が広いため、期間内にすべて巡回できるか？ ●地域内には、比較的危険な地域が存在する。

C案の狙い
公正かつ厳正な選挙の実施を目指す案。

C案は、不正や違反の無い選挙活動を監視することにより選挙の信頼性を高め、選ばれる政権の正統性を目指す案。

利点 ○最初の選挙における厳正さの追求は国家の将来への布石となる。国連以外にそれを追求する組織はない。○文民警察および歩兵大隊と連携することができる。

欠点 ●選挙妨害者、違反者の標的が国連組織に向けられる可能性がある。●特に違反の目立つイスラム同盟を監視すれば、大規模な武力衝突に移行する恐れもある。

第3状況

1 ケイオス国の今後を決める国政選挙は、いよいよ公示日が間近になってきた。貴君は、選挙広報活動の最後の追い込みに取り掛かっているところである。午後になって地域を担当する歩兵大隊本部から担当地区において敵対する二つの派の間で激しい銃撃戦があったとの連絡があった。確認すると同僚チームのひとつが選挙広報活動中の地域である。女性をリーダーとする3人組で、予定時間を過ぎても帰ってきていない。通信機にも応答がない。
2 銃撃戦のあった場所は、車両で1時間ほどの山間の小さな部落で回りとは隔絶されている。歩兵大隊本部によれば、同行した部隊から無線で救援要請があったとのこと。選挙広報チームの安否は依然不明である。貴君たちが同僚を安否を気遣う中、翌日の明け方にチームはようやく帰還した。同僚に被害はなかったが、住民が数人死傷し救出に向かった歩兵大隊の兵士にも負傷者が発生した様子である。
3 情勢が落ち着いた数日後、貴君たちのチームは次の行動を思案中である。

【研究課題その３】

貴君たちは今後どうするべきか？

①　命の危険があるので、全活動を中止すべきである。

②　活動を縮小し、できる範囲の中で活動を継続すべきである。

③　歩兵大隊の護衛付き、防弾ベストの着用など万全の対策をとった上で、引き続き活動を継続し役割を果たすべきである。

シナリオ研究を終えて

本シナリオの主人公は、普通の大学生がＰＫＯの活動に志願したところから始まっています。シナリオでは明らかにしていませんが、国連ボランティアは登録制で、以下のような応募資格があります。

①原則として25歳以上で、上限はありません。実際には30代から40代が中心ですが、20代の若い人もいます。平均年齢は38歳です。

②大学卒業、または専門資格の取得が基本条件ですが、専門的な技術を持ち、十分な職務経験がある場合はこの限りではありません。

③英語、フランス語またはスペイン語でのコミュニケーション能力が必要不可欠です。その上で、アラビア語、ロシア語、スワヒリ語の能力があれば選考の際に有利になります。語学試験はありませんが、選考に当たっては通常英語などによる面接があります。

④開発途上地域の厳しい自然条件ならびに異文化環境に適

応できるよう、心身ともに健康であることが不可欠です。また、派遣にあたっては健康診断が義務づけられています。ただし、職務の遂行が可能であれば、身障者でも応募することができます。

このような応募資格を見てみると、現実問題として日本人の大学生の場合、国連ボランティアになるのは少し難しいといわざるを得ません。しかし、チャレンジしがいのある仕事であり、大きな経験になるということは間違いありません。

なお、国連ボランティアは現地で必要な生活費が支給されます。金額は派遣地域によって異なりますが、住居費を含めて月額およそ2000米ドル（約24万円）です。その他に渡航費用（採用時の居住地から赴任地までの最短ルートのエコノミー料金）や渡航準備金、荷物郵送費、着任手当、離任手当等が支給されます。蛇足ながら、各国から派遣される軍人の場合、派遣手当は個人派遣の停戦監視員には支給されますが、部隊派遣である軍人個々には支払われません。

日本国内でも災害起きた時などボランティア活動する若者が増えました。海外でボランティアを行うのは、環境や期間や報酬などいろいろな制約事項があることも事実です。しかしながら、国の国際化という観点ではこの種の活動に普通の若者が気軽に参加できるようになることは、非常に意義のあることではないでしょうか。

「研究課題」に対する読者の皆さんの考えをメールでお送りください。タイトルに「シナリオ研究への応募」とつけてください。いくつかまとまった段階で、著者の渡邊隆さんからコメントしていただき、ホームページで公表します。

メールの送り先は以下です。（info@kamogawa.co.jp）

第16講

人間の安全保障

冷戦後の新しい安全保障の概念

今回、最初の地図は、国連の「世界食糧計画（ＷＦＰ：World Food Programme）」が作成した地図データで「ハンガーマップ」と呼ばれている地図です。つまり、世界の食糧不安の現状から、世界の飢餓状況を栄養不足人口の割合により国ごとに5段階で色分けして表現したものです。実際の地図では赤いのでわかりやすいのですが、アフリカの中心部とモンゴルに一番濃い色が集中しており、そこが飢餓人口の割合が最も高く、世界の人口の35パーセント以上が栄養不足（今日食べるものがない）の状態を現しています。

ＷＦＰ広報ビデオ（https://www.youtube.com/watch?v=Mu-XP_23SE）があるので、一度アクセスして見てください。なかなか心揺さぶられる映像です。皆さんは、今日食べるものがないという経験をしたことがないと思います。むしろ食べ物が余っている、食べられずに捨てられているものが多くあるという飽食の時代に生きています。しかし、そのような恵まれた環境にいる人は世界の中では少ないのです。最低限の生活のためのインフラである電気、ガス、飲料水、トイレなどが十分である国家は世界の中の7分の1ほどで、この7分の1の人たちが世界のエネルギーと経済の8割以上を握っています。逆に同じく7分の1の人たちが電気も水道もなく裸足で一日1ドル以下の生活をしています。そのような貧困や飢餓は、往々にして紛争などの暴力によってもたらされていることも事実です。

本日は、「人間の安全保障」について考えてみたいと思います。

1「人間の安全保障」とは何か？

……からの自由

「人間の安全保障」は、従来とは異なる安全保障の概念です。以下のように定義されています。

「環境破壊、人権侵害、難民、貧困などの人間の生存、生活、尊厳を脅かすあらゆる種類の脅威を包括的に捉え、これらに対する取り組みを強化しようとする国際的な活動」

「人間の安全保障」は、もともと発展途上国における生存条件の惨状の改善を訴えるものでしたが、その後、先進国をも含めた人権問題、少数民族への待遇などにまで一般化されました。

「人間の安全保障」では大きく二つのコンセプトがあり

ます。それは、「欠乏からの自由（Freedum for Want）と「恐怖からの自由（Freedum for Fear）」です。

「欠乏からの自由」は、食料や物的資源の欠乏とインフラなどの公的資源に対する物質的欠乏、そしてそれがもたらす貧困や格差からの自由を意味します。もうひとつの「恐怖からの自由」は、貧困地域において特に顕著な地域紛争及び民族紛争・宗教間の対立、またはテロリスト犯罪などの暴力的な恐怖からの自由を意味します。

このふたつの「……からの自由」というコンセプトは、二者択一ではなく相互に関連しあっていることが容易に理解できます。

人間の安全保障委員会

「人間の安全保障」は、国連開発計画（ＵＮＤＰ）の１９９４年版人間開発報告書に初めて取り上げられました。この中では、「人間の安全保障」を、飢餓・疾病・抑圧等の恒常的な脅威からの安全の確保と、日常の生活から突然断絶されることからの保護の２点を含む包括的な概念であるとしています。この概念は、冷戦後の１９９１年国連総会決議（46/182）において緊急・人道支援の分野を大きく改革することとなりました。国連に緊急援助調整官（ＥＲＣ：Emergency Relief Coordinator）と「人道問題局（ＵＮＤＨＡ：UN Department of Human Affairs）」が創設されます。この組織が１９９８年に「国連人道問題調整事務所（ＵＮＯＣＨＡ：United Nations Office of Human Affairs）」と改編するわけです。そして２０００年の国連ミレニアム・サミットにおける日本の呼びかけに応え、当時国連難民高等弁務官だった緒方貞子氏と英国人を共同議長として、人間の安全保障の概念構築と国際社会が取り組むべき方策について提言することを目的とする「人間の安全保障委員会」が創設されることになります。

正確に言えば、この時点で「人間の安全保障」は概念的にも方策的にも固まっていなかったということになります。２００３年人間の安全保障委員会は、事務総長に対して報告書を提出します。その大まかな考え方が次頁に掲げた10項目です。

このような考え方が大勢を占めたのは、やはり冷戦が崩壊したからです。冷戦時代の最優先事項は、何といっても戦争の予防あるいは抑止、および紛争が発生した際には最小限化を図ることでした。冷戦以後、「テロとの戦い」や、

人間の安全保障委員会報告書

1 暴力を伴う紛争下にある人々を保護する
2 武器の拡散から人々を保護する
3 移動する人々の安全確保を進める
4 紛争後の状況下で人間の安全保障移行基金を設立する
5 貧困下の人々が恩恵を受けられる公正な貿易と市場
6 普遍的な最低生活水準を実現するための努力を行う
7 基礎保健医療の完全普及実現で高い優先度を与える
8 特許権に関する効率的かつ衡平な国際システムの構築
9 基礎教育の完全普及で全ての人々の能力を強化する
10 個人が多様なアイデンティティを有し多様な集団に属する自由の尊重

東西問題ではなく、南北問題を解決する重要性が急浮上しました。その背景に、ルワンダやボスニアの民族浄化などジェノサイド事案があったことが挙げられます。人間の安全保障は、当初紛争地域における局限的生存条件からの救済にありました。しかし、しだいに先進国も含めた都市環境問題やエネルギー問題、地球温暖化や環境問題そして食料供給問題なども包含する非常に大きな概念に発達していくこととなりました。

2 人間の安全保障の背景

東西問題から南北問題へ

東西問題とはイデオロギーの対立のことを言います。すなわち、西側とは資本主義（自由主義）、東側というのは社会主義のことで、その中心にあるのは米国とソ連の対立でした。確かにどちらも地球上の人類を何回も滅亡させるだけの核兵器を持っていた訳ですから、その対立はある意味深刻だったわけです。貧困も格差も当然昔からあったわけですが、冷戦が終わって少なくとも核戦争や第3次世界大戦になるような危険がなくなったことで、国際社会が世界の歪な政治経済上の構造に目を向けるようになったということだと思います。

何れにしても、今も昔も持つ者と持たざる者がいました。富める国と富まざる国がありました。この講義でもたびたび出て来るローマ帝国は、周りの国々を次々と併合して強大な国家を築きました。15世紀から17世紀にかけて大航海時代が到来すると、主としてヨーロッパ各国がインド・アフリカ大陸・アジア大陸そしてアメリカ大陸などの海外へ進出しました。この進出は帝国主義的、あるいは植民地主義的な海外進出というべきで、あれだけ植民地からの搾取によって栄華を誇った西ヨーロッパ諸国が今更のように貧困や格差をこの世からなくそうなどと声高に話すことに関しては、個人的にはいささか偽善というか、違和感があることも事実です。しかしながら本日の講義の本質は、そこではありません。

問題は、「人間の安全保障」のように国際社会が特定の国に人道的に介入するということは、すなわちそれは、先進国による後進国への内政干渉ではないか？　ということです。後進国の権利はあるのか？　ということです。

歴史的検証その1 南ローデシア問題

したがって人間の安全保障がどのように形成されていったのかを歴史的に検証してみることにしましょう。その1は、冷戦間における検証です。

南ローデシア（現在はジンバブエ）は、英国の植民地でした。南ローデシアは、白人優位の国で有色人種を厳しく弾圧し、人種差別と隔離政策が平然と行われている国家でした。英国は相次ぐ植民地の独立運動に対する経験で、植民地時代の終焉を悟り、南ローデシア問題に対しても有色人種の参政権を保障する形で独立を承認しようとします。しかし植民地政府はこれを拒否、1965年南ローデシアの白人社会の代表であった植民地政府のスミス首相は、一方的に英国からの独立を宣言、英国総督を追放します。英国はただちに経済制裁に踏み切り、その後も断続的に交渉を続けたものの実らず、スミス政権は1970年3月新憲法を実施して共和制に移行し、少数白人支配による独立体制をいっそう強化しました。

その後1974年のポルトガル政変、75年のモザンビーク、アンゴラの独立と続く情勢変化によって、南部アフリカの少数白人支配体制に対する圧力が強まったため、76年「2年以内の黒人多数支配移行」を骨子とする英米共同提案を受諾し、ジュネーブで一連の制憲会議が開催されましたが、同年12月に決裂してしまいます。さらにスミス政権は77年の英米提案も拒否し、愛国戦線のゲリラ闘争が強まるなかで、78年3月ムゾレワ、シトレ、チラウらの黒人穏

健派と、同年末を目途に黒人多数支配のもとで独立する協定を結び、79年1月の新憲法採択、4月の総選挙実施に続いて、6月にムゾレワを新首相とする新国家ジンバブエ・ローデシアを樹立させます。国連安保理は4月の総選挙を無効とする決議を採択し、この新国家を承認する国はまったくありませんでした。他方、宗主国イギリスは同年8月の英連邦首脳会議の決定を受けて、9月からロンドンで南ローデシア全当事者会議を開催し、独立憲法案を示して12月に全当事者の合意を得ます。この結果、１９８０年2月に総選挙が実施され、ジンバブエ・アフリカ民族同盟＝愛国戦線（ZANU＝PF）が圧勝して、4月にはムガベ首相のもとに新国家ジンバブエ共和国が誕生し、いわゆるローデシア問題は解決しました。

さて国際社会がこぞって干渉し、民主化したといわれたジンバブエですが、その後は、ムガベ大統領の独裁政権が35年も続く結果となり、白人の経営する大規模農場を強制収容したり、隣国のコンゴの内戦に1万人の軍隊を派遣したりするなど、国内の経済や医療、教育が悪化していきました。一説ではムガベ大統領は、コンゴに一族所有のダイヤモンド鉱山を持っていたため、この財産を守るためのコンゴに軍隊を派遣したのだということまで報道されました。ジンバブエ国内は、スーパーインフレなどで国民の生活は悪化し貧困状態は加速することとなりました。

上のお札を見てください。ゼロの数を数えるととんでもない高額紙幣だということが分かります。これはジンバブエの紙幣で何と１００兆ジンバブエドルです。２００９年の年間インフレ率は約2億３０００万％に達したということですから、驚きです。ジンバブエではコンビニで買い物するのに札束をいくつも準備しなければなりません。

ムガベ大統領は、近年、軍のクーデターで失脚し独裁政権は終わりましたが、コレラの大流行や国民の3分の1がＨＩＶに感染しているといわれ、世界保健機関（ＷＨＯ）の「世界保健報告」によると、１９９０年の時点では62歳であった平均寿命は、２００６年では36歳と世界で最も短いものになっています。

歴史的検証その２ ルワンダ内戦

南ローデシアは冷戦間の出来事でした。冷戦間では大国の対立のため小さな国家がその陰で著しい貧困や格差や紛争に巻き込まれることがしばしばありました。冷戦後はそのようなことはなくなったかというと、そうでもありません。ルワンダ内戦と旧ユーゴスラビアのボスニア・コソボ紛争は、その代表的な事例で冷戦後最大の悲劇と言えるものです。

ルワンダはドイツの植民地でしたが、第1次世界大戦後ベルギーの植民地となりました。英国や仏国と比べ国力も植民地支配力も低かったベルギーは、ルワンダのふたつの民族の内、少数派のツチ族をもって多数派のフツ族を支配するという、間接支配の形態で植民地を支配します。第2次大戦後は多数のフツ族が支配的となり、ツチ族は隣国のブルンジに逃れます。しかしそのブルンジで内戦が勃発、フツ族の大統領とブルンジの大統領が搭乗した飛行機が撃墜されるに及んで、フツ族によるツチ族の大量虐殺（ジェノサイド）が始まります。正確な犠牲者数は明らかとなっていないのですが、およそ50万人から１００万人の間、すなわちルワンダ全国民の10％から20％が虐殺の犠牲者だと推測されています。

１９９３年6月22日に国際連合安全保障理事会は決議８４６を採択、国際連合ウガンダ・ルワンダ監視団（ＵＮＯＭＵＲ）を設立しています。このＰＫＯ組織はウガンダに展開し、ウガンダ・ルワンダ国境において、ＰＲＦ勢力による武器移送の阻止を任務としました。１９９３年8月、ルワンダ政府とＰＲＦ間で和平協定が結ばれたことを受けて、和平支援のために１９９３年10月、決議８７２が採択され、ルワンダに国際連合ルワンダ支援団（ＵＮＭＩＲ）が展開することとなりました。ＵＮＭＩＲの任務は首都キガリの治安維持、非武装地帯の拡大、武装勢力の復員などを含む停戦状況の監視、地雷除去支援、難民帰還支援、暫定政府による選挙実施の支援､その他の人道支援などです。当初は約２５００名の軍事要員と60名の文民警察官を中心とするものでした。

そのＰＫＯ司令官がロメオ・ダレールというカナダの中将です。和平合意の遂行状況は芳しくなく、そのため対立は解消せず、治安も改善することなくルワンダ虐殺が開始され、ＵＮＭＩＲは、虐殺を収拾・抑止することができませんでした。ダレール司令官は、大虐殺の前とその過程を通じて、たびたび部隊の増強を訴えるのですが、有力国や国連の思惑からその要望は聞き入れられず、惨劇を止められないまま駐留することを余儀なくされます。94年8月辞任。その後ルワンダでの体験から心的外傷後ストレス障害（PTSD）となり、2000年には自殺をはかり、公園のベンチで昏睡状態のところを発見されます。病気から回復後、彼は一冊の本を書きます。『何故、世界はルワンダを救えなかったのか？』という題名の本です。興味のある方は一読を勧めます。

1999年、ルワンダ虐殺当時のアメリカのビル・クリントン大統領は、アメリカのテレビ番組で、「当時のアメリカ政府が地域紛争に自国が巻き込まれることに消極的であり、ルワンダで進行していた殺戮行為がジェノサイドと認定することを拒絶する決定を下したことを後に後悔した」と発言しています。ルワンダ政府は、自国への国際的な非難を最小限にするために活動しています。実は、当時のルワンダ政府は安全保障理事会の非常任理事国だったのです。同国の国連大使は「ジェノサイドに関する主張は誇張されたものであり、我が政府は虐殺を食い止めるためにあらゆる手を尽くしている」と主張し、その結果として国連安全保障理事会はジェノサイドの語を含む議決を出さなかったわけです。その後の1994年5月、国連は「ジェノサイド行為が行われたかもしれない」ことを認め、国連は大部分がアフリカ国家の軍人からなる5500人の兵員をルワンダへ送ることを決定しましたが、これは虐殺勃発以前にダレールが要求したものとほぼ同規模でした。しかも、兵員増強の可否に関して投票で決定する予定日にアメリカのマデレーン・オルブライト国連大使の活動により4日間引き伸ばされ、決定が遅れたという事実もあります。さらに国連はアメリカに50台の装甲兵員輸送車の提供を求めたのですが、アメリカは国連に対して輸送費用の650万ドルを含む計1500万ドルをリース費用として要求し、結果として、国連部隊の展開はコスト面や装備の不足などを原因として遅延し、迅速なPKO部隊展開は不可能となりました。皆さんはこのアメリカの態度をどう思われますか。

さて、1994年、自衛隊もルワンダに衛生部隊を派遣しています。実際には隣国の当時ザイール（現在のコンゴ）のゴマという地域に避難したルワンダ難民に対する人道支援活動です。ルワンダ難民救援隊260名、空輸派遣隊118名です。派遣部隊は、国連難民高等弁務官事務所（UNHCR）などと調整を行いつつ、医療、防疫、給水及び空輸等の業務を行いました。

3 人道的介入

保護する責任

2005年、国際連合において各国の首脳が会合し、国際社会の「保護する責任」が議論され、承認されました。すなわち「自国民保護はすべての国家が責任を負う。しかし、その責任を果たせない国家（破綻国家）については、国際社会がその国家の保護を受けることができない人に対して、保護する責任を負う」というものです。言い換えれば、国際社会は人道的な見地から一国の内政に干渉することができるということが認められました。破綻国家や深刻な内戦、虐殺などが起きた場合で、当該国が責任を果たせないならば、国際社会が国民を保護する行動をとることができるというものです。ルワンダやコソボの虐殺から10年経って、反省を込めて、国際社会、国連は動き始めたということかもしれません。ボスニア内戦では、スレブレニツァというところで虐殺が起きています。オランダPKO部隊の目の前で行われた大量の虐殺は国連PKOの限界を露呈させるものとなりました。この時NATOは、この内戦に対して正規軍の空爆を行いました。この空爆は、セルビア人武装勢力によるアルバニア系住民の虐殺を止めるという名目で行われましたが、国連安保理の事前の決議なしに行われています。空爆を推し進めた当時のカナダの主張は以下のようなものです。

「紛争が、軍事的介入なしに解決できない状況にも拘わらず、安保理が拒否権などにより、動かないような状況においては、特定の国が軍事的介入を行うこともあり得る」

当時のガリ国連事務総長は、「維持すべき平和のないところにPKO部隊を派遣し、PKOのルールを適用させたことは誤りだった」と後に述べています。

論点

さて、「人間の安全保障」にはいくつか論点があります。

①人道的理由で行われる軍事的介入は是か非か？
②国連安保理の承認は必要か？

③大量虐殺や大量飢餓を止めるための緊急的措置（武力行使）は許されるか？
という論点です。

非常に難しい問題です。個人的な見解ですが、重要な点は「例外なきルールの適用」です。これまで見てきた国際連合安保理の決定や決議には、その時その都度の大国の理屈や理由によってルールの適用に大きな差があります。ヨーロッパのボスニアではNATOが空爆まで行って避難民を保護しましたが、ルワンダでは無視されました。ここに「人間の安全保障」のみならず、現在の国際社会の大きな問題があるように思えます。

法学部に在籍する皆さんであれば、この写真の像のことはご存知でしょう。この像はギリシャ神話における「法と正義の女神：テミス」です。ローマ神話ではユースティティア（Justitia）といい、正義（Justice）の語源になっている女神です。テミスは、右手に正邪を図る天秤を、左手に力の象徴である剣を持っています。しかし、テミスの目はふさがれています。目隠しは彼女が前に立つ者の顔を見ないことを示し、法は貧富や権力の有無に関わらず、万人に等しく適用されるという「法の下の平等」の法理念を表すといわれているのですが、同時に、法と正義が時に正しく行われないという現実を我々に見せているのではないかという思いにかられることもあります。皆さんはどう思うでしょうか？

第 17 講

科学技術と安全保障

戦場のパラダイムシフト

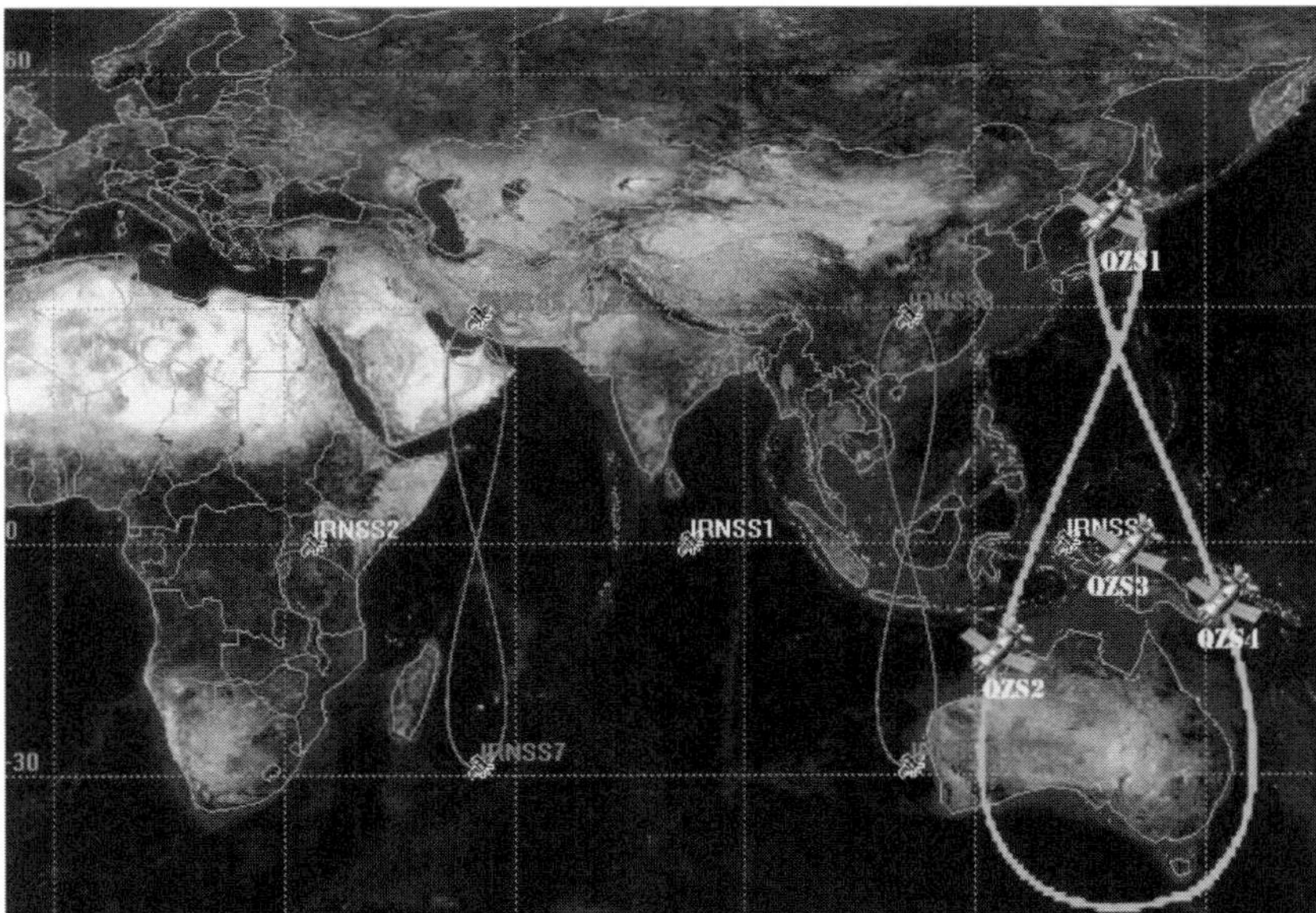

本日最初の地図は、日本が打ち上げた準天頂衛星「みちびき」の軌跡とカバーする地域を表わしたものです。地図の8の字で表わされた右側のひょうたんみたいな線が「みちびき」の軌跡です。因みに左側にある2つの線はインドの打ち上げた衛星の軌跡です。

さて、皆さんはGPSについて知っていることと思います。車のナビシステムが一番わかりやすいでしょうか。今では、車の中で道路地図を見ることなど無くなってしまいました。初めての場所でもナビがちゃんと目的地まで案内してくれます。本当に便利な世の中になったと思います。この測位システムはGPS：Global Positioning System と呼ばれていますが、これはアメリカの衛星航法システムの略称なので、GNSS：Global Navigation Satellite System というのが正しい呼び名になります。上空2万メートルを周回する30個の衛星からの電波を受信して緯度と経度、すなわち現在地を評定します。また、高精度の原子時計によって時間も送信しています。ですからGPS腕時計という商品が生まれたのです。科学技術は日進月歩です。知らないうちに新しい技術が生まれ、わたしたちの生活を劇的に変えていきます。それは安全保障の分野でも変わりません、いえむしろ安全保障の分野こそ科学技術を抜きには語れない分野になっていると思います。

本日は、科学技術が安全保障、戦争・軍事に与えた影響について考えることにしましょう。

1 GPS衛星の本質は軍事衛星

位置情報と時間情報の重要性

さて、GPS衛星を打ち上げ管理しているのは、どこの国でしょうか？ そう、米国ですね。それでは、米国のどこが打ち上げ、どこが管理しているでしょうか？ NASA？ 民間会社？ 実はGPSを管理運営しているのは米空軍です。GPSは、空軍の第50宇宙航空団が運用していますので、本来は軍事衛星なのです。ただ、軍事目的以外でも車のナビや航空機、艦船の運航、地図アプリなど多様なニーズがあるので、商用や民間（個人）目的でも使えるようにしているのです。

さて、皆さんが毎日使っているスマホの地図アプリのGPS使用料金はいくらだと思いますか？ または、スマホ本体の価格にGPS使用料が含まれていると思いますか？

実は、GPSは無料、タダなのです。さすがアメリカ「太っ腹ですね」と喜ぶべきでしょうか？

米国がGPSを民間に無償で提供しているのは、それが米国の戦略的利益になると判断したからです。実際にGPS関連産業の本場・本家は米国ですから、GPSの世界的な普及は米国に一番利益をもたらしたことは事実です。現在、多く国が独自のGPS関連ビジネスを開発していますが、航空・海上輸送の安全航行システム、気象観測、地震・地殻観測、その他学術的な研究など、世界中の多くのシステムがアメリカのGPSに依存しているのです。当然、アメリカ版GPSを使ってもらえれば、基本的に米国の言うことを聞いてくれるようになるという政治外交的な理由もあるかもしれません。

さて、ここからはGPSの本質である軍事作戦の話になります。大砲でもミサイルでも、一番重要なのは目標（ターゲット）に当てることです。当たらない砲弾やミサイルは怖くありません。では、どうやって大砲やミサイルは、遠くの見えない目標にあたるのでしょうか？　砲弾やミサイルが目標に正確に当たるためには二つの要素が必要です。ひとつは自分の位置と目標（敵）の位置が正しくわかっていることです。次に大砲やミサイルを目標に誘導することです。

昔の戦争では、大量の砲弾が必要でした。正確に当たらなかったからです。そのため、敵の見える位置、すなわち砲弾の落ちる（着弾）地点が見える所まで兵士が進出して大砲の弾を無線で誘導する必要がありました。これを前進観測とか弾着観測と言います。要するに目標に弾が当たるまで、射撃方向を修正したり、射角（角度）を変えたり、あるいや装薬（発射火薬）の量を変えたりして概ね目標付近に弾が落ちるように言葉で誘導するのです。時間もかかるし、無駄も多いわけです。

その後、科学技術が発達して精密誘導兵器が開発されました。ミサイルは自分で判断して、あるいはレーダー波の誘導のとおりに確実に目標に当たるようになりました。しかし武器の性能が高まっても、位置情報が不確かであればミサイルや弾は当たりません。現代の軍事作戦では、ミサイルであれ砲弾であれ、GPSで正確に位置情報がつかめれば、確実に第1発目から目標に当たります。これを外科手術でがん細胞だけを取り除くというイメージからサージカル・ストライクと呼びます。

昔のナビは目的地に近づくほど分からなくなるといわれました。それは二つの原因があります。ひとつはＧＰＳ衛星が発する電波の角度で高層ビルや山の陰などで電波が届かない場合があることでした。もうひとつは、ＧＰＳ衛星のデータは、軍事以外の商用目的で使用される場合、わざと精度を落としている、いわゆるスペックダウンしているからでした。これは米国政府による意図的な精度低下が行われていたからです。２００５年、この意図的精度低下は解除されました。それでもＧＰＳ衛星の時計誤差が常に１～２ｍ程度あり、衛星軌道情報の誤差が１～４ｍ程度あり、電離層・対流圏など誤差があって、目的地に近づけば近づくほど誤差が無視できなくなります。したがって人工知能ＡＩによる自動運転の開発には、これまで以上の精度が必要となるわけです。

準天頂衛星の可能性と他国との比較

「みちびき」は、３つの衛星が交互に日本の上空に現れます。その軌道が8の字に見えるのですが、実際に地上からはどう見えるのでしょうか?

下の図は、新宿副都心から見た「みちびき」をシミュレーション画像です。低層ビル群から4～5時間で天頂付近に昇り8時間ほど天頂付近に留まり、約4時間で消えていくのが分かります（肉眼ではもちろん見えません）。

Global Positioning System

- GNSS : Global Navigation Satellite System
  - GPS : 米　国
  - GLONASS : ロシア
  - Galileo : E　U
  - 北斗 : 中　国
- RNSS : Regional Navigation System
  - IRNSS : インド
  - 準天頂衛星　みちびき : 日　本

軍事的、安全保障の面から見ても「みちびき」には、位置情報をより正確に伝えるという目的があるのと同時に、もし米国のＧＰＳに支障が起きた時のバックアップとしても非常に重要です。このように独自のＧＰＳを持っている国は日本だけではありません。資源（お金）のことを考えなければ人工衛星を打ち上げる技術を持っている国であれば、独自のＧＰＳシステムを保有することが可能です。

前頁の図は、世界の地球規模のＧＰＳシステムと地域的なＧＰＳの一覧です。アメリカはＧＰＳ（正式名称はNAVSTAR：Navigation Satellites with Time And Ranging）です。です。ロシアは、ソ連時代からグロナス：ＧＬＯＮＡＳＳというＧＮＳＳを開発していました。安全保障・軍事面で米国と対立していたソ連は米国のＧＰＳを使用したくない、いえ使用できないのです。ソ連崩壊で一時期、グロナスはとん挫しましたが、現在30以上の衛星を打ち上げて独自のナビシステムを完成させ、民間にも提供しています。ＥＵはガリレオ（Galileo）という測位システムの完成を目指していますが、開発費用の分担などが議論になっています。因みに英国は、ＥＵ離脱を機にガリレオ計画からも撤退することを発表しています。中国も「北斗（北斗衛星導航系統：BeiDou Navigation Satellite System）という測位システムを開発中でこちらは順調です。２０１８年12月時点では衛星33機を運用しており、位置情報誤差は10メートルといわれ、２０２０年に完成する予定で２０１８年12月、全世界向けにサービスを開始すると発表しました。何だ、皆同じことをしている、それって無駄なんじゃないか、と思う人はいますか？　そうですね、普通一般の感覚からすると同じシステム、しかも非常にお金のかかる高額なシステムを何故どの国も持とうとしているのかと思っていましょう。

もう一度、全世界的な測位システムＧＮＳＳを保有または開発している国を見てください。何か気づきませんか？　全て国連の常任理事国ですね、ということはＧＮＳＳを持つ国は全て核保有国であり、軍事大国だということです。いわば測位システムの保有もまた、大国の条件であるといえます。なお大陸間弾道弾（ＩＣＢＭ）それ自体は、完全なスタンドアローン兵器ですからＧＰＳや他の測位システムを一切必要としません。

２　科学技術が戦争を変えた

戦場のパラダイムシフト

パラダイムシフトとは、「その時代や分野において当然のことと考えられていた認識や思想、社会全体の価値観などが革命的にもしくは劇的に変化すること」と定義されます。例えば、①地動説のように太陽が地球の周りを回っていると思ったら実は事実は逆で、地球こそが太陽を回っている……のようなことです。その他にも、②大陸移動説、③相対性理論、④ダーウィンの進化論などが該当します。何れも科学技術的な発見や研究成果がそれまでの常識を180度覆すことをパラダイムシフトと呼びます。安全保障・軍事の分野ではどうでしょうか？ その前に、GPS：世界測位システムのように軍事的な目的で開発された技術を見てみることにしましょう。すなわち戦争から生まれた技術です。

①コンピュータ　①弾道計算機
②原子力発電　②核兵器
③電子レンジ　③レーダー
④インターネット　④核兵器制御の分散処理システム
⑤オペレーションズ・リサーチ　⑤対潜水艦作戦

ほんの一部ですが、わたしたちが日常使っている様々な技術は、もともと戦争から生まれたものが多いのです。インターネットについては、やや説明が必要かもしれません。インターネットはもともと、米国防総省の高等研究計画局（略称ＡＲＰＡ）が資金を提供し、いくつかの大学と研究機関でプロジェクトが行われたＡＲＰＡＮＥＴ（高等研究計画局ネットワーク）によるパケット通信コンピューターネットワークが起源です。その目的は、「新しいコンピューター技術を利用して、核の脅威に対する軍事的指揮と制御のニーズを満たし、米国の核兵器の存続可能な制御を達成し、軍事戦術と管理の意思決定を改善すること（当時の国防総省高等研究計画局長）」でした。すなわち核攻撃で既存の通信システムが寸断された場合でも、生き残った通信システムで核兵器の制御を継続する分散処理システムが原型でした。もっともこの説に異論を唱える人は多くいます。しかし、ＡＲＰＡＮＥＴは、１９９０年までの20年間米軍によって運営されたことは事実です。

戦争を変えた科学技術

このようにして見ると、人類の戦争は科学技術によって進化し、その都度戦争の常識を覆してきたといえるでしょう。１４０万年前、人間は「火」をコントロールすることを覚えました。紀元前1万5０００年前には、「弓と矢」が発明され、紀元前3５００年前には「車輪」が発明され、紀元前１２００年前には「鉄」と「鋼」が生成されました。これらがそれまでの戦いを変えたことは説明するまでもありません。紀元前２００年前にはコンクリート、西暦

１２５０年に「火槍＝銃・火砲」が、１５６９年には「羅針盤」が、そして18世紀の産業革命以後、多くの兵器が開発され戦場で使用されました。１７８６年：「電信・通信技術」、１９０３年：「有人飛行」、１９４１年：「核兵器」、１９４６年：「コンピューター」、１９９１年：「インターネット革命」などなど人類の生活を劇的に変えた科学技術は、多くが戦争から生まれたか、または戦争のために開発されたものです。軍事技術の民間への転用を「スピン・オフ」と言います。多くの技術がスピン・オフであったのです。

古代ギリシャやローマ帝国の戦争は、１００人程度の戦士がスクラムを組んで密集隊形で戦争することが通常の戦法でした。これを「百人隊」と呼び、この隊長を「百人隊長（センチュリオン）」と呼びました。しかし、銃が出現した後では、密集していると全員がやられてしまう。そこで兵士が一人一人間隔を取って横に広がるようになります。密集隊形から横隊（散兵）に変化したのです。火砲が出現すると一発の砲弾で多くの兵士が犠牲になることから兵士の間隔はますます広がり、塹壕を掘って鉄条網で囲むようになりました。それを破るために戦車が開発され、戦争は線の戦いから、面の戦いへと変わり、そして航空機が出現して三次元の戦争となりました。長距離爆撃機や大陸間弾道弾などが開発されて、もはや戦争は、前線も銃後（後方）もない広範囲で複雑な総力戦の時代へと移行します。それが第２次世界大戦までの戦争でした。

現代の戦争は、テロやサイバーなども含め目まぐるしくその形態を変えています。現代戦や将来の戦争を左右する最も重要なものは、情報です。先ず、軍事偵察衛星や測位システム、ドローンなどが地形や敵の情報を収集します。膨大な情報を瞬時または短時間で処理するのはコンピューターです。そして情報を味方部隊にインターネットを介して伝達し、ＧＰＳやレーダーで武器が誘導され、目標に当たる。このよう戦いを左右する情報の全ての局面で科学技術が使用されています。これらの技術が現在、ＩＴと呼ばれる「情報通信技術」です。

「情報」または「情報戦」については、次回、あらためて皆さんと見ていきたいと思います。今日は、将来の戦いがどうなるのかについて見ることにしましょう。

3　ロボットが戦場を支配する日

無人兵器の可能性と限界

戦争では多くの国民の命が失われます。過去の戦争では何万、何十万という数の兵士や一般人が犠牲になりました。しかし、人間の生存権などの基本的人権が当たり前となった民主主義の国家では、命令で簡単に国民を兵士として戦場に送り出し、その命を投げ出させることは容易ではありません。世界には徴兵制の国がまだまだありますが、現在では志願制の国がほとんどであり、国王や総理大臣といえども強制的に国民を戦争に従事させることはできません。

とするとどうなるでしょうか？　段々と人間は安全な後方に回り、一番危ないところに無人の兵器やミサイルが使用されるようになります。恐らく、将来はロボットが戦場を支配する時代が来ることになるでしょう。

ロボットの定義は様々です。もともとはカレル・チャペックというチェコの小説家、劇作家が作った造語です。通常、「ロボット（robot）は、人の代わりに何らかの作業を自律的に行う装置、もしくは機械のこと。（Wikipedia）」であり、ＪＩＳ（日本工業規格）では産業用ロボットを「自動制御によるマニピュレーション機能又は移動機能をもち、各種の作業をプログラムによって実行できる産業に使用される機械」と定義しています。「産業」を「軍事」に置き換えれば、そのまま軍事用ロボットの定義にもなりそうです。

ロボットは三つのタイプに分類できます。①ほぼ自律的に行動できるロボット、これを鉄腕アトム型と呼ぶことにしましょう。②遠隔操作によって操作するロボット、これは鉄人28号型と呼ぶことにします。そして、③人間が搭乗、または装着して操縦するロボット、これは機動戦士ガンダム型、ガンダム型と呼ぶことにします。

そうやって見ると、②と③はすでに実用化されており、①についてもほぼ実用化の段階にあるといってよさそうです。ロボットの中でも人間の形に似せられたロボットをヒューマノイド型と呼びますが、そうではない高度のＡＩ機能を持った産業用ロボットは工場の生産ラインなどですでに活躍しています。また、遠隔操作による鉄人28号型のロボットはドローンや原発の炉心などの危険な環境で人間の代わりをするロボット、火星に送られたパスファインダーのような装置もロボットに分類されます。

しかし、ロボットの中でも最もロボットらしいのは二足歩行で歩き、自分で判断して行動するロボット、人間のようなロボットでしょう。すなわち鉄腕アトム型のロボットです。そのようなロボットが大量に溢れると人間が締め出されてしまうかもしれません。またロボットが人間を襲うかもしれない、そんな恐怖を感じる人もいます。アイザック・アシモフというＳＦ作家は、人類がロボットを恐れる状態をフランケンシュタイン・コンプレックスと名付けました。そのため、アシモフはロボット工学三原則という架空の原則を『我は、ロボット』という小説に盛り込んでいます。

ロボット工学３原則

第一条：ロボットは人間に危害を加えてはならない。また、その危険を看過することによって、人間に危害を及ぼしてはならない。
第二条：ロボットは人間にあたえられた命令に服従しなければならない。ただし、あたえられた命令が、第一条に反する場合は、この限りでない。
第三条：ロボットは、前掲第一条および第二条に反するおそれのないかぎり、自己をまもらなければならない。

アイザック・アシモフ「我は、ロボット」

そのようなフェイルセーフ機能を備えたとしても、鉄腕アトム型、すなわち自律型ロボットには多くの課題が残されています。科学技術的な問題というよりは法的、社会的な問題です。例えば、自立走行している車が、突然暴走して事故を起こし、誰かを殺傷したとしましょう。攻められるのは誰でしょうか？その車の保有者でしょうか、作製した会社、または工場でしょうか？それともそのＡＩのプログラムを開発したエンジニアでしょうか？もし、軍事用のロボットが出来たとして鉄腕アトム型ロボットに敵の人間を殺傷させるようなプログラムを与えることは、法的、社会的に許されるでしょうか。このような兵器を自律型致死兵器システムＬＡＷＳ：Lethal Autonomous Weapon Systemと呼びます。このＬＡＷＳにも、①人間の指令でしか武力を行使できないタイプや②ロボットの行動を停止できるオペレーターが監視する下で標的を選択し武力を行使できるタイプがあり、最後に③人間の入力又は相互作用なく標的を選択し武力を行使することができる完全自律型のロボットに分類されます。このようなロボットの問題点を安全保障の観点から、もう一度整理しておきましょう。

問題点その1：ロボットは、複雑で主観的な意思決定を要する国際人道法の一般原則を遵守し得るのか？

問題点その2：ロボットに殺人は悪であると理解させた上で、戦闘行為に従事させることは出来るか？（人道的な武器使用）

問題点その3：ロボットが犯した行為を誰が責任をとるのか？（指揮官、設計者、製造者またはロボット自身）

殺さない兵器

最後に、相手を殺さない兵器の開発も進んでいます。そのような兵器は非致死性兵器（Non-Lethal Weapons）と呼ばれています。この兵器は、暴動鎮圧などで警察や軍隊が民間人に対して発砲して殺傷することが社会問題化したことに関連し、人を殺すことなく暴動を鎮圧する方法が求められたことから誕生したものです。最近では、立てこもり事件や人質事件など、犯人と一般人が混交しているような場所において使われています。

２００２年、チェチェン共和国の独立派武装勢力の一派がモスクワ劇場を占拠した事件が起きました。この時には、無力化ガスが使われました。このガスの成分は未だに不明なのですが、救出後の救命措置の不手際のため１２０人以上の人質が窒息死したという報道もなされています。催涙ガス、催涙スプレーのようなものもあれば、スタンガン、テーザー銃のような電気ショックによるもの、スタングレネードのような閃光と音響を使用するもの、そしてゴム弾や麻酔銃のような非致死性の兵器もあります。しかし、何れの兵器も完全に安全な非致死性の兵器ではありません。

その他、手のひらサイズのマイクロＵＡＷや指先に隠れるほどの極小精密兵器も開発されています。

さて、兵器開発や武器開発についてことさら拒否する科学者の方がいることも事実です。科学技術の平和的利用を訴え、軍事技術開発への不参加を表明しています。そのこと自体はそれぞれの主義主張ですから、例えば、ならばインターネットも電子レンジの使用も拒否するのかというような揚げ足取りをするつもりはありません。しかしながら科学は時に残念な結果をもたらすことも事実ですが、それは科学の問題ではなく、人間社会の問題であると思います。より遠くへ、より正確に、より効果大な兵器を望むのは、戦いが存在する限り避けられないのではないかと思うのですが、皆さんはどう思うでしょうか。

わたしが所属した施設科（工兵）部隊とは

自衛隊は、憲法上軍隊ではないとしているため、その呼称も軍隊とは違ったものになっています。旧軍では士官（幹部）は、少尉・中尉・大尉、その上が少佐・中佐・大佐ですが、それぞれ３等陸（海・空）尉、２尉、１尉と呼び、３等陸（海・空）佐、２佐、１佐と呼びます。軍隊ではないので「兵」という言葉が使えません。旧帝国陸軍では兵科と呼ばれていた、歩兵、騎兵、砲兵、工兵などという「兵」という呼び方は使えないのです。そのため、自衛隊では兵科を「職種」と呼び、「普通科」「機甲科」「特科」「施設科」などと呼称することになります。

わたしが所属した陸上自衛隊の職種は「施設科」であり、旧軍の工兵に相当します。工兵は歩兵とともに古くからある「兵科」でローマ軍団では歩兵＝工兵でした。すなわち戦闘しない時は道路を作ったり宿営地や城塞を作ったりする兵科でした。軍事科学の発達とともに工兵の仕事は多様化し、通信や化学科などが分化していきましたが、おそらく工兵（施設科）のない陸軍はどこにもないはずです。現代では、工兵は作戦の最前線から後方に至る全ての局面で戦闘支援、道路・橋梁、構築物の建設・破壊などを任務とする職種として位置づけられています。有体に言えば、特有の技術をもって作戦を支援するいわば「何でも屋」的な位置づけにあります。施設科部隊は、戦後から高度成長期までの時代に、市町村などからの要望を受けて地方の道路や学校・公園の敷地造成などの公共事業を請け負って工事していたことがありました。今では、この「部外工事」はほとんど行われていませんが、自衛隊の中で唯一ものを造り上げることのできる職種であると自負しているのです。

冷戦後、PKO 法の成立によって初めてカンボジアに派遣された部隊も施設科でした。その後、東チモール、南スーダンなどの PKO に施設科部隊が派遣されています。災害派遣などの現場で自衛隊の建設機材が動いているのを見かけることがあると思いますが、施設科は災害においても重要な機能を提供しています。米軍のとある工兵部隊のモットーは、First in, Last out.（最初に現場に入り、最後に撤収する）。まさに施設科部隊の本質を表わしているモットーだと思います。

第18講

情報と安全保障

全ての戦争は、情報が決める

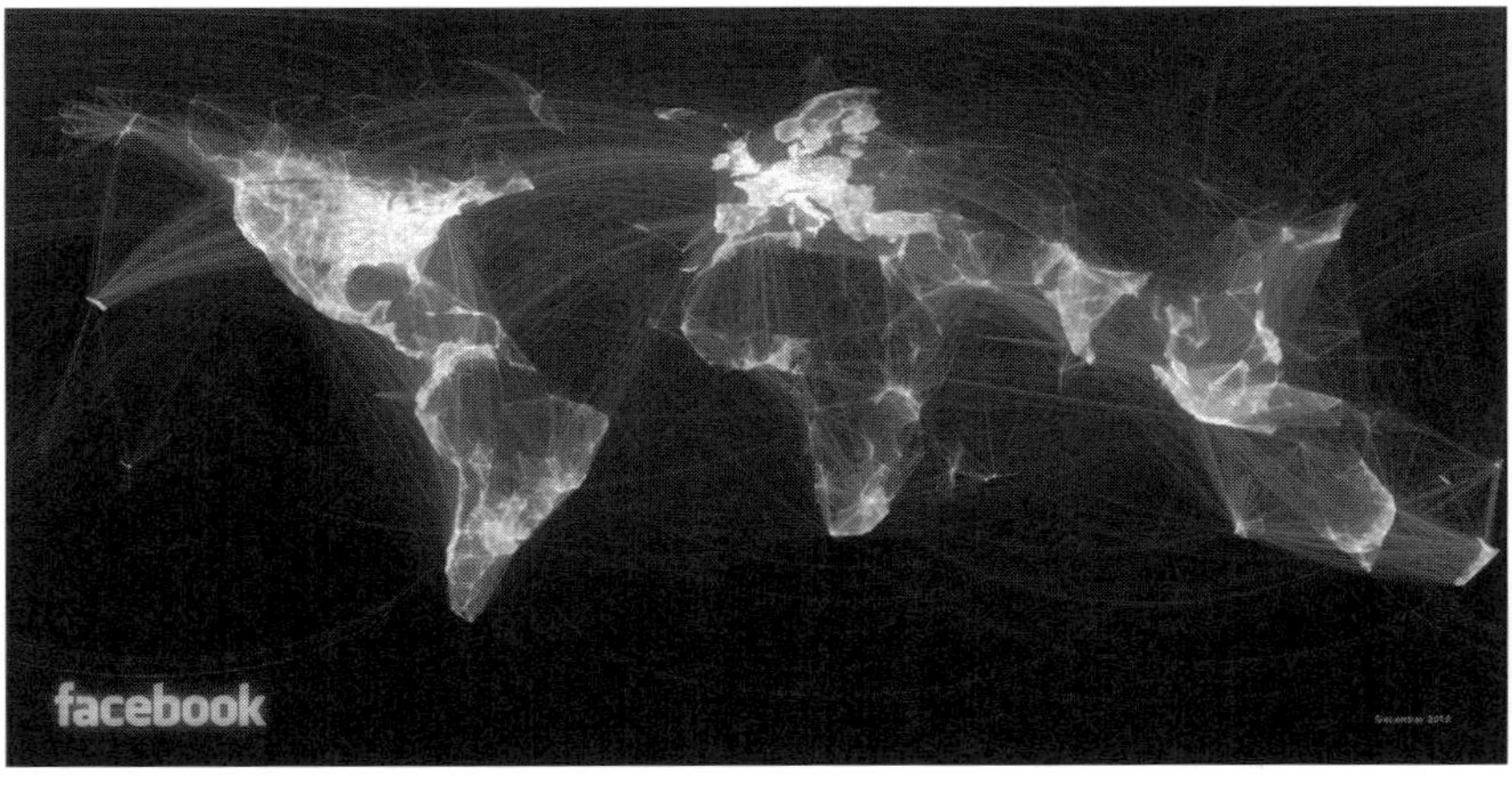

本日、皆さんに見てもらう最初の地図はこの地図です。左下に文字が書いてありますから、お分かりだろうと思います。この地図はフェイスブック（Facebook）というSNS（Social Network Service）の世界的つながりを地図に表したものです。ツイッターやインスタグラム、ラインなど、今では個人的な連絡は電話ではなく、SNSが主流になりました。昔は国際電話をかけようと思えば、相当のお金がかかりましたが、現在では無料で連絡を取ることができます。ただし、世界中どこでもというわけではなさそうです。

もう一度、この図を見てください。白いところは強くつながっているところ、濃いところはフェイスブックのつながりがないところです。アフリカやアマゾンが白くなっていないのは、わかると思います。ロシアと中国はどうでしょうか？　実はロシアと中国ではフェイスブックはつながりません。例えば、中国のインターネットには、「金盾《きんじゅん》プロジェクト」というシステムが組まれていて、特定のＩＰアドレスにアクセスがあった場合には、ファイヤーウォールとゲートウェイプロキシーサーバーを使ってブロックするようになっているからです。フェイスブックだけではありません。ツイッター（Twitter）、ライン（LINE）、インスタグラム（Instagram）、ユーチュブ（Youtube）、ニコニコ動画、ドロップボックス（Dropbox）そして、何とグーグル（Google）も中国では使えません。

ここまで、ＩＴ用語やインターネット、ＳＮＳ上の多くの固有名詞やパソコン用語が出てきました。これを説明すると、多分この時間内でも終わらないほど大変な時間がかかるので、申し訳ないのですが用語の分からない人は、ＩＴ用語辞典や現代用語辞典などで調べてください。ここでは知っているか知らないにかかわらず、話を進めることにします。

さて、グーグルも一時期は中国国内で事業展開していた時があったのですが、中国政府からの嫌がらせではないかと思わせるような多くの規制に苦労し、遂に中国から撤退してしまいました。中国政府のインターネット規制は、個人のインターネットアクセスに関しても監視を行っています。つまり個人的なメールなども監視されているのです。中国政府対グーグルの係争の様子は、世界中で報道されましたので知っている人もいることでしょう。そして現在、ファーウェイ：HUWAEI 対米トランプ政権の対立は、立場を逆にした同じ構図に見えるのですが皆さんはどう思うでしょうか？

本日は、「情報と安全保障」、「情報戦」について見ていきます。

1 情報とは何か？

情報資料と情報の違い

安全保障の観点から見ると、情報には二つの意味があります。英語にすると非常にわかりやすいのですが、Information と Intelligence のふたつのです。正確に言うと前者は「情報資料」であり、後者は狭義の「情報」となります。

情報という日本語は歴史的には新しい言葉です。1876年に出版された『佛國歩兵陣中要務實地演習軌典』において、仏語 renseignement（案内、情報）の訳語として「敵情を報知する」意味で用いられたのが最初だといわれています。ですから日本語の「情報」の最初は軍事用語なのです。福沢諭吉は英語の「Information」の訳が見当たらず、最初はインフォルメシオンと訳していたという記録もあります。高校では、コンピューター関連、ＩＴ技術を教える教科を「情報」と呼びますが、これも情報という言葉の複雑性を表わしています。

デジタル大辞典では、「情報」は、「①ある物事の内容や事情についての知らせ。インフォメーション。②文字・数字などの記号やシンボルの媒体によって伝達され、受け手に状況に対する知識や適切な判断を生じさせるもの。③生体系が働くための指令や信号。神経系の神経情報、遺伝情報など」とあります。ブリタニカ国際大百科事典によれば、「情報」は、「国家、団体または個人が、敵対、対立、競合関係にある国家、団体、個人についての状況を知るために獲得する知識をいう。対象が友好国（団体、個人）もしくは、自己または第三者に関する相手側の情報ないしは判断もまた情報として処理される。これらに関する資料が情報資料information であって、一般には混同されて使用されている。情報には、その活動に必要な分野に従って、国家情報（主として政治）、軍事、経済、科学技術、および産業などがあり、それらの情報資料獲得の手段によって合法・非合法の別がある」と説明しています。

例えば、「あるサラリーマンが12月の金曜日、スポーツ店に行って、スノーボードを買った」としましょう。さて、この情報から皆さんはどのように彼の行動を推理するでしょうか。「彼は近々スノーボードをしにスキー場に行くだろう」と推理することは難しくありません。しかしスキーに行くと断定はできないでしょう。そのためにはもっと多くの情報（資料）が必要になります。①彼は、九州の出身でスキーが出来ない（否定情報）、②彼は週末に新幹線の切符を予約した（肯定情報）、③彼には12歳の娘がいる（付帯情報）、④買ったのは、赤い子供用のスノーボードである（決定的情報）。このように見ると、それぞれが「情報資料」であり、「彼が週末スキーに行くことはない」という判断（予測）が導き出されます。

安全保障からみた「情報」

国家の安全保障を考えるとき、情報は無視できない要素です。先ほどのスノーボードで明らかになったように、情報の判断を間違うと娘ではなくスキーのできないお父さんが週末にスノーボードすることになります。国家の場合、正しい情報資料を獲得することが重要です。そしてそれよりも重要なのは、得られた情報資料を正しく判断することだということが分かります。組織や国家などの運命を託された人にとって、どちらの行動をとるか、行くのかやめるのかなどを選択することは非常に難しい困難な判断であることがお分かりだろうと思います。

情報戦――桶狭間の戦い

日本の戦国時代には多くの戦国大名がいました。その人気投票の中で、世代や男女を問わず圧倒的に第一位となるのは、織田信長です。永禄3年5月、2万５０００の兵を率いて西進して来る今川義元の大軍を、若き織田信長は僅か２０００の兵力で桶狭間に打ち破り、敵将義元の首を取って敗走させました。

信長公記などの記すところによると、善照寺砦に入った信長は、大胆にもその先にある中島砦に移動します。その中島砦と云うのは、「孫子」が言うところの「死地（死に物狂いで戦わなければ生き残れない）」に当たります。二つの川の合流点の先端部にある小さな丘の上に作られた砦で、鷲津・丸根の砦がすでに今川方の手に落ちている状況では、砦の周りは敵軍で充満しており、包囲されると完全に殲滅されてしまう場所でした。しかも、敵からは丸見えの場所です。しかし、信長は敵の本陣に一歩でも近づくために、あえてここに兵力を集結させました。折からの豪雨で川の水かさが増し、付近の水田も沼沼化していて、敵が容易に攻めて来ないことを計算した上でのことでした。やがて、雨が小止みになり、急に空が晴れ上がってきた時、昼食休憩中の今川義元の本陣のある桶狭間へ一気に攻め込んだのです。

信長が奇襲に成功した最大の要因が「情報」です。戦いの前夜、ひたひたと寄せてくる今川軍を迎えて、籠城すべきか出撃すべきかの軍議を開くべきにもかかわらず、信長は清洲の城で部下の重臣たちと世間話の雑談をするばかりで軍議を開こうともせず、「もう遅くなった。皆も家に帰れ」と席を立ってしまう。彼は出撃と心に決めていましたが、それを口にすると敵の耳に入ることを警戒したのです。翌朝、信長は僅か五人の小姓だけを連れて城から駆け出し熱田に向かいます。それを知って部下たちが次々と集まってくる。この時、陣揃えなどしなかったのは、敵に情報が流れることを防ぐためでした。このように、彼は自らの意図や行動を敵の目から徹底的に隠しています。一方で、敵の動静を探るための探索網を張り巡らしていました。すなわち、簗田出羽守政綱に命じて、その部下を土民に変装させ進軍してくる今川軍と清洲との間に展開させ、逐一敵の動きを報告させました。義元が桶狭間で雨を避けて休憩しているとの報せを入れたのも彼らでした。戦後、信長はこの戦いの勲功の第一として簗田出羽を賞しています。戦場で義元を斬り、その首級を挙げた服部小平太・毛利新介らの勲功は第二としたのです。信長の奇襲成功は、その情報管理の緻密さによって作られたのです。

信長の情報戦をみると、「情報」には刻々と変わる敵や気象・地形の状況を知るための「情報」と自分の行動を敵に悟らせない「対情報」があることが分かります。情報は、自分が判断するためにどんな情報が必要かを決め、そのための色々な information 情報資料を収集し、それを分析して、ここぞというときに活用

情報収集の手段（ソース）

- HUMINT：Human Intelligence
- SIGINT：Signal Intelligence
- ELINT：Electroric Intelligence
- OSINT：Open-Source Intelligence
- IMINT : Imagery intelligence

するという情報活動が間断なく行われなければなりません。

　その手段は多様です。その代表的なものを紹介すると、ＨＵＭＩＮＴは、偵察やスパイ活動など人間が直接、見たり聞いたりした情報です。ＳＩＧＮＴは通信情報、ようするに相手の電話や無線やメールなどを盗むことです。ＥＬＩＮＴは、相手のレーダーなどの電波情報を解析して妨害電波を出せるようにすること。ＯＳＩＮＴとは、新聞情報や公刊情報など誰でもが入手できる情報から相手の行動を予測すること。ＩＭＩＮＴというのは、イメージすなわち偵察衛星などの画像を解析して、相手の位置や状況を把握することです。この様々な情報ソースから集めた情報を分析することが最も重要といわれています。

2　安全保障と情報活動

世界の情報活動の実態

　我が国は、「情報」という観点ではあまり褒められた国ではない、というのが定説になっています。それは日本人の国民性に起因するものです。単一民族で非常に真面目、集団行動を好み統制が採れている……このような民族ではなかなか情報の専門家が育ちにくいと言われ、指導者も正しい判断をすることができないと評価されています。

「情報」という観点で最も進んだシステムを構築している国家は、やはり米国です。米国には、色々な情報組織があります。細部について説明を割愛しますが、中でも有名なのは、ＣＩＡとＮＳＡです。どちらも大統領に直結する情報組織です。簡単に言えば、ＨＵＭＩＮＴはＣＩＡでＳＩＧＮＴはＮＳＡです。スパイ映画などでは、ＣＩＡが出てきます。確かにＣＩＡはスパイ活動をしているのですが、正規のＣＩＡ職員のほとんどは大使館職員などとして働いている分析官です。ＮＳＡは、全世界に通信傍受システムを構築していると言われています。自分の情報を隠すのが「対情報」ですから、あまり公表されていません。

　上の写真を見てください。白いレー

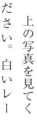

ダードームがいくつか見えます。真ん中左に屋根のある建物が見えますから、相当大きなドームです。写真の手前に見えるのは、金網が取り囲んだ巨大な装置で、通称「象の檻《おり》」と呼ばれる通信傍受システムです。実はこの施設は日本にあるのですが、皆さんは知っていますか？　この施設は、青森県三沢市にある米空軍の敷地内にあります。この装置がエシェロン（電話監視システム）とかプリズム（ネット監視システム）とかいわれる、通信傍受システムです。もっとも米国はエシェロンなどの存在を公式には認めていません。スノーデンという元ＣＩＡ職員が米国の情報監視システムを暴露して、一時期騒がれたことがありました。現在、スノーデンはロシアに亡命していると報道されていますが、米国から指名手配されている人物です。

我が国の情報組織

さて、我が国にも情報組織はあります。しかし、日本の場合、米国のような大規模で統一された組織は存在していません。特に日本全体、すなわち政府や民間を問わず、システムを監視し、異常を未然に防止するための統一の組織、施策は今のところありません。２０１５年日本年金機構の個人情報管理サーバーが外部の不正アクセスにより漏洩しました。年金加入者１２５万人分の個人情報が流出したといわれています。また、２０１８年にはコインチェックという仮想通貨を扱う企業が標的にされ５８０億円がネット上で盗難にあいました。世界の歴史の中でも最大規模の盗難事件だったことから世界の注目が集まり、その動向が注目されました。

このように、国家としての情報管理の甘さを露呈するような事件が起きましたが、その後も政府は大きな国家的施策をしていないように見えるのは気になるところです。日本の場合、対情報の観点で一般国民を対象とした秘密保護法・秘密防止法はありません。ですから、日本はスパイ天国であると言われています。スパイを取り締まる法律がないので、スパイは普通一般の窃盗犯のような扱いになります。情報は目に見えないものが多く、犯罪として立件することが難しく、また量刑も軽いものとなります。但し、特定の秘密に従事する政府職員や自衛官などは情報を漏洩すると厳しい罰を受けることになります。この辺りについても国民として議論すべきなのかもしれません。

サイバー攻撃、サイバーテロの実態

サイバー攻撃とは、サーバーやパソコンやスマホなどのコンピューターシステムに対し、ネットワークを通じて破

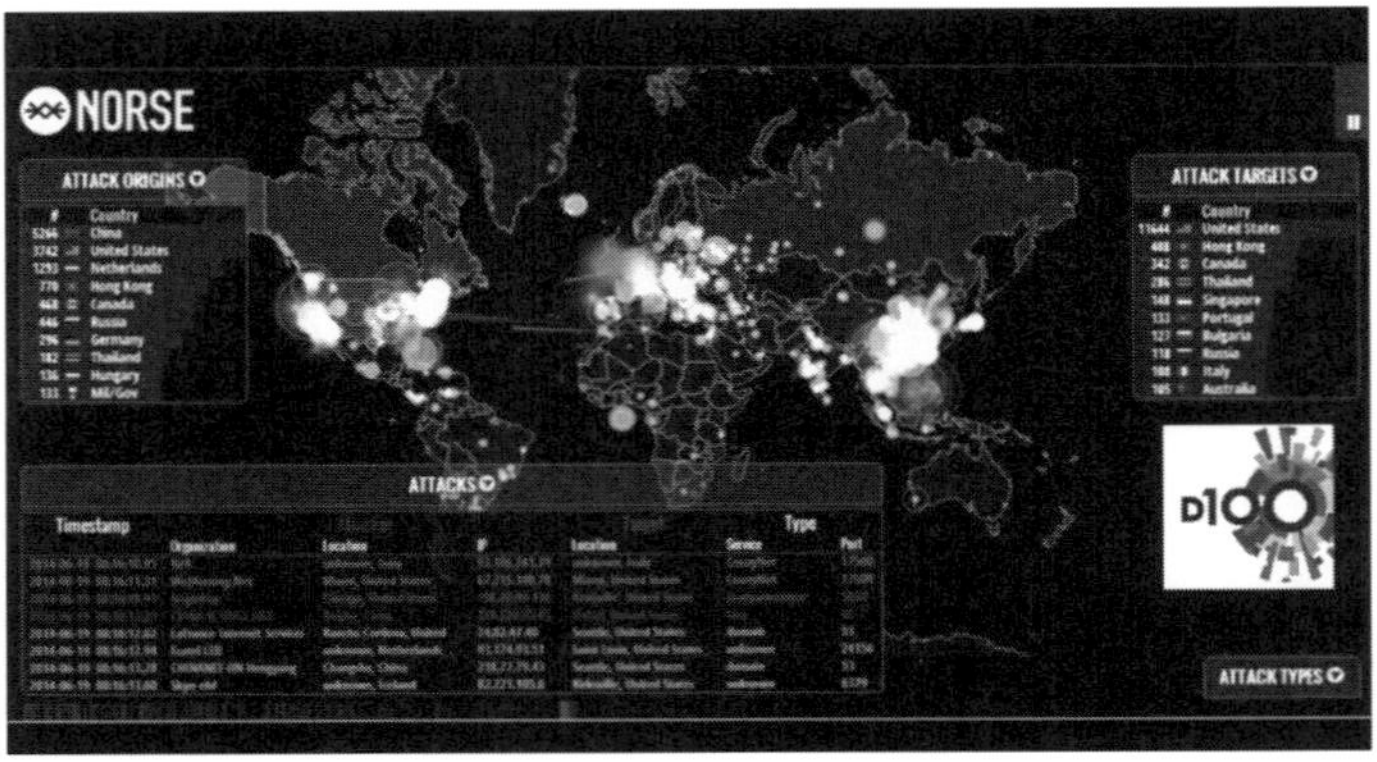

壊活動やデータの窃取、改ざんなどを行うことです。特定の組織や企業、個人を標的にする場合や、不特定多数を無差別に攻撃する場合があり、その目的も様々で、金銭目的のものもあれば、ただの愉快犯的な犯行も多いのが実態です。上の図は、「NORSE」という米国のセキュリティ企業が提供しているサイバー攻撃可視化ツールです。このサイバー攻撃可視化ツールの情報源は、「NORSE」が持つ様々なコンピューター機器に搭載されるアプリケーションを再現する８００万台以上のセンサーからの情報で、これらを集計してサイバー攻撃の情報を収集しています。画像を見ると、無数のビームのようなものがある国から別の国に飛んでいるように見えます。このビームはサーバー攻撃を表しており、発射されたところが攻撃元、到達した

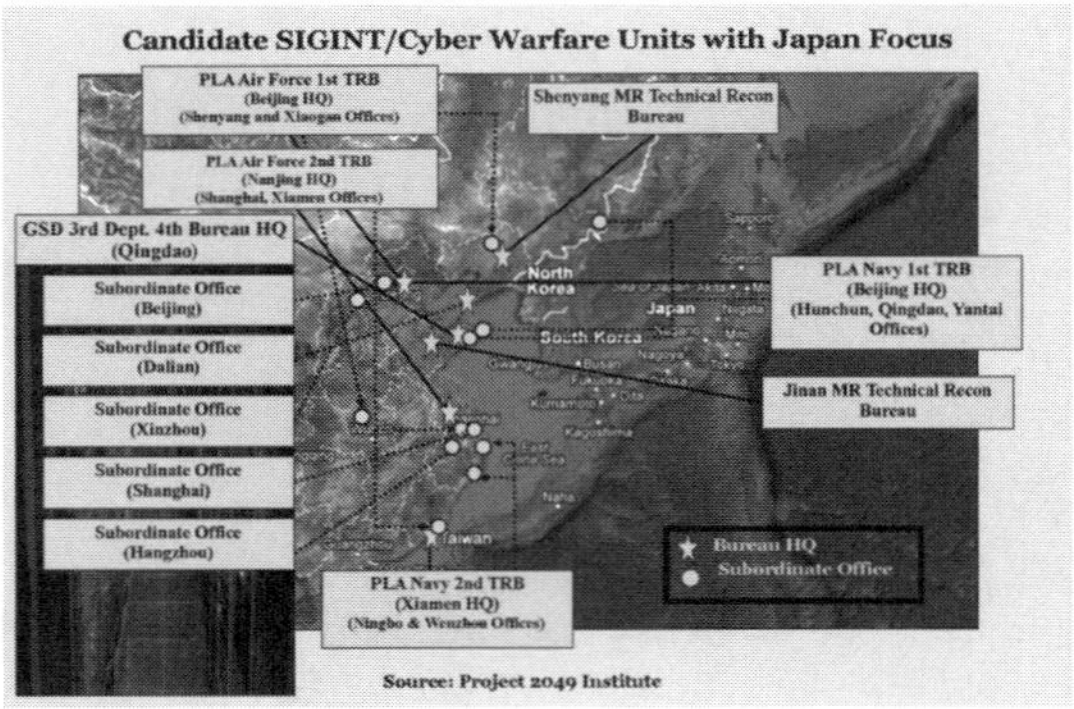

ところが攻撃先となっています。発信元として最も多い国が中国であり、最も多く攻撃を受けているのは米国です。

さて、日本に対してのサイバー攻撃の現状はどうなっているでしょうか。上の図は、Project2049という米国のシンクタンクが発表した日本に対する中

国のサイバー攻撃の組織を図示化したものです。Candidate SIGINT/Cyber Warfare Units with Japan Focusと表題がありますから、「日本への志向が予想される中国の通信傍受、サーバー攻撃の組織」と訳されます。これを見ると中国人民解放軍の総参謀本部3部4局（青島）を司令部として、空軍の第1技術偵察局（北京）や空軍第2技術偵察局（南京）、海軍の第1技術偵察局（北京）、同じく第2技術偵察局（厦門）などが日本に対してサーバー攻撃を行っている可能性が高いと指摘しています。このサイバー攻撃を行っている軍の組織は、未確認ながら総参謀本部第3部所属で要員数13万人、第8局まであり、米国、香港・マカオ、日本・韓国、ロシア、欧州・中東・アフリカなどをそれぞれが担任し、インターネットのハッキングやサイバー攻撃を仕掛けているとしています。また、隷下に第56研究所所があり、ここには世界最速のコンピューターがあると言われていますが、定かではありません。

　先ほど述べた日本企業や政府に対するサイバー攻撃、情報漏洩にどれだけ人民解放軍が関わっているかは確たる証拠がないのですが、米国のＦＢＩは、人民解放軍人を含む5名の中国人を国際指名手配しました。罪状は、被疑者5人が２００６～２０１４年に原発大手ウェスティングハウス、鉄鋼大手ＵＳスチール、アルミ大手アルコアなど5社と労働組合にサイバー攻撃を行い、商業上の機密情報を盗み取ったというものです。

　これに対し、中国外交部報道官は、起訴内容は「米国の捏造」だとして「起訴撤回」を求めるとともに、米中間で設置されたばかりの「サイバーセキュリティー作業部会」の活動中止を表明しています。

3 情報による軍事革命

軍事革命

　一般のビジネス社会でＯＡ革命が起こっているように、安全保障・軍事の世界でも革命的変換が起こっています。これを、ＲＭＡ：Revolution of Military Affairsと呼んでいます。具体的には、情報によって戦争の形態が変わってしまうということです。

　次頁の図はネットワーク中心の戦い方（Network Centric Warfare）を図示したものです。すなわち、陸海空の軍隊はもちろん、偵察衛星からドローン、地上のセンサーまで

ネットワーク中心の戦い方

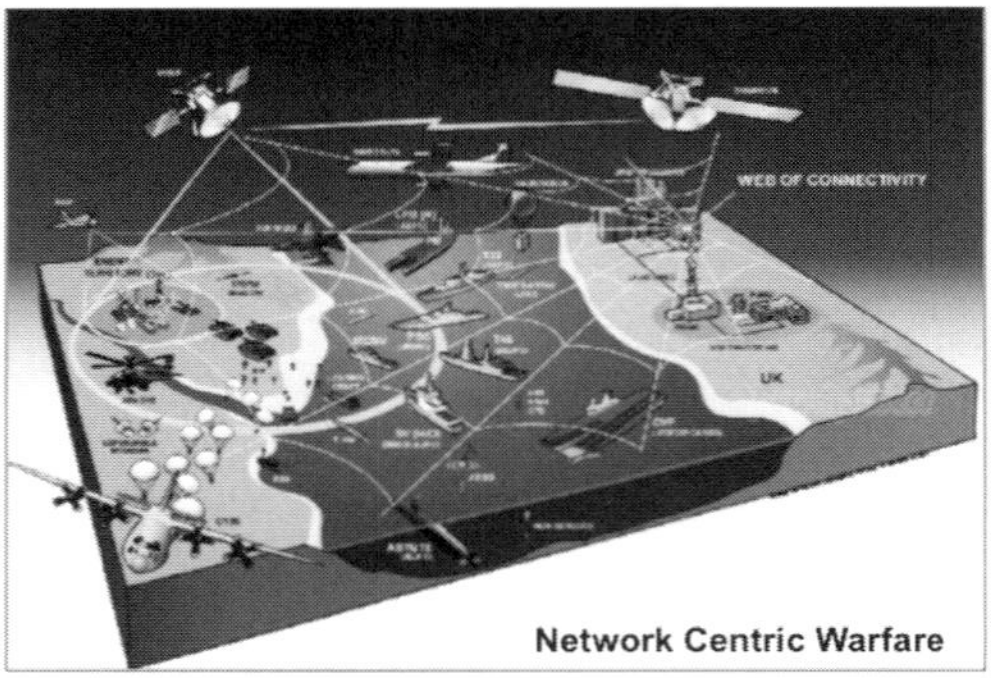

の情報収集手段を一括で管理し、その情報を短時間で処理し、軍隊を含む実行組織に連絡し、リアルタイムで作戦を遂行するようなシステムが現代の作戦なのです。

戦場はリアルタイムで監視され、現場の兵士が見ている映像を大統領が見ることも可能です。重要なポイントは、戦争がリアルタイムになったことです。現場の兵士が獲得した情報は、そこにいる指揮官を通じて上級の指揮官へと伝達されていきます。最終的に最高司令官まで報告され、審議され決断されて、また指揮階梯を降りていき、現場の兵士に伝達される。恐らく数時間から数日の時間がかかり、現場に指示が下されるころには当然状況が変わっているということになります。これが今までの軍事作戦の実態でした。ですから急を要するような状況ではあらかじめ指揮官の意図を伝え、権限を委譲しておくことが重要でした。

しかし現代では作戦は、ほぼリアルタイムで遂行されます。上の写真は、その象徴的な写真です。映っているのは、ホワイトハウスのシチュエーションルームです。左奥に座っているのがオバマ大統領、一番左がバイデン副大統領、大統領補産官と国務長官のヒラリー・クリントン、その横にケイシー国防長官が見えます。この写真は、9・11米国同時多発テロの首謀者、オサマ・ビン・ラーディンを米国がついに追い詰め、米特殊部隊が現地に突入した時の映像と呼ばれています。米国政府の重要閣僚が一堂に会して見ている

のは、現場の兵士のヘルメットに装着されたWebカメラが移す映像です。それを可能にしたのは、IT、科学技術の発達が絶対条件ですが、何よりも人間の組織が技術に合わせて変わっていく必要があります。「安全保障と科学技術」の回で見てきたように、戦場においても分散処理システムによりリアルタイムの作戦指導が行われており、この戦場のパラダイムシフトは我々のビジネスを変え、社会全体に大きな変革を起こしているのです。

情報の価値と知る権利

個人情報保護法により、個人情報は厳格に管理されるようになりました。同じ時期に「情報公開法」も成立しています。情報公開法とは、行政機関が保有する情報に、一般市民によるアクセスを保障する法律です。情報公開法が保障する「知る権利」にもとづき、一般市民が行政機関の保有する情報を請求し、これらの情報を自由に、また最小限の費用で得る権利があることが明文化されています。それでは、この「情報公開法」と「秘密保護法」が競合するような状態はどのように管理されるべきなのでしょうか？「知る権利」は、守らねばなりません。しかし「知る権利」によって情報を得た人には当然ながら、その情報を知ったことによって責任が生じることになります。「知る権利」と同時に「守る責任」があるのだと個人的に思います。皆さんはどのように思うでしょうか？

第19講

同盟戦略・日米同盟　(1)

同盟の歴史と同盟のジレンマ、２つの恐怖

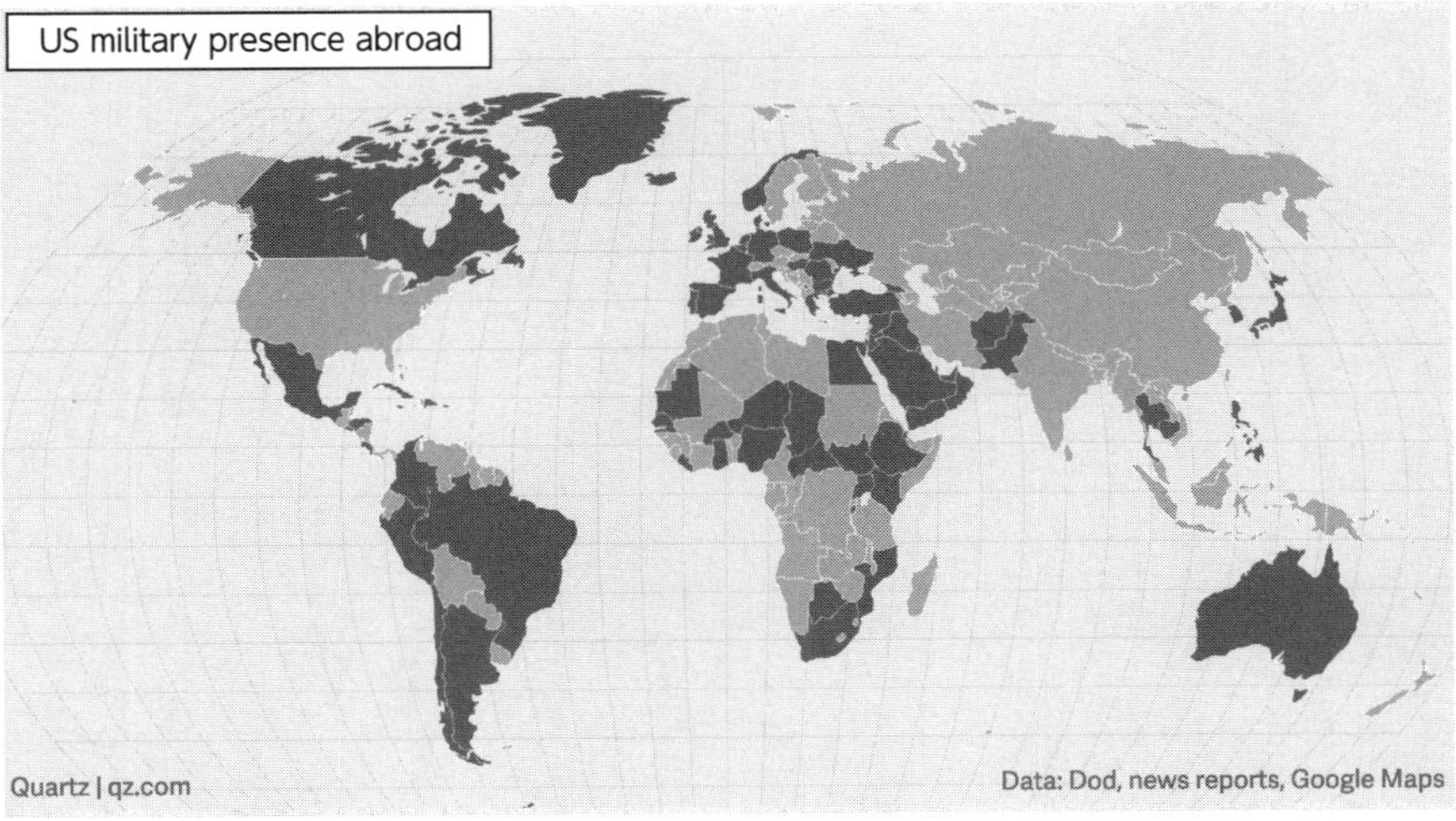

米軍の海外展開

（出典）米国防省の資料からQuartzが編集
https://qz.com/374138/these-are-all-the-countries-where-the-us-has-a-military-presence/

本日最初の地図は、この世界地図です。

この地図は、2015年の国防総省のプレスリリースを地図に展開したものです。海外に展開している米軍基地の数はおよそ800で、第2次世界大戦後、アフリカを除くほぼ全大陸に軍事同盟網をはりめぐらしました。その内訳は、米州相互援助条約（リオ条約―中南米22か国）、北大西洋条約機構（NATO―カナダと欧州24か国）、日米安保条約、アンザス条約（ANZUS―豪・ニュージーランド）、米・フィリピン相互防衛条約、米・韓相互防衛援助条約、東南アジア条約機構（SEATO―オーストラリア、ニュージーランド、フィリピン、タイ、英国、米国）、中央条約機構（CENTO―イギリス、イラン、イラク、トルコ、パキスタン、米国※）がそれです（※米国は、1958年にオブザーバー参加した以降実質的に機構を主導）。地図を見てわかるように、同盟国以外にも軍を展開させているのは、実際に作戦活動や軍事支援を行っているからです。しかし、米国は世界最強の軍隊を持っているはずです。何故、これほど多くの国と軍事同盟を結ばなくてはならないのでしょうか。

本日は、同盟戦略と日本とアメリカの同盟関係について考えてみたいとも思います。

1 同盟とは軍事同盟である

同盟とは

ブリタニカ国際大百科事典によれば、同盟とは次のようなものです。

「2つ以上の国家が外交、軍事、政治、経済上の盟約を行うこと。古くはギリシアの都市国家、イタリアのルネサンス期の自治都市その他にみられ、近くは北大西洋条約、ワルシャワ条約、日米相互協力安全保障条約などその数も多く、一般に締約国間の相互的武力援助を約束している場合が多い。同盟は『複数国が団結し、敵国または仮想敵国に対抗する勢力をつくり、それによってみずからの国家集団の安全を保とうとする組織』であり、一方では味方を明確にすることによってその加盟国を保護するが、他方では敵を明確にすることによって相手国を挑発、または対抗同盟を生み出す欠点をもっている」

このように同盟は、古代から国家間、地域間で頻繁に行われてきました。我が国も例外ではありません。同盟によって生き残った国もあれば、逆に滅んでしまった国もあります。世界史の中でも同盟の結びつきの強さや形態など、さまざまな同盟がありますが、先ず同盟のメカニズムを見ることにします。

戦力均衡戦略と追随戦略

同盟の目的は、敵対する国家から自国を守ることです。もし、自国の力が相手より劣っていた場合、基本的には同じような境遇にある他国と協力することが必要です。弱い国が集まれば相手と同じか、あるいはより強くなることで相手の侵攻を防ぐことができるからです。しかし、その協力関係は結びつきの度合いによって、協商や連合や同盟に分けられます。同盟という協力関係は、中でも一番強い状態を表わすもので、中身によりますがいわば運命共同体のような関係といえます。

実際の国際社会では、例えば内陸国か島国か半島国家などのように自国の置かれている地理的環境で大きく左右されますから、同盟の形態も国の置かれた条件によって様々です。このような環境を地政学的要因と呼ぶのですが、それぞれの置かれた環境に最適の戦略を選ぶことが重要です。その同盟戦略は、ふたつのタイプに分けられます。ひとつは、戦力均衡戦略：バランシングといいます。ふたつ目は、追随戦略：バンドワゴニングといいます。

バランシングは、相手と同等またはそれ以上の力を持つことによって戦争を抑止する戦略で、自国の軍事力と同盟する国の軍事力を合わせる主体的な戦略です。一方で、相手にとっては明確に脅威を明らかにする戦略であるため、相手国にも戦略の見直しや戦力の増強を促す結果となります。そのため、軍拡競争、エスカレーションに陥る可能性が高い戦略です。

一方のバンドワゴニングは、追随戦略と呼ばれます。バンドワゴンとは西洋のお祭りで見かける山車とともに歩く楽団のことです。山車が練り歩くと人々がそれに追随して大行列になるところからこの名前になりました。ですからバンドワゴニングは、比較的国力の小さな国が大きな力を持つ国と連携すること、あるいはより強大な連合の側に参加することで自国の安全を保障する戦略です。強い側につくわけですからバンドワゴニングでは、防衛力の節用ができ、すなわちお得な戦略といえます。一方で、力のある大国、すなわち親分の言うことを聞かなければならず、主体性はありません。さらに大きな国に何かあると、結果として巻き込まれることになるばかりでなく、いよいよとなったら切り捨てられる可能性もある戦略です。

2 歴史から見る同盟の危うさ

中国、春秋戦国時代の合従連衡

古代中国における戦乱の時代は、春秋戦国時代と呼ばれます。周王朝の後半期に区分される時代で、紀元前770年に周が東西に分裂してから、紀元前221年に秦が中国を統一するまでの、およそ550年に渡る期間を指します。

この時代の各国の関係を「合従連衡《がっしょうれんこう》」といいました。「合従」とは、覇権を狙う一番強い国に対して、周りの国が連携して同盟を結ぶことです。いわば、バランシングをはかることです。一方「連衡」とは、一番強い敵に攻められないようにその国に追随することです。いわばバンドワゴニングに当たります。

当時の中国では辺境の西にある「秦」が最も強く、しかも中央への進出、中国統一を狙っていました。その「秦」に対して「趙、燕、齊、楚、魏、韓」などの国家群がこれに対抗して同盟を結びました。さすがの秦も全ての国を相手にすることは出来ないからです。そこで秦は、「遠交近攻」という戦略を取ります。すなわち脅威の少ない遠い「齊」と「楚」に外交戦略で友好を持ち掛け、相手の同盟関係にくさびを打ち込んだ上で、近い「韓、魏、趙」を攻めるのです。結果的に「秦」は中国を統一することになります。すなわち形だけのバランシングは崩れやすいということです。

ヨーロッパにおける同盟

ポーランドは、10世紀に国家として認知され16世紀から17世紀にかけ東ヨーロッパでポーランド・リトアニア共和国を形成した広大な国でした。しかし18世紀から4度にわたり隣国のプロシア（ドイツ）とロシア（ソ連）によって分割され、消滅してしまいました。第一次世界大戦後、1918年にポーランドは独立を回復します。しかし、1939年ヒトラーのドイツとスターリンのソ連が秘密裏に独ソ不可侵条約を結び、9月1日、突如ドイツが西部国境を越えて侵攻します。さらに17日にはソ連が東部国境を越えて侵攻し、ポーランドは再び分割されてしまいます。

ポーランドは東にロシア、西にプロシア（ドイツ）という強国に挟まれている地政学上の特性を持っています。ですから自分で自分の国を守るのは非常に難しい。それで第1次世界大戦後は、英国とフランスという当時の2大強国と同盟を結びます。同盟ですから相互援助の協定です。もしドイツがフランスに攻め込んだら、ドイツの後方から脅威を与えてフランスを、そして海峡を挟んだ英国を支援することが必要でした。このためポーランドの兵力は守りというより西側国境を越えてドイツに攻め込むことを考えて国境沿いに集結していました。ドイツの機甲師団が国境を超えるとは思わなかったポーランド軍はあっという間に崩壊、首都ワルシャワに迫られてしまいます。この時、ドイツはポーランドに宣戦布告していません。相互援助協定を結んでいた英国とフランスは、ドイツに対して宣戦布告を行います。しかし具体的な軍事作戦を起こしていません。当時の英国チェンバレン政権は、ドイツがソ連に目を向けてくれることを願っていたようです。結果的にポーランドはまたも分割されていましまます。

このように見てみると、同盟を結んだだけでは国家は守れない、同盟を確実にするために普段から密接に連携する、すなわち見捨てられない努力が必要だということが分かります。

3　同盟の歴史――日本の場合

古代から中世へ

日本は島国ですから、昔から英国と同じように守りやすい国であると言われてきました。日本を攻めるためには、海を越えて渡ってこなければならないからです。

古代の日本は主として大陸及び朝鮮半島との関係において、戦略を考えなければならない地政学的環境にありました。4世紀から5世紀にかけて朝鮮半島の南部、現在の韓国の慶尚南道付近に任那という日本の領域があったという説があります。この地域には日本の近畿地方によくみられる前方後円墳なども多数あって、戦後しばらくは朝鮮半島に任那日本府があったと教科書にも書いてありました。その後、任那というような日本の領土はなかったとする韓国民族史観によって、その存在は曖昧なものになりつつあります。６６３年、天智天皇の時に唐・新羅連合軍と百済・倭国（日本）の連合軍が白村江という場所で戦った戦争がありました。現在の錦江河口付近にあたります。倭国の水軍は壊滅的な打撃を受けて敗退、日本は朝鮮半島における権益を失いました。その後、九州北部に唐（中国）の侵攻を防ぐための防衛施設が築かれることになります。いわば、百済と倭国（日本）は同盟関係にあったと言えるでしょう。

二度の元寇（弘安・文永の役）を経験した日本は、豊臣秀吉の時代に逆に朝鮮に兵を送ることもしました。しかしながら、近代以降の日本の防衛戦略は、どこかの強国と同盟関係を結ぶことを基本としました。その対象は、隣国の強国中国であり、そして近代以降はロシア（後のソ連）でした。

日英同盟――日露戦争勝利の最大要因

日英同盟は、１９０２年から１９２３年までの20年間に及ぶ日本と英国の軍事同盟です。その内容は、締結国が他国（１国）の侵略的行動（対象地域は中国・朝鮮）に対応して交戦に至った場合は、同盟国は中立を守ることで、それ以上の他国の参戦を防止すること、さらに2国以上との交戦となった場合には同盟国は締結国を助けて参戦することを義務づけたものでした。すなわち、日本がロシアと戦争になった場合、英国は好意的中立を約束するということです。

直接戦ってくれるわけではない同盟のメリットはどこにあるのでしょうか。ひとつは英国自身が中国に権益を持っていたことで、英国の利益が日本の利益となり得ること。また当時、最強の海軍を保有し、スエズ運河や南アフリカ、インド、シンガポール、香港を植民地としていた英国は、ロシアのバルチック艦隊の極東アジアまでの航海を妨害することにより日本海海戦を有利に戦うことを可能としました。戦争にはお金がかかります。英国が日本の軍事調達の後ろ盾になってくれたことは、日露戦争の大きな勝因のひとつと考えられています。日本は、日英同盟のまま第１次世界大戦に連合国側として参加するのですが、結果として日本は勝利し、国際連盟の常任理事国になるなど国際社会の一員として認められる要因となりました。

しかし、第１次世界大戦後、日英同盟を警戒した国がいます。どこの国でしょうか？　そうです、アメリカですね。日露戦争で終戦の仲介をしてくれた米国は、一転、日本の中国進出や東南アジア進出に警戒感を強め、英連邦の一員であるカナダをつかって英国に日英同盟破棄を働きかけます。実際は4か国協定という形での発展的解消なのですが、一対一の同盟に比較して4か国の同盟の結びつきが薄まりやすいのは想像するまでもありません。日英同盟が解消されたその後の日本は、新たな同盟戦略を模索せざるを得なくなりました。結果的に日本はナチスドイツへの評価を誤り、日独伊三国同盟を選択し、敗戦への道を進むわけです。

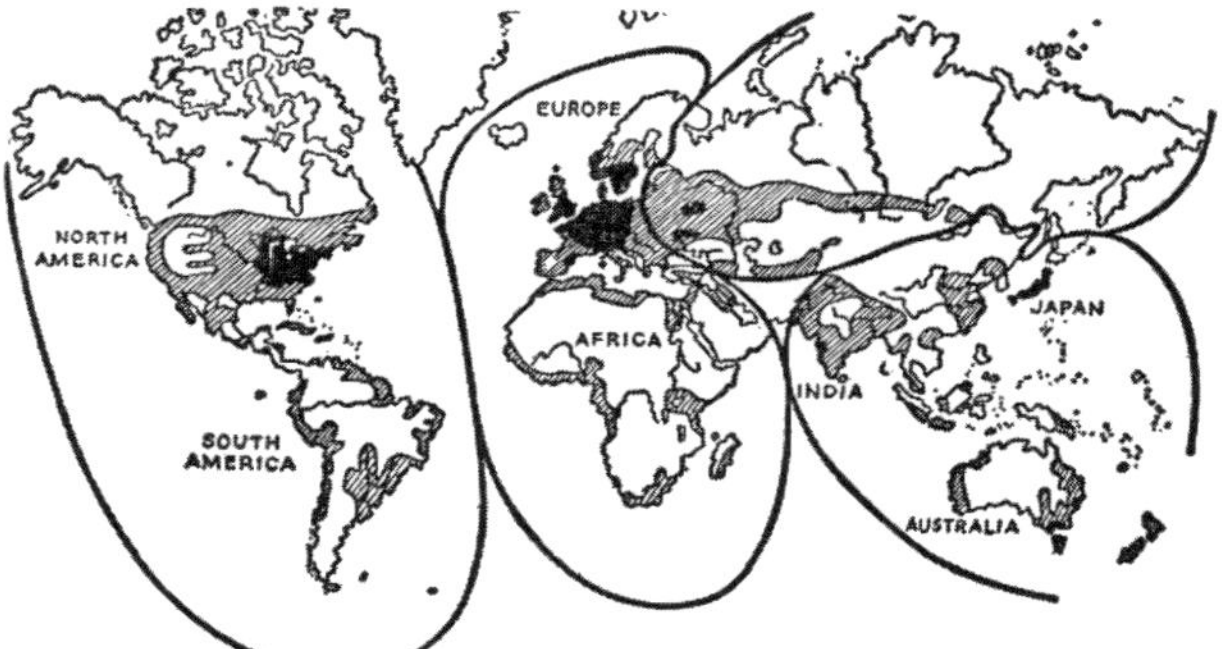

　日本がドイツとの同盟に積極的になった背景には、当時盛んに研究されていた「地政学」の影響があります。この時期、東京の在日ドイツ大使館に駐在武官として勤務していたのがハウスホーハーという軍人でかつ地政学者でした。彼は、上図にあるように世界は4つの地域に分割されるべきであるという「統合地域論：パン・リージョン構想」の発案者でした。図の左から①米国を中心とする地域 ② ドイツを中心とするヨーロッパ・アフリカ地域」③ ロシアを中心とするスラブ・ユーラシア地域 そして④日本を中心とするアジア・西太平洋地域です。ハウスホーハーは、この理論をヒトラーの前で講義したと言います。どうでしょうか、当時の覇権主義者にとってこの構想は極めて魅力的ではないでしょうか？この歴史的な動きについてはすでに見てきましたので割愛して、現在の同盟について考えてみましょう。

4　二極対立から多極化の時代の同盟戦略

冷戦間の同盟戦略

　冷戦は、一歩間違うと核戦争になるかもしれないという恐怖の時代でしたが、対立の構図は極めてシンプルでした。米とソ連のどちらにつくのか？それを決めればいいのです。しかし、最善の選択ができるとは限りません。米ソともに自国の戦略を推し進めるために関係国に圧力をかけた

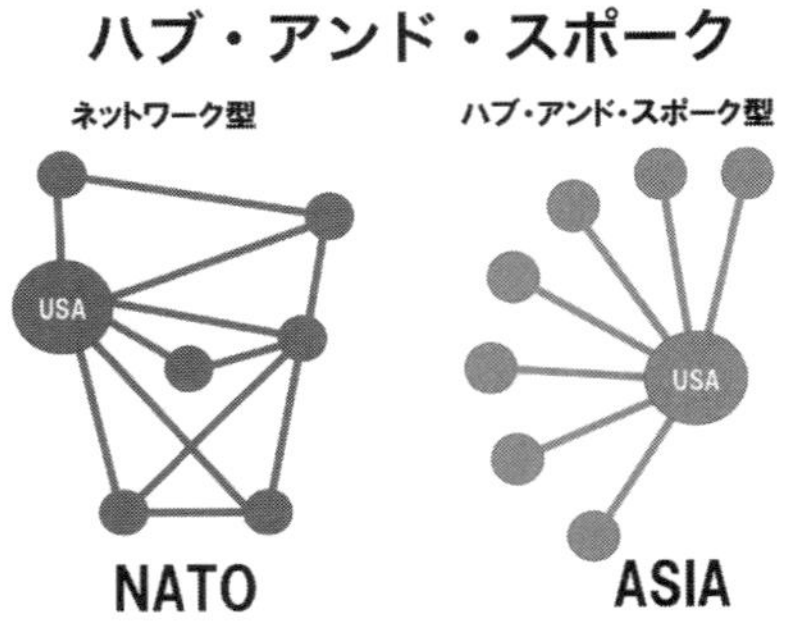

からです。しかし米国の同盟戦略はヨーロッパとアジアでは全く違っています。ヨーロッパにおける同盟の形態は上の左図にあるように、ネットワーク型です。すなわち、NATOは多国間条約で今日のテーマで言えば、バランシングに近い概念です。一方、アジアでは米国を中心に放射状な同盟関係で米国はそれぞれの国と二国間同盟を結び、関係国相互には連携がありません。これを自転車のタイヤに見立ててハブ・アンド・スポーク型と呼びます。この形はまさにバンドワゴニングの同盟であることが分かります。

この違いの元になったのは米国の地政学者スパイクマンの提唱した「リムランド構想」というものです。スパイクマンは、ユーラシア大陸の沿岸地域（リムランド）は、温暖湿潤な気候で人口と産業を支える国々が集中していることに着目し「リムランドを制するものはユーラシアを制し、ユーラシアを制するものは世界の運命を制する」とそれまでの地政学的常識を覆す理論を主張しました。細部の説明は長くなるので省略しますが、現在のアメリカ合衆国の国家戦略の背景にはこのスパイクマンのリムランド構想が色濃く反映されています。

日本は、アジアにおける冷戦構造の最前線に位置していました。このため戦後独立とともに日米安全保障条約に基づき米国と同盟関係を結びました。この日本の安全保障の考え方を当時の総理大臣の名前から「吉田ドクトリン」と呼びます。中国、ソ連、北朝鮮という東側勢力を前にして、過去の戦争の反省から、経済的成長を第一優先として、自由経済社会の一員として、米国の支援の下、経済復興を目指す。復興を達成した後も、経済的繁栄を維持するとともに、決して軍事大国にならないというものでした。そのため、必要最小限の防衛力を維持しつつ、米国と軍事同盟を強化し国家の平和と独立を守るというものです。日米安全保障条約の細部については、次回皆さんと考えることにしたいと思います。

冷戦後の同盟—多極化時代の同盟戦略

冷戦終了後の同盟は、二極ではなく多極化の安全保障となり、したがって同盟も多極化する世界の中で複雑な同盟関係となっています。

Newsweekという主に政治や経済などを扱う週刊誌があります。本社はニューヨークです。そこに、冷戦時代と現代の世界や社会情勢の違いを象徴する風刺画が掲載されたことがあります。冷戦時代のものは、トルーマン米大統領とスターリンソ連共産党書記長がミサイルを天秤にかけようとしている絵です。まさにパワーバランスです。それが冷戦後になると、ロシアのプーチン、中国の胡錦涛、オバマ、メルケルなど世界の首脳が石油のドラム缶の上に乗ってバランスを保っています。これもまた、パワーバランスを表わしています。しかし、冷戦時代のものが非常にストレートに米ソ対立を描いているのと対称的に、冷戦後の絵は、世界の現状を上手く描いているものの、決してストレートに本質を表わしてはいないのが分かります。要するに冷戦後の対立や同盟は、非常に複雑で理解が難しいと言えるのかもしれません。

米、ロシア、EUなどと同じく、現在の多極化の一極を担うのが中国です。いまや米国に次ぐ第2の経済大国になった中国は、経済力や軍事力の観点で無視できない力を持っているといっても過言ではないでしょう。しかし、中国には米国のように多国間、あるいは二国間の同盟関係が見られません。現在、明確なのは北朝鮮とカンボジアくらいでしょうか。ここに中国の大きな弱点があると説く人もいます。一方で2014年、中国は「一帯一路」というアジアからヨーロッパ、アフリカにまたがる経済圏構想を発表しました。シルクロード経済構想ともいわれていて、「一帯」とは海のシルクロード、「一路」とは陸のシルクロードを表わしています。海のシルクロードと呼応するように中国は、海南島から南シナ海、マラッカ海峡、インド洋地域を経てスエズ運河をつなぐ地域に中国の海上交通路を作ろうとしています。これをその形から「真珠の首飾り」といいます。「『真珠の首飾り』は、中国の南シナ海、マラッカ海峡、インド洋、ペルシャ湾までの港と空港へのアクセスの増加のための努力、特殊な外交関係の構築、近代化した軍事力の伸張を通した地勢的な影響力の向上の兆候を表している」とアメリカ国防総省部内報告書にあったことからこの言葉が定着しました。また、中国は、「一帯一路」構想の資金的裏付けとしてＡＩＩＢ（アジアインフラ投資銀行）を提唱し、57か国が創設メンバーとして発足しています。これには域外のアフリカ諸国やカナダ、そしてドイツや英国など欧州各国も参加しています。米国はこの銀行に参加していません。そして日本はアジアで唯一この銀行に参加していません。同盟には安全保障という政治的な結びつきとともに経済的な相互援助協定のようなものもあり、いわば新たな同盟の在り方と見ることもできます。昨今の米中貿易戦争と呼ばれる経済的対立の陰には、世界のリーダーシップを巡る戦いもあるようです。ご存知のように米国は、一時期、「環太平洋経済パートナーシップ（Trans-Pacific Partnership Agreement：ＴＰＰ）」構想を主導していましたが、トランプ大統領の就任後この協定から離脱しました。ＴＰＰは加盟国の間で関税障壁を撤廃して自由貿易を推進することが目的ですが、経済的な結びつきは結果として国と国との結びつきを強める結果となり、それが安全保障分野にも影響することになります。

5 同盟のジレンマ ―二つの恐怖

巻き込まれる恐怖と見捨てられる恐怖

同盟には常にジレンマがついて回ります。すなわち、同盟国の「戦争に巻き込まれる恐怖（リスク）」と同盟国から「見捨てられる恐怖（リスク）」です。

一つ目のジレンマは、自分たちが関わりたくない問題に、同盟国によって巻き込まれる恐れがあるということです。例えば、アメリカがどこかで紛争を起こした場合、それに日本が巻き込まれる恐れがあるということです。したがって、冷戦間の日本はそのことを絶えず心配し、どうすれば巻き込まれないようにすることができるかということを考えてきました。

ふたつ目のジレンマは、同盟があるにも関わらず、いざというとき同盟国が守ってくれないかもしれない、見捨てられるかもしれないというジレンマです。極論をいえば、紙に書いた同盟（条約）はそれだけのものだということです。

世界の歴史を見れば、有史以来、同盟を結んだあらゆる国々は、このジレンマの相克に悩みながら自国の安全保障について政策を立案してきたといえるでしょう。成功例も、失敗例も多くあります。ではどうするのか？ 紙に書いた条約を確固なものとするために、必要な努力を払わなければならないということになります。同盟の信頼性を向上させるという努力です。冷戦後、日本の防衛議論の中で、「日米安全保障条約の信頼性の向上」という言葉が頻繁に出てきます。まさに同盟のジレンマをどのように克服するか、色々と知恵を絞らなければならないのは、この同盟のジレンマを乗り越えるためだと言えるでしょう。

冷戦間は、米ソの二極体制の下で、例えば、ソ連が日本の北海道に侵攻しようとすれば、それは直接アメリカの脅威となることから、間違いなく日本を守ってくれたわけです。しかし冷戦後は、ふたつ目のジレンマがより現実的なものとして浮上しました。同盟国の行動によって、自分たちが関わりたくない問題に巻き込まれるというのは、日本が心配しているだけではなく、米国も同じように心配しているということです。

冷戦後の安全保障環境の変化

冷戦終結を受けて最もドラスティックに変わった地域は、ヨーロッパです。NATOはまだ存続していますが、冷戦期のNATOは、ソ連東欧圏の脅威に対抗するものでした。現在は、ロシアに対抗するというよりはヨーロッパ＋北大西洋地域全体の安全保障機構と変化しました。本来であれば、共産圏に対する防衛を目的とする軍事同盟であったわけですから、冷戦が終了し対立するワルシャワ条約機構の解散と同じ時期に消滅してもおかしくありませんでした。NATOが存続を続け、さらに加盟国を増大させているのは、現状肯定という以外にいわゆる「バスに乗り遅れない、乗っているバスからは自分だけは降りない」という心理が働いているものと思いわれます。1990年、NATO加盟諸国は「ロンドン宣言」を発表、ワルシャワ条約機構を敵視することを放棄すると宣言しました。結成当時のNATOの目的は大きく変化したので、現在のものを「ニューNATO」という場合もあります。東欧民主化によって成立した東欧諸国、ソ連解体に伴って成立したバルト三国などが相次いでNATO加盟を申請するようになると、ロシアはNATOが新たにロシアを敵視するのではないかと反発しました。

1997年、NATO諸国首脳がロシアのエリツィン大統領との間で「ロシアを敵視しない」という「基本文書」に署名、その結果東欧諸国のNATO加盟が実現しました。

このように現在のNATOは、「北大西洋」地域の安全保障にとどまらず、国際連合とOSCE（全欧安全保障協力機構）のもとで、民族紛争や人権抑圧、テロに対して、平和維持に必要な軍事行動を行うことを主体的に行っています。その最初の行動が1999年のコソボ紛争でのNATO空軍のセルビア軍に対する空爆であり、アフガニスタンへの治安出動です。

しかし、2014年のウクライナ危機では、NATOは集団安全保障機構から、かつてのソ連に対抗する軍事同盟という性格を復活させ、対ロシアの軍事行動に対する集団的自衛権の行使へと進む気配を見せており、注目されています。

アジアのジレンマ

劇的に変化したヨーロッパの安全保障環境に比べ、アジアは冷戦が終了しても大きな変化が起きませんでした。二つの中国、二つの朝鮮はそのまま存続しています。いわゆる冷戦構造が継続しているわけです。したがって日米安全保障条約はじめ、米国とアジア各国の同盟関係は変わらず維持されています。しかし、その中身は変化しています。アジアの同盟、特に日米同盟については次の回でもう少し詳しく見ることにしましょう。

第20講

同盟戦略・日米同盟　(2)

日米同盟のメカニズムと将来

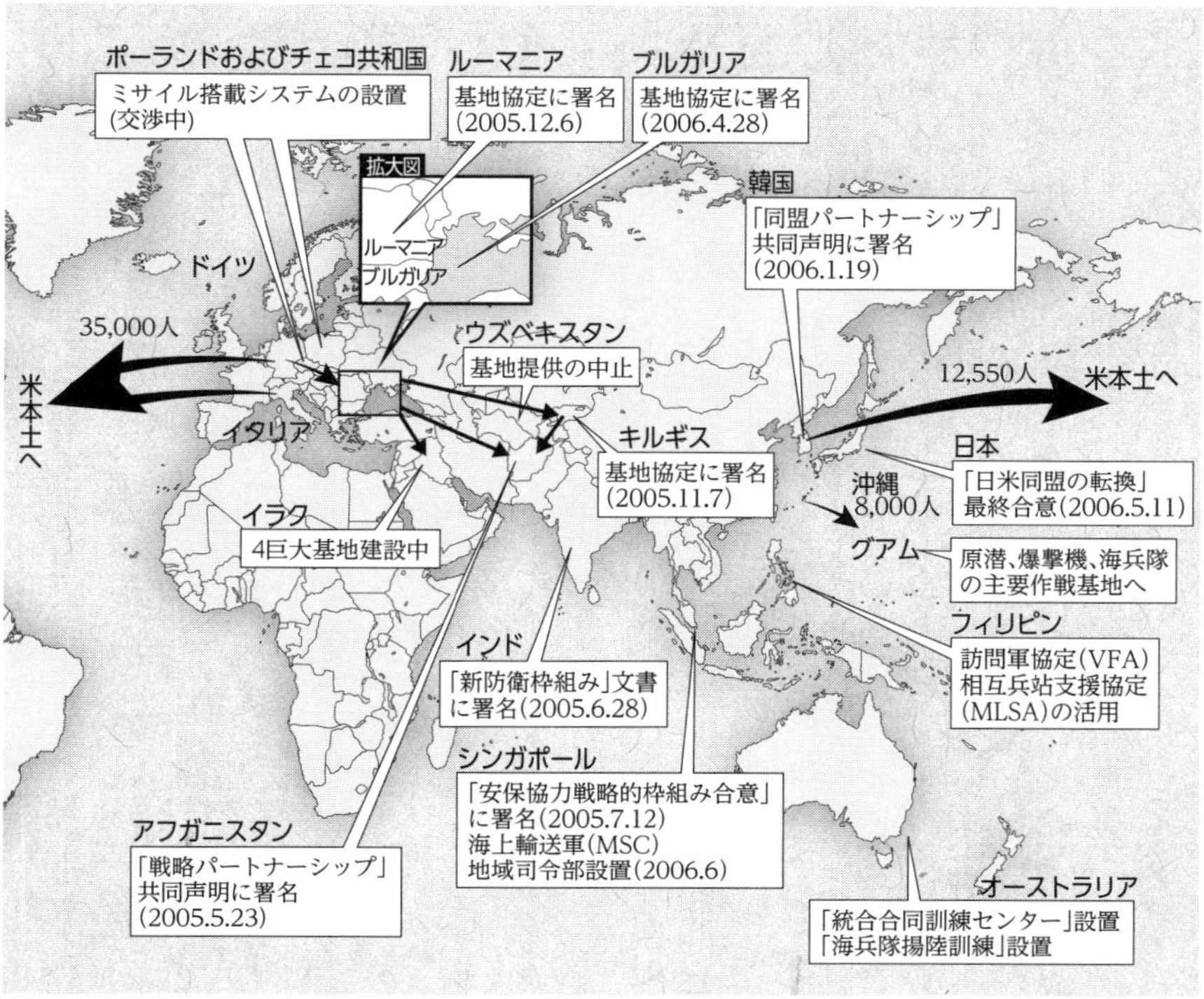

米軍の世界的再編

（出典）岩波ブックレット「米軍再編」（梅林宏道著）の図を元にピースデポが改訂。

本日最初の地図は、この世界地図です。

この地図は、最近米国が打ち出した米軍の世界再編、通称リバランスと呼ばれている米軍の再編成、再展開を地図に展開したものです。ヨーロッパから大西洋に大きな黄色い矢印が向けられています。ヨーロッパの脅威の低下を受けてＮＡＴＯ軍の一部が米本土に帰ることを表わしています。同時に朝鮮半島にある米軍の一部が太平洋を渡って米本土に向かう矢印もあります。その下、沖縄からさらに小さな矢印がグァムに向かっています。沖縄においても米軍再編が行われているのです。

この動きは、２０１１年米国オバマ大統領がオーストラリアを訪問した際に、アジア・太平洋地域を「最優先事項の一つ」と述べたことを端緒に、米軍の配備再編成などが具体化されたものです。ここではリバランスという用語を使い、米国がこれまでの世界戦略を見直して、その重心をアジア・太平洋地域に移そうとする軍事・外交上の政策の転換を表わしました。オバマ大統領は、共和党政権との争点として大統領選において国際協調を掲げ、就任後は軍事・外交上の国際戦略としてイラクからの部分撤退などとともに、このリバランスを打ち出しました。アジア重視なのに、なぜ朝鮮半島や沖縄から部隊を撤退させるのか？　皆さんは不思議に思いませんか？　結論から言えば朝鮮半島や沖縄では近すぎるということなのです。誰に対して？　そうですね、中国に対して安全保障戦略上の配置としては近すぎる、だから少し距離をおこうということで、アジア重視ということは変わらないのです。

本日は、米国の新しい安全保障戦略と同盟国である我が国・日本との関係を中心に同盟とは何かを考えたいと思います。

１　米国の世界戦略

ＱＤＲに見る米国の安全保障戦略

米国はこれまで、自分の国の国家戦略や安全保障戦略などを積極的に公表しています。このように国家の戦略を明らかにする理由は、本当に強いものだけができることですが、自国の国民（議会）に対する情報公開という意味もあります。また、開かれた民主主義という意味合いもあると思います。同時に敵対する相手国に対して自らの力やその力の使い方を明らかにすることで相手に考えさせるという観点があると同時に、相手に対して手の内を見せるように迫っているともいわれています。

そのアメリカの国防省が4年に一度発表するのがＱＤＲ：Quadrennial Defense Review（4年毎の国防計画の見直し）と呼ばれるものです。このＱＤＲは、アメリカ国防総省が戦略目標や、潜在的な軍事的脅威について分析した報告書で、米国の国防方針を表すものとして最も主要な公文書であるばかりでなく、敵対する国はもちろん同盟国にとっても米国の安全保障戦略の考え方を知る上で最も重要なもののひとつです。

最近のＱＤＲ２０１４を見てみましょう。ＱＤＲ２０１４のキーワードは「リバランス」です。重点を移し、態勢を変更するということですが、中身は大きくふたつあります。ひとつは、米軍の配備を大幅に減らし、その分をアジア・太平洋地域で大幅に増強する。もうひとつは、陸軍を減らし、海軍、空軍を増強するというものです。米国のアジア重視、すなわち対中国シフトの防衛戦略の方向性は、１９９０年代から示されていましたが、アフガニスタン・イラク戦争、中東の激動のため米軍の関心は二正面でした。その状態は今も変わらないものの、２０１１年オバマ大統領の政権になって以来「アジアへの旋回」を打ち出し、中国包囲戦略の重大なエスカレーションを行うようになりました。ＱＤＲ２０１４では中国を意識しつつ実は書きぶりは中国に相当配慮した内容でしたが、２０１７年12月に公表された国家安全保障戦略では、トランプ政権は「中国とロシアはアメリカの権力、影響力、利権に挑戦し、国家の安全と繁栄を侵害しようとしている。経済をより不自由、不公平にし、軍隊を成長させ、情報とデータを制御して自らの社会を抑圧し、影響力を拡大する決意をしている」と言明しています。ロシアはともかく中国をこのように記述するのは初めてのことです。２０１９年になってトランプは中国に対して25％の関税を引き上げたり、HUAWEIに対して制裁を課したりすることで米中貿易戦争が起きているという声も聞きます。

米軍の前方展開戦略

次頁の図は、米軍が海外に展開している国家を色分けで表わした地図です。濃い色の国が１０００人以上の部隊が配置されている国家でＮＡＴＯ、中東、極東アジアに集中しています。これを前方展開戦略と呼んでいます。前

米軍の前方展開戦略

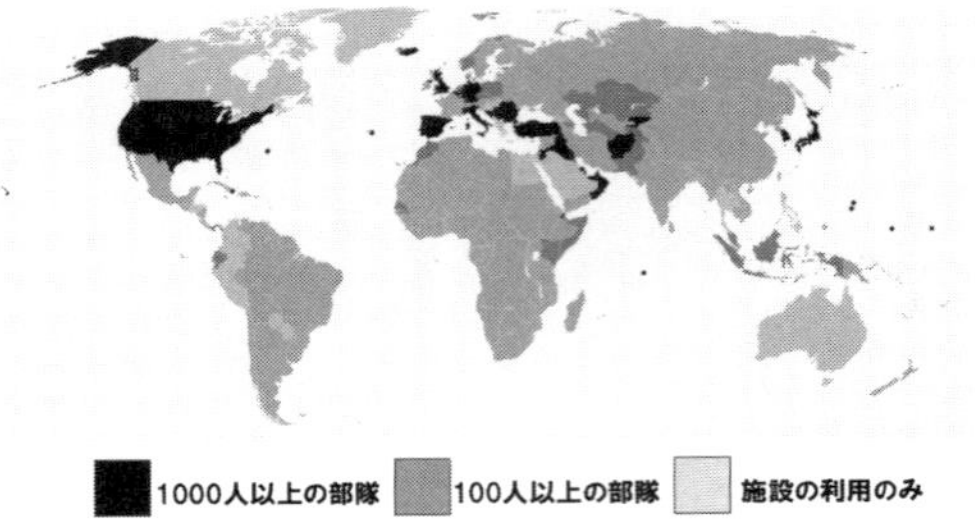

方展開戦略は、第二次大戦後の冷戦期に米国が採用した軍事戦略で、欧州や東アジア・太平洋地域の友好国に駐留軍を配置し、敵対関係にあった旧ソ連による侵攻や威圧を抑止するというものでした。しかし、冷戦後になって「アジアにおける米軍のプレゼンスは、侵略を抑止するという重要な役割を果たし、事態発生後のより大規模で、経費を要する米国の対応の必要性を度々軽減する。今日、抑止力は朝鮮半島などの地域においては引き続き重要である。アジアにおけるプレゼンスは、この重要な地域における米国・同盟国及び友好国の利益を守るという確固とした決意を示すもの（ＥＡＳＲ：East Asia Strategy Report）」と変わっています。紛争が起こって大規模な米軍を海外に送り出すためには、膨大なお金と時間がかかる。前歩展開戦略は経済的であり、冷戦が終わっても引き続き有効だというのです。

　では、実際にどれだけの米軍が海外に展開されているのでしょうか？　それが上の表で、２０１６年度の米軍の国別在外兵力（人）を表わしています。見た通り、軍人の人員数でみれば、日本が一番多いのです。ドイツや韓国は削減の傾向にありますが、在日米軍の人員数はほとんど変化していません。日本が一番米軍を受け入れている理由は、脅威や国際情勢の変化だけではありません。日本が米軍の駐留経費を肩代わりしているからです。これを当時の日本政府は「思いやり予算」といいましたが、この額も圧倒的に日本が一番です。因みに次頁の資料は、赤旗新聞が掲載した２００２年の駐留経費の受け入れ国負担の比較で、古い資料なのですが他に良い資料がなかったので引用しました。これは在日米軍反対の立場から書かれている記事の説明資料ですが、

米軍の国別在外兵力（上位10カ国）

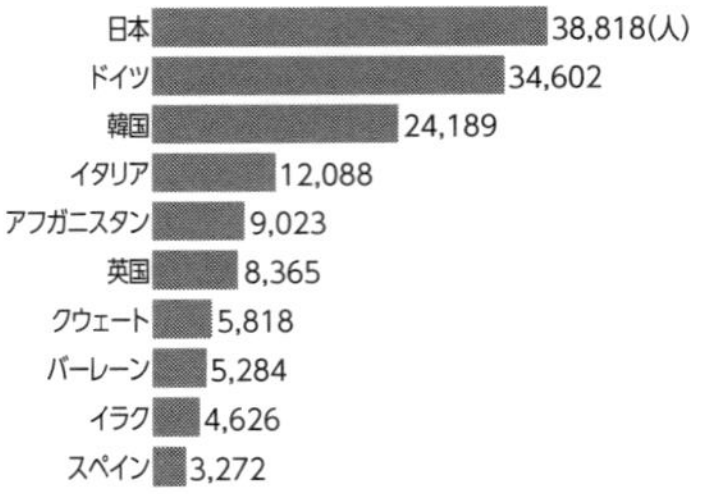

※2016年9月末現在。予備役軍属などは除く。米国防省は17年3月末現在の最新データを公表しているが、傾向に大きな変化はない。

データが正しいので、活用させてもらっています。注意してほしいのは、括弧内の数字%です。日本の場合は74・5%、ドイツは32・6%、韓国は40・0%となっています。これは駐留経費全体のどれだけを負担しているかという数字ですが、これも日本が最も多く、4分の3を負担しています。当然これらの経費は国の予算、すなわち皆さんの税金であることを念のために申し添えておきます。

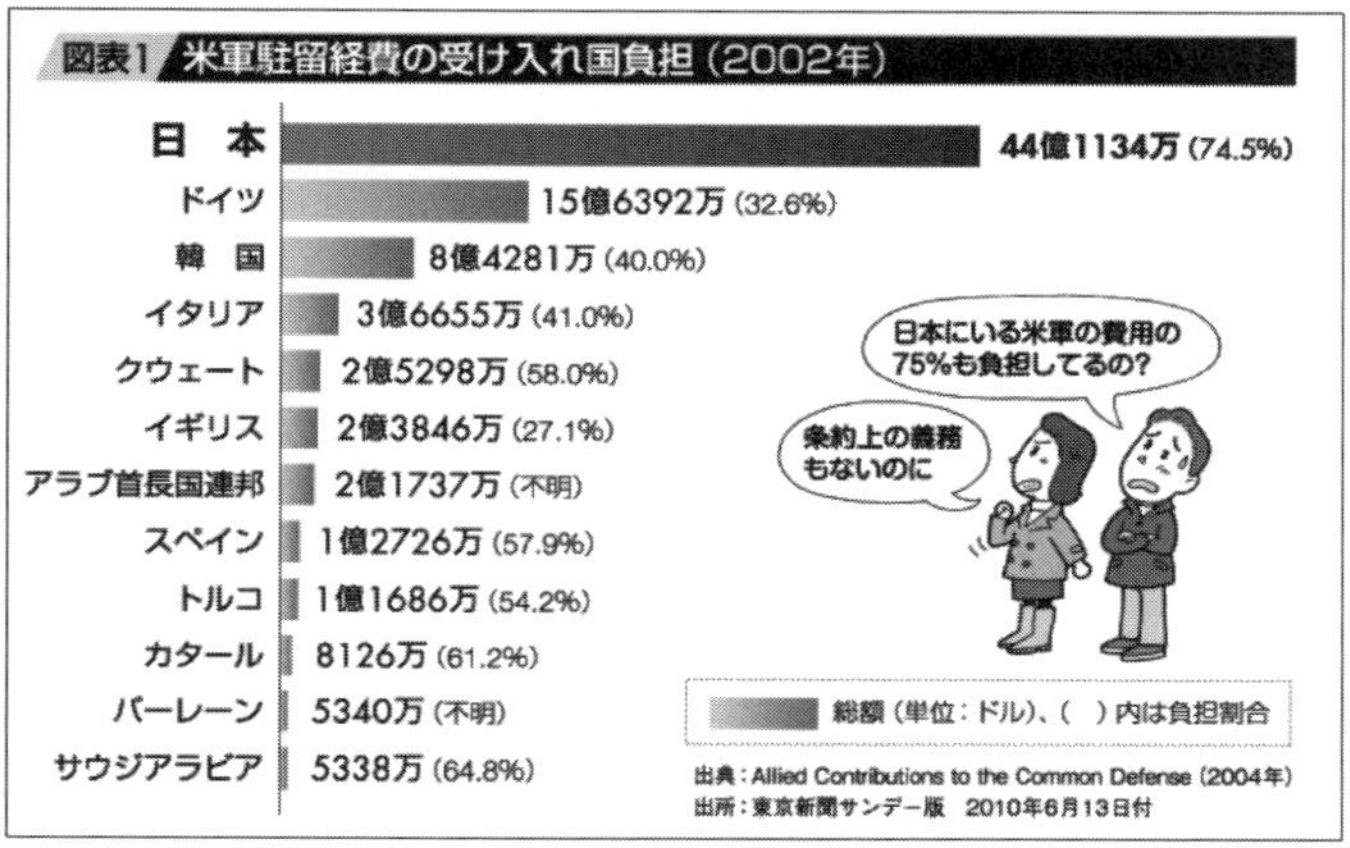

次に、日本がそのような負担をしている日米同盟、日米安全保障条約の中味を見ることにしたいと思います。

2 日米同盟

ふたつの日米安全保障条約

日米安全保障条約と名前を持つ条約は、実はふたつあることを皆さんは知っているでしょうか？「え？日米安保条約はふたつあるの？」という問いはもっともです。現在、我々が知っていて、現実に米国と結んでいる条約はひとつです。歴史的に見ると、ふたつあるということです。

一般的に、日米安全保障条約は、旧条約と現条約に区分できます。皆さんが知っている条約の正式名称は、「日本国とアメリカ合衆国との間の相互協力及び安全保障条約 Treaty of Mutual Cooperation and Security between the United States and Japan」です。旧条約の正式名称は、「日本国とアメリカ合衆国との間の安全保障条約 Security Treaty Between the United States and Japan」です。

わたしとしては、現日米安全保障条約を論じる上で、その成立過程をしっかりと押さえておくことが極めて重要だと考えます。その最初となった出来事は、日本が第2次世界大戦で米国をはじめとする連合国に敗れ、無条件降伏したことにあります。大戦後、しばらくの間、日本は連合国によって占領されていました。これを占領統治といいます。その統治権を持っていたのが連合国極東最高司令官マッカーサー元帥です。ですから日本は、なるべく早く連合国の占領統治から脱却し、独立を勝ち取らねばなりませんでした。さて、日本の独立はいつのことだったでしょう。それは１９５２年（昭和27年）のことです。ですから日本は約7年間、占領されていた歴史を持っているのです。独立するためには、それまで日本と戦争していた連合国各国と平和条約を結ぶ必要がありました。１９５１年（昭和26年）９月８日に全権委員によって署名された条約がサンフランシスコ講和条約です。

日本は無条件降伏して戦争に負けたのですから、もう戦争をする気持ちなど全くなかったはずです。どうしてこんなに時間がかかったのでしょうか？ 国内的要因と国際的要因のふたつがあります。当時、日本国内では「単独講和」か「全面講和」のふたつの講和論がありました。すなわち、米国を中心とする連合国側と講和するのが「単独講和」、中国やソ連も含めたすべての紛争国と講和するのが「全面講和」です。当時は既に米ソの対立が鮮明で、「単独講和」を選ぶことは、「共産主義陣営を仮想敵国とした日米軍事協定にほかならない（全面講和論者の都留重人や日本共産党）」であったからです。戦後占領下で行われた衆議院選挙で共産党は35議席を獲得、非常に発言権を持っていたのです。

そしてこの時、アジアでは別の戦争が起こっていました。朝鮮戦争です。日本は米軍の占領下で、朝鮮戦争を経験したわけで、日本駐留の米軍が朝鮮半島に移動した後の力の空白を埋めるために、マッカーサー元帥は、自衛隊の前身である「警察予備隊」を創設させました。結果的に日本が選択する道は、単独講和しかなかったと思いますが、この講和条約とセットで米国と結んだのが「旧日米安保条約」です。

旧日米安全保障条約（１９５２年）

講和条約と一緒に結ばれた旧日米安全保障条約の中味を見てみましょう。

前文で、この条約は、「防衛用の暫定措置として、日本はアメリカ軍が日本国内に駐留することを希望し」「アメリカ合衆国も日本が独自の防衛力を向上させることを期待」していると書かれています。その上で、「日本は国内へのアメリカ軍駐留の権利を与える。駐留アメリカ軍は、極東アジアの安全に寄与するほか、直接の武力侵攻や外国からの教唆などによる日本国内の内乱などに対しても援助を与えることができる（第1条）」としています。この条約には、①条約の期限が無いこと、②日本防衛義務が明言されていないこと、③駐留以外の援助の可能性に触れていること、そして、④日本国内の擾乱への対応への言及があることなど、対等の関係国同士の条約とは思えない内容もありました。

そして条約と同時に日本に駐留している米軍に関する政府間協定も締結されます。それが行政協定（地位協定）と呼ばれるものです。地位協定とは、「日本に駐留する米軍の円滑な行動を確保するため、米軍による我が国における施設・区域の使用と我が国における米軍の地位について規定したもの」で、通常外国軍が他国で活動したり駐留したりする時に結ばれるもので、決して日米安全保障条約に限ったものではありません。例えば、米国はドイツに駐留するNATO軍と地位協定を結んでいますし、もちろん日本と同じように韓国とも地位協定を結んでいます。米国は世界に展開する軍隊ですから、多くの国と地位協定を結んでいます。

日本の自衛隊はどうでしょうか？　海外で武力行使することがない訳ですから、日本が海外の国と地位協定を結ぶことなどないと思いますか？　実は日本も地位協定を結んでいます。ソマリア沖海賊対処のため、日本はジブチに活動拠点を設立しましたが、その際、ジブチ政府の間に地位協定を結んでいます。ですから、問題は地位協定そのものではなく、その中身がどうであるのかということです。旧日米安全保障条約に基づく行政協定は、1960年安全保障条約が改定されて現安全保障条約になった後も現在の地位協定として継続されました。その中身は後程見ることとして、現在の日米安全保障条約を見てみましょう。

現日米安全保障条約

現在の日米安全保障条約の全文を見てほしいと思います。冒頭から、「日本国及びアメリカ合衆国は、両国の間に伝統的に存在する平和及び友好の関係を強化し、並びに民主主義の諸原則、個人の自由及び法の支配を擁護することを希望し」となっており、旧条約と比較すると基本的に対等な国同士の相互援助条約であることが一目瞭然です。

前文の後段には、旧条約になかった個別的または集団的自衛権を有していることが書かれています。この国連憲章51条の規定に基づいて、第5条に「日本国の施政の下にある領域における、いずれか一方に対する武力攻撃が、自国の平和及び安全を危うくするものであることを認め、自国の憲法上の規定及び手続に従って共通の危険に対処するように行動することを宣言する」とあります。すなわち条約の範囲は、あくまでも日本有事の場合だけを想定されています。

では、日本の領域以外はどうなるのか、それは条約の第6条にこうあります。

「日本国の安全に寄与し、並びに極東における国際の平和及び安全の維持に寄与するため、アメリカ合衆国は、その陸軍、空軍及び海軍が日本国において施設及び区域を使用することを許される。前記の施設及び区域の使用並びに日本国における合衆国軍隊の地位は、１９５２年2月28日に東京で署名された日本国とアメリカ合衆国との間の安全保障条約第三条に基づく行政協定（改正を含む）に代わる別個の協定及び合意される他の取極により規律される」

ですから、日本に駐留する米軍は日本の防衛のためでもあり、同時に極東アジアの平和と安全の維持のために日本に駐留するのであり、そのために旧条約と同じような地位協定を結ぶという仕組みになっているのです。ですから、条約上日本と米国の間には、①日本が侵略された場合および、②極東アジアで紛争が起きた場合のふたつの事態を想定した条約であること、現在の地位協定は、日米安全保障条約の第6条に基づく協定であることが分かります。

地位協定

地位協定の正式名称は、「日本国とアメリカ合衆国との間の相互協力及び安全保障条約第六条に基づく施設及び区域並びに日本国における合衆国軍隊の地位に関する協定、U.S.-Japan Status of Forces Agreement：SOFA」です。その中身を見ていきましょう。

日米地位協定を説明するために、どの米軍基地にもある掲示板のことをお話ししましょう。たとえば、東京と埼玉の県境にフェンスに囲まれた在日米軍の施設があります。広い野原に二つの高い鉄塔が立っています。その金網には「警告：在日米軍基地、基地司令官の許可なくこの施設に立ち入ることは法律違反である。不法な立ち入りは日本国法律によって罰せられる」との掲示板が張られています。しかし、中を覗いても鉄塔以外何もありません。この場所は、埼玉県和光市南地区と呼ばれる地位協定により米軍が排他的に占有する地域です。もともとこの地域には終戦後米陸軍第8軍団や第1騎兵師団が駐留していたキャンプ・ドレイクと呼ばれる広大な米軍基地がありました。1958年第8軍団が韓国に移駐し、陸上自衛隊朝霞駐屯地や各省庁の学校・施設などが設置されるとともに多くが地元に返還され公園や学校・市役所などに生まれ変わっています。東京のベッドタウンとして宅地化が進む中で、この一角だけがいまだに米軍施設として残されています。

わたしが若い頃は、英語の勉強のため、米軍の極東放送FENを聞くとよいと教えられたものでした。現在はAFN：American Forces Networkという名前に代わっていますが、米軍の放送局です。いま紹介した和光市にあったのがこの放送局で、これも地位協定に基づくものです。

現在の日米安全保障条約は対等な国家間の条約であると述べましたが、地位協定は違います。その細部は以下のとおりです。①裁判権：公務中の場合、第1次裁判権は米国が保有する、②基地・施設の利用は排他的権利を有する、③外国人登録：軍人は適用除外、④基地・施設の返還に伴い原状復帰の義務はない、⑤航空特例法の適用除外　⑥電波法の適用除外などなどです。

①については沖縄における少女強姦殺人事件で日本の世論は沸騰し、沖縄における特別行動員会（SACO）に繋がりました。⑥はまさに米軍極東放送のことです。

このような米軍の地位協定は、日本以外の国でも同じなのでしょうか。第2次世界大戦での敗戦国、ドイツとイタリアと比較するとどうでしょうか？ドイツもイタリアも戦後、米軍の駐留を認め地位協定を結びました。その内容はおおむね日本が結んだ地位協定と差がありません。しかし、冷戦後になってドイツ、イタリア両国は協議の結果、大使館の土地以外の管理権を取り戻しました。ドイツには未だに米軍が駐留していますが、米軍の排他的権利は制限されていることは注目したいことです。一方で日米地位協定は、1960年の安全保障条約改定以来、運用改善という形で一部の施設・土地の返還はあったものの、協定そのものは一言一句変わっていないことを指摘したいと思います。別にドイツやイタリアに比べ、日本の役人や担当が怠けていたとか、米国にすり寄っているということでは決してありません。ヨーロッパに比較して、日本を取り巻く環境が改善されていない、むしろ新たな脅威が高まっていることにその原因があると言えます。

この地位協定を具体的に協議する実務者協議の場が、日米合同員会と呼ばれるものです。そのメンバーは、日本側代表が外務省北米局長、アメリカ側代表が在日米軍司令部副司令官、その他、日本側は法務省大臣官房長、農林水産省経営局長、防衛省地方協力局長、外務省北米参事官、財務省大臣官房審議官からなり、その下に10省庁の代表から25の委員会が作られています。アメリカ側は駐日アメリカ合衆国大使館公使、在日米軍司令部第五部長、在日米陸軍司令部参謀長、在日米空軍司令部副司令官、在日米海兵隊基地司令部参謀長からなる組織です。すなわち米側は主として占領軍当時の軍人で、日本側は各省庁の官僚です。この中に政治家や制服自衛官は一人も入っていません。

3 日米安全保障条約の環境の変化

ソ連封じ込め戦略と日米ガイドライン

1952年以来、日米は安全保障条約を締結し、同盟関係にありました。もし日本にどこかの国が攻めてきても条約があるのだから大丈夫だ、と皆さんは思うでしょうか？前回の講義で見たように条約というのは所詮紙切れに過ぎないという歴史上の事実を見てきました。ですから、日米安全保障条約の信頼性を高めるために、これまで日米は何をしてきたのか気になると思います。しかし、実は1977年までの30年間近く、米軍と自衛隊は具体的な施策や行動を何もしていないのです。どうしてでしょうか？1977年と言えば、米国がベトナムから撤退した年に当たります。ベトナムで米軍が負けるまでは、日本はどちらかというと戦争している米国とはなるべく接触したくないと思っていた節があります。すなわち日本(特に日本政府)は「巻き込まれる恐怖」にとらわれていたと言えます。

1970年代の後半から極東ソ連軍の拡大と近代化が進みました。極東軍管区という統合軍が創設され、海軍と空軍の増強が図られました。ソ連が当時取っていた戦略が近海の聖域化であり、オホーツク海や日本海北部を自国の内海にすることでした。太平洋艦隊が創設され、空母ミンスクが太平洋に進出し、カムチャッカ半島の太平洋岸にあるペトロパバロフスクに原子力潜水艦基地が建設されたのもこの時期です。このため、日本の三つの国際海峡、すなわち宗谷、津軽、対馬の各海峡の戦略的重要性が高まりました。極東ソ連軍が限定的に北海道・東北北部に侵略するのではないかと米国、日本の軍事専門家が分析するなど、極東アジアにおいて緊張状態が高まっていました。その結果、日本が「巻き込まれる恐怖」よりも、「見放される恐怖」にとらわれだしたのです。米国がカーター大統領の平和人権外交からレーガン大統領の対ソ強硬戦略に変わったのを受けて、1978年、日米両政府は「日米防衛協力のための指針」、いわゆる「日米防衛ガイドライン」を策定することになります。このガイドラインは、条約上の取り決めを具体的な協力へと押し進めるものでした。

日本の自衛隊の防衛力整備が進んだのもこの時期に相当します。航空自衛隊が当時最先端であったF-15戦闘機の取得を開始し、海上自衛隊が対潜哨戒能力向上のためP3C対潜哨戒機を取得し、陸上自衛隊が北海道に近代的な師団を創設・改編した時期に当たります。そして、日米安全保障条約の信頼性向上のため、日米共同作戦計画の研究、作成が始まり、日米が有事を想定して共同訓練を開始するようになりました。

その後、時代とともに日米ガイドラインも変化していきます。最初の変化は、ソ連の崩壊と北朝鮮核開発問題への対応でした。現在のガイドラインは、テロ対策や中国の軍事的拡大などへの対応にシフトするガイドラインになっています。そして、平和安全法の成立で限定的な集団的自衛権の容認に伴い、新たな日米防衛協力の検討が今進んでいます。

集団的自衛権の行使へ向けて

これまでの日米同盟、日米防衛協力の歩みを振り返れば、言葉では色々と表現できるものの同盟の実態は、決して対等のものではなかったと分析できると思います。それは、日米双方にとっての論理的な結論でした。米国は対等な同盟国として日本を見ていないのか？という疑問を持つ方もいると思います。しかし、米国の一部にはいまだに

「瓶のふた論」というものがあります。「瓶のふた」とは、日本を再び軍事大国にしないという意味で米国は瓶のふたのように日本を閉じ込めておくのだという理論です。それは、戦後間もなくのことで昔のことだという人もいるでしょう。しかし、1990年3月ワシントンポスト紙に日米関係の歴史に残る発言が載っています。在日米海兵隊ヘンリー・C・スタックポール司令官による次のような発言です。

「もし米軍が撤退したら、日本はすでに相当な能力を持つ軍事力を、さらに強化するだろう。誰も日本の再軍備を望んでいない。だからわれわれ（米軍）は（軍国主義化を防ぐ）瓶のふたなのだ」

冷戦終結前後の米国民向けの発言とはいえ、このように思う軍事専門家は多いのです。もちろん、当時の日米両政府は、この考えに反論しました。しかし、日本を放置すれば再び日本は世界にとって脅威になるのだという考えは、アメリカ人にとって根深いものがあると思います。一方で、米国の知識人・財界人の中には「日米安全保障ただ乗り論」もあります。この考えは、「瓶のふた」論と正反対です。

米国のトランプ大統領は、不動産王だった頃にニューヨークタイムズ、ワシントンポスト、ボストングローブという米有力三紙に、「ドナルド・J・トランプからの公開書簡」という全面意見広告を出しました。トランプは、このために9万8000ドルあまりを支払ったと伝えられています。ここでトランプは、日本に対して容赦ない批判を浴びせかけています。「何十年にもわたって、日本や他の国々は米国を利用してきた」、「私たちはペルシャ湾防衛の苦労もずっと続けてきた。米国にとって原油供給面で大して重要でもない地域であり、むしろ日本や他の国々にとって死活的な地域であるのに」、「米国が彼らのために失った人命や何百万ドルを、彼らはどうして支払おうとしないのか」、「世界中が、米国の政治家たちをあざ笑っている。自分のものでもない船が、私たちに必要のない原油を運び、手助けをしようともしない同盟国に向かっているのを、守っているからだ」という内容の意見広告です。

トランプ大統領は選挙期間中に「日米安保ただ乗り論」を何度も持ち出すのですが、それは大統領選を有利に戦うというよりも、そもそもの彼の持論なのだということ我々は覚えておく必要があると思います。

第21講

非政府組織：ＮＧＯと安全保障

ＮＧＯ（民間）の可能性と限界

本日最初の地図は、ワールド・ビジョン（World Vision）という国際ＮＧＯ団体の活動状況を表わした地図です。ワールド・ビジョンは、１９５０年にアメリカ合衆国で設立された国際ＮＧＯ団体です。このＮＧＯは、キリスト教精神に基づいて緊急人道支援、開発援助、政策提言を行っていて、世界中の約90か国に事務所があり、２００８年は総額約26億米ドルを集めたと公表しています。１００円／１ドルとしても２６００億円の寄付金を集めたわけで、相当な力をもっているＮＧＯです。皆さんは、きっとこの映像をテレビのＣＭで見ていることと思います（参照：https://www.youtube.com/watch?v=XouFZVCiA9I）。なかなか心揺さぶられる映像です、本日は、非政府組織ＮＧＯを含む、国家以外の組織が安全保障にどのように関わっているのかについて見ていきたいと思います。

1 非政府組織：ＮＧＯとは何か？

ＮＧＯとＮＰＯ

これまで安全保障を考える上で、国家を主体に見てきました。本講義では、すでに国家やその主権や領域について見てきました。しかし、時代とともに国家以外の主体、すなわちＮＧＯや国際的企業が安全保障に深くかかわる傾向が強くなってきました。その概要について見ていきたいと思います。

その前に、ＮＧＯなどの定義を見ておきましょう。ＮＧＯとは非国家組織（Non Government Organization）の略称です。また似たような言葉でＮＰＯという略称がありますが、これは非営利組織（Non Profit Organization）のことです。ＮＧＯとは、もともと国際連合が国際会議に出席する政府以外の民間団体を指す用語として使い始めました。この中には営利団体（企業など）と政治団体（政党など）を除いた様々な民間の非営利団体（経営者団体、宗教団体、消費者団体、女性団体、労働組合、協同組合など）が含まれています。今日ではもっと幅広く、地球的規模の課題（開発・環境・人権・平和など）を解決するために非政府かつ非営利の立場で活動している団体を指して用いられています。これらの組織は、宗教団体や消費者団体など他の非政府組織と区別して「国際協力ＮＧＯ」などと呼ばれています。したがって、ＮＧＯに対比する概念は、国家や国際機関であり、ＮＧＯに対比する概念は営利企業や営利団体

（宗教法人など）となります。すなわち、ＮＧＯとＮＰＯは概念の違うもので並んで比較するものではないということになります。多くの国際的なＮＧＯはほとんどがＮＰＯですから、ＮＧＯ＝ＮＰＯのように思われがちですが、ＮＧＯじゃないＮＰＯもあるわけです。

さて、ＮＰＯであるＮＧＯは、非営利の組織ですから利益をあげてはいけないと思っていませんか？ 決してそうではありません。利益を出してはいけないとか、無償のボランティア活動を行うという意味ではなく、利益は団体の活動のために使い、団体の構成員（理事、会員、スタッフなど）には分配しないということです。但し、当然役員の給与は除かれることが多いと言われます。ＮＧＯ、ＮＰＯの細部については、後程あらためて見ていくことにして、どんなＮＧＯがあるのか大雑把につかんでおきましょう。

国連憲章上のＮＧＯ

国連憲章第10章第71条：「経済社会理事会は、その権限内にある事項に関係のある民間団体と協議するために、適当な取極を行うことができる。この取極は、国際団体との間に、また、適当な場合には、関係のある国際連合加盟国と協議した後に国内団体との間に行うことができる」とあります。先に話した通り、国連憲章の外務省訳にはところどころ違和感がありますが、この「民間団体」という用語は「non government Organization」でまさに「非政府組織」です。ですから最初のＮＧＯの概念は国連憲章に求めることができます。国連ＮＧＯの中でも国連と協議資格を持つＮＧＯのことを通常国連ＮＧＯと呼びます。この規定は、国連経済社会理事会決議（1996/31）に基づくものですが、現在では数えなれないほど（２００以上）のＮＧＯがリストアップされています。

これらのＮＧＯは内容によっては理事会や総会にアドバイザーとして参加を認められています。したがって様々なＮＧＯがあり、その種類や活動内容もまったくさまざまです。国連では、「政府間協定によって成立したものでない組織で、営利団体、政党、基金などを除く国際団体を協議取り決めの対象とした組織」と定義しています。また、「政府が任命したものを含んだＮＧＯにしても、そのことによって表現の自由が妨げられないことが条件」とされています。ですからＮＧＯとは特定の国家の言いなりになるようではいけない。あくまでも非国家であることが大前提です。

国際協力NGO

安全保障の観点からは、いわゆる国際協力NGOを見る必要があります。2015年米国の Global Journal 誌によって、世界中の約2000の団体を対象として行われた調査にもとづきNGOの世界ランキング「TOP500 NGOs 2015」が発表されています。その上位10、すなわちTOP10を見てみましょう。

1位：国境のない医師団。説明は不要だと思いますが、フランスが設立国です。2位がBRACで主として開発途上国の開発支援を行うNGOです。3位はデンマークの難民支援NGO。4位はグラミンというバングラデシュの貧困層に対する無担保・低金利の貸付銀行です。説明するとやや長くなるのですが、チッタゴン大学教授であったムハマド・ユヌスが銀行サービスの提供を農村の貧困者に拡大し、融資システムを構築するための可能性について調査プロジェクトを立ち上げたことが最初です。彼は、銀行の創設者となり1974年、バングラデシュで飢饉があった際、42の家族に総額27ドルという小額を融資をしました。それは高金利のローンによる圧迫で小額の支出にも金貸しに頼らざるを得ないという負担を無くすためのものでした。そのような少額融資（金利は年率20％近く複利ではなく単利で、利子の総額は元本を上回ることがない）を多くの人が利用できるようになって、バングラデシュの農村にはびこる貧困に対して良い影響を及ぼすようになったと報道されています。冒頭で紹介した World Vision は第10位にランクインしています。残念ながら日本のNGOはこの中に入っていません。なお、500位までで見れば、18個の日本のNGOがランクインしています。

2　何故、NGOなのか？

国家の限界、NGOの可能性

近年の国際NGOの活動の拡大の背景には、情報通信技術や交通・輸送手段の発達があります。国内で少人数で細々と活動していたNGOはインターネットSNSを通じて情報発信することで多くの人々の共感や寄付受けを可能としたのです。従来の大きなNGOが宗教的なものが多かったのは、宗教上の博愛主義も一因かもしれませんが、何より教会や寺院などの宗教上のネットワークやインフラを最大限に活用することができたからです。自分たちと同じ活動をしている国内外のＮＧＯと連携したり、連合を作ったり、その傘下に入ることでＮＧＯは拡大・進化を続けたのだと言えるでしょう。

一方で冷戦の間、世界は二極に分かれて対立し、国連も常任理事国の拒否権などで迅速に国際社会に対応することが制度的に難しかったのは事実です。国家が手出しできない国際関係の中で、ある意味国家を超越した存在であるＮＧＯはその活動の範囲を広げていくことができました。冷戦後の現在では、国家・政府単独では解決できない問題にＮＧＯは主導的な立場で活動しています。例えば、環境問題、人権問題、貧困対策、子供の教育、女性の社会的進出など、ＮＧＯは国家の限界を超えて活動できる力とノウハウを蓄えてきました。

下の写真は、ミャンマー（現在のビルマ）に学校をつくるＮＧＯのポスターです。

ミャンマーは、１９４８年にイギリス連邦を離脱してビルマ連邦として独立しました。しかし、１９６２年３月２日にネ・ウィン将軍が軍事クーデターを起こして大統領となり、ビルマ式社会主義を掲げました。アメリカとのＭＡＰ協定を破棄し、アメリカが国民党軍へ支援していることをやめさせる代りに、ビルマ共産党の麻薬ルートに対する軍事行動を約束、軍事支援を取り付けました。しかし、１９６６年から始まった中国の文化大革命の影響を受け、１９６８年９月24日にビルマ共産党の幹部が暗殺され、次第に中国の影響下に入るようになりました。現在、国家指導者であるアウンサン・スーチーの自宅監禁など、ミャンマーは長い間国際社会から民主化について強い圧力を受け、経済支援も期待できない状態が続いていました。そのような状況下でもＮＧＯはミャンマー国内での活動を継続していたのです。

一方で、地球の温暖化や海洋汚染問題などは一国が努力しても解決困難であり、全地球的な規制や基準作りが欠かせないのですが、国連内や国家同士の話し合いは、結局のところ双方が譲らず妥協の産物となりがちです。しかし、NGOは国境や国際条約に縛られません。また、国益や面子にもこだわりません。そこに問題があり、苦しむ人がいて、支援が望まれるならばどこにでも入っていく柔軟さときめ細やかさを持っています。ある意味、草の根の活動ですが、それこそがボランティアリズムと言えるものです。NGOの可能性はそこにあると言えます。

国際政治の実態、NGOの限界

しかしながら、現状においてNGOは限界を抱えていることも事実でしょう。ウェストファリア体制という言葉は、皆さんはもう十分に理解しているでしょう。国際社会は基本的にアナーキー（無政府状態）であり、国際社会における主権国家が不可侵であり、そして強いものが勝つという力が支配する世界です。このような現実の中でNGOが自由に活動すると言っても限界があります。貧困や教育や人権などで国際NGOが献身的な活動を継続しても、国家や国境の壁は厚いというのが現実です。NGOを支えているのは、理想主義的な人々ですが、極めて現実主義的な実利行動の前で、時折NGOの活動はもろさを露呈することがあります。即応性はありますが、継続性や強靭性には欠けます。

多くのNGOのボランティアが紛争地帯で銃弾や暴力に巻き込まれ、命を失うことも多くあります。NGOの現地要員の安全管理やリスク管理も大きな問題です。現在では紛争地帯で活動するNGO要員を守るために民間の警備会社が同行することが増えています。何故なら、PKOに属さない民間のNGOは、PKOの部隊が守ってあげられないケースがあったからです。いわば傭兵に守られて行うNGO活動があるべき姿なのかどうか議論も起きています。もちろん、民間の警備会社を雇えばお金もかかりますし、困っている人のために予算を有効に使いたいと思うNGOも多いと思います。そのようなリスクが多くなれば、NGOに参加する人を確保することは難しくなっていくことが予想されます。

最後に付け加えるならば、NGOの限界というよりも、特定の宗教との強すぎる結びつきのあるNGOは、献身的である反面、偏りもみられるという特性を有しているのではないかと危惧されています。日本人は宗教色の薄い人々です。しかし、宗教は博愛的であると同時に他宗教に対しては時に排他的になることもあるのだと認識する必要もあるのではないでしょうか。

3 国際ＮＧＯの概要と行動の実態

巨大ＮＧＯ

アメリカのジョン・ホプキンス大学が世界のＮＧＯを調査した結果が公表されています。この調査で、37か国のＮＧＯを調査した結果、２００２年のＮＧＯの運営費は総額で1兆６０００億ドルだというものです。これをひとつの国家としてみれば、世界第5の経済規模になります。その巨大なＮＧＯの57％は非営利の学校や病院が占めています。何度も言うように決して利益を得ていないわけではありません。利益を分配していないだけです。

ＮＧＯの中には、アムネスティ、オックスファムのような大きな政治的力をもつＮＧＯも存在します。因みにアムネスティ・インターナショナルとは、国際連合の協議資格を持つＮＧＯで、良心の囚人を救済・支援する団体としてスタートしました。現在では国際法に則って、死刑の廃止、人権擁護、難民救済などを行うＮＧＯです。もうひとつのＮＧＯオックスファム・インターナショナルは、20の団体から構成される国際ＮＧＯで、貧困と不正を根絶するための持続的な支援・活動を90か国以上で展開しています。

オックスファムを語る上で欠かせないのは、２００５年にはじまった「ホワイトバンド・プロジェクト」と呼ばれるものです。貧困撲滅を目的に白いリストバンドをつける運動でした。白いリストバンドは日本では３００円で販売されました。しかしこの運動のポイントは、募金やホワイトバンドの売り上げを発展途上国の貧困層への直接的な物的・経済的援助に使うのではなく、自国の政府に働きかけて、発展途上国の貧困層を救済する政策へ変更させる政治活動の資金として用いられたことにあります。日本の場合、ホワイトバンドは中国製であったため原価の２００円分も結局貧困救済にはならなかったという背景がありました。多くの芸能人やスポーツ選手がノーギャラでＣＭなどに出演しましたが、何れも貧困国の支援には直接貢献をしていないということが分かり、批判が起こりました。

別のエピソードをもうひとつ紹介します。「対人地雷禁止条約」という条約があります。別名「オタワ条約」ともいいますが、条約の正式名称は、「対人地雷の使用、貯蔵、生産及び移譲の禁止並びに廃棄に関する条約」です。日本は批准国です。ですから日本には現在対人地雷はありません。

この条約は、１９９１年アメリカのＮＧＯ・米国ベトナム退役軍人財団とドイツのＮＧＯが対人地雷全面禁止に向けてキャンペーンを立ち上げることで合意したことが端緒となり、１９９２年に欧米の6団体がニューヨークで「地雷禁止国際キャンペーン」（ＩＣＢＬ）を発足、以後世界的な運動となりました。ＮＧＯが世界を動かしたと言われる活動です。国際地雷禁止キャンペーンＩＣＢＬとコーディネーターのジョディ・ウィリアムズはその活動が評価され、１９９７年のノーベル平和賞を受賞しています。

さて世界の対人地雷はどうなったでしょうか？ 対人地雷はなくなっているでしょうか？ 答えはノーです。この条約には40か国が締約国となっていません。特に世界有数の保有国で輸出国である米国や中国、ロシア、インドなどは締約国となっていません。アメリカ合衆国は２００９年に一度拒否しましたが、２０１４年6月27日に加盟時期を明言せず、オタワ条約に加盟する方針を表明しました。以後20年ほどで対人地雷を使えなくする方針としています。２０１７年の時点で１６４か国が条約を署名したものの、条約自体の効力は問題視されています。何故なら２０１１年に使用されている対人地雷は２００４年以降最多となったからです。

ＮＧＯの不透明性、企業化するＮＧＯ

コロンビア大学の調査研究報告は、オックスファムやアクションエイドのようなＮＧＯが専門分野を超えて拡大していることを指摘しています。「これらの団体は巨大で多角化しており、まるで多国籍企業だ」と教授の一人は言います。「企業のように利益を追求し、新しい市場に手を出す」。

さまざまな不祥事のせいで、説明義務が問われるようになった点も企業と同じだと言われています。１９９０年代後半には、アメリカの複数のＮＧＯによる児童援助基金の流用が発覚。９・11テロの義援金をアメリカ赤十字が別の目的に転用するというスキャンダルもありました。ハーバード大学ハウザー非営利組織（ＮＰＯ）センターの調査によれば、95年～02年までにアメリカのＮＰＯによる不適切な行為は１５２件あり、うち１０１件が違法行為だったと言います。ＮＧＯは、長い間、部外者による「監視」を避けてきたというか無視してきました。従来のＮＧＯは、「清く貧しく」というものが主体でした。しかし、ＮＧＯのトップが自家用ジェットで海外の現場に出かけたり、最高級のホテルに宿泊したり、リムジンで行動するようになっている現状は、大いに疑問視されています。

4 大企業、多国籍企業の役割の変化

企業の公益性と地域貢献

一部のＮＧＯが企業並みになっている現状と同時に、大企業や多国籍企業の公共性も問われるようになってきました。利益の追求や戦争成金、あるいは死の商人などと安全保障の分野では完全に悪人扱いされることの多い企業は、近年社会福祉や人道支援に積極的に参画するようになってきています。

その最大の理由は、情報化社会になって企業のイメージが幅広く一般大衆の注目を集めるようになったからです。「わが社は、利益を追求するばかりでなく世界の様々なところで人道的活動を支援しています」といったＰＲは、企業のイメージ戦略に良い結果をもたらすようになりました。中でも多国籍企業には、国際社会の安定が結果的に自由貿易を推進し、企業の活動に有利に働くのだとする理解が広まりました。そもそも、多国籍企業は大きな資本力を持っています。同時に世界各国に支店を展開するなどＮＧＯ以上にグローバルで、なおかつＮＧＯよりも人的資源が豊富です。いわゆるお金の集まるところに人は集まるのです。これら企業の公益性：パブリシティを巡る動きは、ＮＧＯと同じように冷戦後、活発化しています。

一例ですが、ネスレ（Nestlé：日本ではネッスル）という世界的な食品・飲料会社は、１９７０年代から東南アジアやアフリカへの人道支援の一環として大量の新生児ミルクを提供したことがあります。しかし、その結果多くの問題が発生したとして、小児科医師や栄養士を中心として告発が相次ぎました。それは、人工ミルクにより、本来母乳が充分に出る母親の母乳分泌が不活発になったり、経済力に乏しい家庭においてミルクを過度に薄めて与える状況が発生して乳児の深刻な栄養欠乏が起こったり、衛生状態の

悪い環境や不潔な水によって作られた人工ミルクにより乳児の病気が多発するなどの問題が起こったからです。

こうした動きのなかで1977年、女性を中心に当時の乳児用粉ミルクの最大手だったネスレ社を相手にした不買運動、ネスレ・ボイコットが開始されました。この問題は、1979年世界保健機関と国際連合児童基金によって国際会議が行なわれ、1981年、「母乳代用品の販売流通に関する国際基準（通称：WHOコード）」が賛成多数で採択されています。

企業の社会的責任

企業の社会的責任（Corporate Social Responsibility：CSR）とは、企業が倫理的観点から事業活動を通じて、自主的（ボランタリー）に社会に貢献する責任のことと定義されています。この概念は、企業が利益を追求するだけでなく、組織活動が社会へ与える影響に責任をもち、あらゆる関係者（利害関係者：消費者、投資家等など）からの要求に対して適切な意思決定をする責任を指すとされています。企業の行動は利益追求だけでなく多岐にわたるため、企業市民という考え方もCSRの一環として主張されています。具体的な活動内容には「社会に対する利益還元」として「法令厳守」「商品・サービスの提供」「地球環境の保護」などが挙げられています。近年では「従業員のあり方（資質・技能・能力）」も含まれ始めていて、「従業員自体の品質向上」に向けて対策を取る企業もあるといいます。

多国籍企業とは、「販売、生産、調達、研究開発、経営管理など、企業活動の一部ないしは多くをさまざまな国で展開し、国境をまたいで経営する企業である。国外での事業展開を担う子会社や関連会社は、それぞれ異なる国籍を持つ、独立の別法人であるが、本社の戦略ビジョンの下、共通の目的を追求する。その意味で、本社と各国の現地法人からなる企業グループ全体を一つの経営単位と見なす企業」と定義できます。OECDは、1976年に多国籍企業に対して、責任ある行動を自主的に取るために策定した行動指針（ガイドライン）を作成しました。その後、改訂を重ねながら人権やデューディリジェンス（ある行為者の行為結果責任をその行為者が法的に負うべきか負うべきでないかを決定する際に、その行為者がその行為に先んじて払ってしかるべき正当な注意義務及び努力のこと）に関する内容を強化しました。OECD加盟国に加え、ブラジルなど44か国が参加しています。そのための国際規格がISO26000と呼ばれており、多国籍企業の社会的責任に関する国際的に開発された包括的なガイダンス文書で、持続可能な発展への貢献を最大化することを目的としています。

安全保障的視点で見れば、例えば、レアアース問題があります。レアアース問題は、資源リスク問題ともいえます。資源リスクとは、エネルギーや資源が需要の増大に対して供給不足に陥り、社会不安を招く恐れのある状況を指します。気候変動の問題が切迫した課題として国際的な取り組みが始まっているのと同様に、資源問題も新興産業国等の急速な経済発展をうけ、社会の持続可能性の危機に面していると言えます。資源の問題は、①現有技術で掘りだせる絶対量に限界があること、②資源が特定の国に偏在していること、③レアメタルのように、採掘にともなって廃水、廃鉱石など環境コストが増大すること、などが指摘されています。これらの資源は、石油と同じように戦略的資源であり、国際社会における紛争の原因となりかねない状態となっています。

かつて戦争は、特定の企業・団体にとってビジネス上のチャンスであった時代がありました。「死の商人」と呼ばれる武器製造業者のことではありません。国を代表するような大企業は、ほとんどが戦争特需によって大きな利益を上げることがありました。しかし、多国籍企業が拡大して、地球規模の企業形態になると、本社のある国も支社のある敵対する国も全てが企業にとっての死活的な問題となる可能性がある状態になります。そのような状況では、企業が戦争で利益を得る、すなわち儲けることはほとんど不可能です。同一企業ばかりでなく、現代の世界の多くの製造企業が原料や部品を輸出・輸入し、組部品を共同で作製し、そして組み立てています。世界的な分業がさらに進み、世界経済の相互依存性がより進むと、国際紛争が企業にとっていかに大きなリスクとなるか、容易に想像することが可能です。国際紛争や危機事態などで経済的に被るリスクを世界の金融業界は、「地政学的リスク」として捉え、そのリスクを最小限にするような投資活動を行っています。戦争は、一国の政治的な要因では行えないような国際環境になりつつあるのだと言えます。

第22講

災害派遣と安全保障

大規模災害における軍事力の平和利用

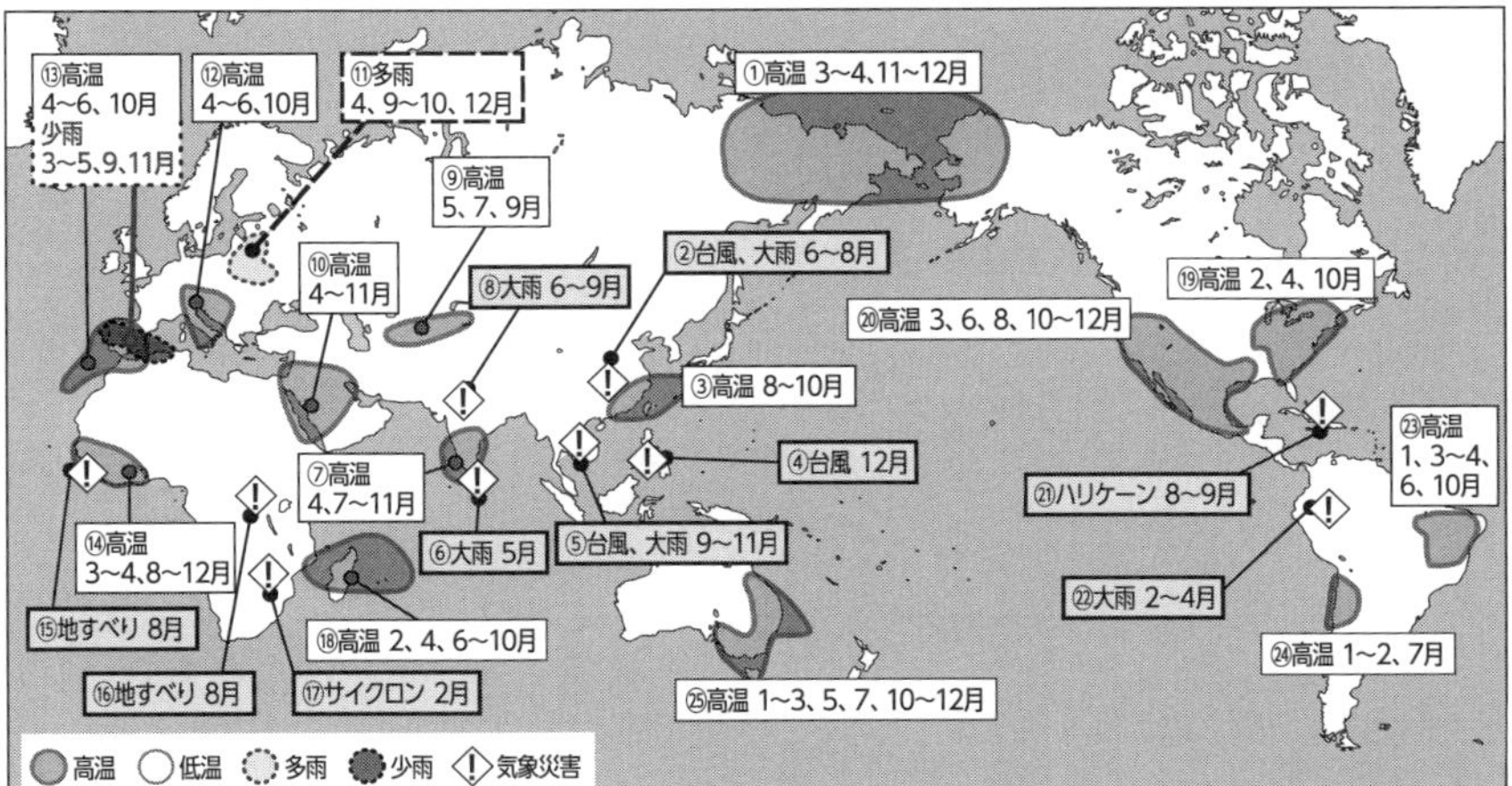

世界の自然災害

(出典)国土交通省気象庁HP 各種データ資料世界の気象災害
https://www.data.jma.go.jp/gmd/cpd/monitor/annual/annual_2017.html

本日、最初の地図は、この世界地図です。これは、２０１７年に世界各地で起こった異常気象現象を展開したものです。

我が国、日本は地震大国であり、災害の多い国として知られています。特に近年、異常気象を原因とする災害が多数発生するようになりました。毎年末に京都清水寺の管主がその年を一番象徴する漢字一文字を発表するのが恒例となっていますが、２０１８年度の漢字は「災」でした。自然災害ばかりでなく、大事故も発生しています。これら災害や事故は、従来安全保障の範囲ではないと考えられていました。しかし、２０１１年の東日本大震災を契機に大災害において自衛隊や軍隊が一定の役割を果たし得ること、それに国家・国民が大きな期待を寄せていることが明確になりました。本日は、災害派遣と安全保障、特に軍事力の平和的利用について考えてみたいと思います。その前に、最初の地図にある地球温暖化と異常気象の関係を見る必要があります。

1　地球温暖化と異常気象

気候変動に関する国際連合枠組条約

１９９２年6月、ブラジルのリオ・デ・ジャネイロにおいて開催された環境と開発に関する国際連合会議（UNCED）において、「地球温暖化問題に関する国際的な枠組みを設定した環境条約」が採択され１９９４年３月に発効しました。気候変動に関する国際連合枠組条約（UNFCCC）は、「地球温暖化防止条約」などとも呼ばれています。この条約の目的は、「大気中の温室効果ガス（二酸化炭素、メタン、一酸化二窒素（亜酸化窒素：N_2O）などの増加が地球を温暖化し、自然の生態系などに悪影響を及ぼすおそれがあることを、人類共通の関心事であると確認し、大気中の温室効果ガスの濃度を安定化させ、現在および将来の気候を保護すること」であり、気候変動がもたらすさまざまな悪影響を防止するための取り組みの原則、措置などを定めています。ＣＯＰ15とかＣＯＰ20とか呼ばれてニュースになるのは、この条約の締結国会議と呼ばれるもので、毎年世界の色々な都市で開催されています。

さて、本当に地球温暖化は起きているのでしょうか？10年前にこの質問をすると手を挙げる人は半分以下でした。今では、ほとんどの人がそう思っているようです。科学的なところ本当はどうなのでしょうか？気象の専門家は次のように言っています。

「気候学者の常套句『ひとつの気象現象を指して、気候変動のせいだと言うことは不可能である。天気というのは予測不可能なもので、異常気象は世界全体の気温にかかわらず常に起きており、あるひとつの原因と必ずしも関係しているわけではない』。しかし、もし科学者たちがこの質問に答えなければ、別の誰かが代わりに返答するでしょう。たいていは現象の規模に関心をもたず、何か別の意図をもって発言する人間です。（オックスフォード大学環境変動研究所副所長）」

専門家の科学者がこういうのには理由があります。トランプ米大統領は、米政府の関係省庁がまとめた報告書で気候変動が米経済と米国民の健康に深刻な損害を与えると警告したにも関わらず、この気候変動に関する報告について「信じない」と発言したからです。実際にトランプ大統領は、２０１７年６月にパリ協定からの離脱を表明しました。「地球は温暖化していない」という科学者もいることは事実です。しかし多くの環境保護団体や環境ＮＧＯなどが声を上げ、今では世界的な大きな動きを加速しています。それに抵抗しているのは実は先進国なのです。

最近、発表され日本でも話題になった本『*FACT FULNESS*（著者：ハンス・ロスリング』）は、正しいデータがいかに間違って人々に伝わるかを実際のデータを基礎にして解説している本で、わたしが非常に感銘を受けた本のひとつです。その本の中で著者は地球温暖化について次のように述べています。

「地球温暖化を示すデータは本物だし、その大部分は温室効果ガスによるものだということも証明されている。そして温室効果ガスの原因は、たとえば化石燃料を燃やすといった人間の活動である。しかしながら、未来にはかならず見えない部分がある。だから未来のことを語るときはいつも、どのくらい見えていないかを正直にはっきりさせたほうがいい。最もドラマチックな予測を選りすぐって、最悪のシナリオがまるで確実であるかのように見せるべきじゃない。誇張はかならず見抜かれる」

「西日本豪雨」に見る過去にない災害の例

２０１８年６月から７月にかけて台風７号が上陸し、西日本を集中豪雨が襲いました。「平成30年７月豪雨」とも「西日本豪雨」とも言われる台風・豪雨災害です。西日本を中心に北海道や中部地方を含む全国的に広い範囲で起きたこの集中豪雨による被害は、死者224人、行方不明者8人、負傷者459人、住家の全壊6758棟、半壊1万878棟、床上浸水8567棟、床下浸水2万1913棟、公共建物の被害22棟という非常に大きなものでした。

期間中の総降水量は、四国地方で1800ミリ、中部地方で1200ミリ、九州地方で900ミリ、近畿地方で600ミリ、中国地方で500ミリを超え、過去の豪雨災害に比べ、広い地域で2日間あるいは3日間の雨量が多く、西日本から東海地方にかけての地域を中心に、多くの地点で48時間、72時間雨量の観測史上最大値を更新する災害となりました。中でも、倉敷市真備町では7日朝までに小田川と支流の高馬川などの堤防が決壊し、広範囲が冠水、真備町だけで51人が死亡し、そのほとんどが水死でした。

調査によると、浸水の深さは南北1㎞・東西3・5㎞の範囲で5mを超え、最大で5・4mに達したとみられ、浸水範囲は真備町の4分の1にあたる1200ヘクタールに及びました。

このような災害は、1982年以降最大で過去には見られなかったものであり、気候変動などによる異常気象の結果だという指摘もありましたが、気象庁は「今回の豪雨が過去の豪雨災害と比べて、極めて大きなものであった」とコメントするにとどまりました。因みに、本災害では初期の段階から自衛隊に対する災害派遣要請があり、陸・海・空の自衛隊の最大活動人員：約3万3100人、活動艦船：28隻、活動航空機：38機、県庁、市役所、町役場等74か所に300人の連絡幹部が派遣されました。派遣の実績は、救助2284名、給水支援1万8973・3トン、入浴支援9万4119名、給食支援2万950食、道路啓開：39・8㎞、がれき処理：ダンプカー1万3890台分などと報告されています。

2 自然災害の現状と国家・社会の対応

自然災害は、安全保障の範囲なのか？

さてここで、最も核心的な疑問に移りましょう。「安全保障に自然災害が何の関係があるんですか？」という問いです。

ニール・マクファーレンという国連国際防災戦略事務所長は「人間の安全保障と国連」という論文で次のように言っています。

「人間の安全保障の概念の中核をなすものは、我々を破滅させようともくろんでいる何らかの組織体または個人の集まりの存在である。そのため、２００４年12月の津波では多数の死傷者とすさまじい破壊がもたらされたものの、津波を人間の安全保障上の問題として解釈することは有益ではない」

ようするに、自然災害は人間の安全保障に含まれないというのです。しかしその国連人間の安全保障委員会は、２００３年に世界の危機を３つに区分しました。すなわち「経済危機、自然災害、戦争（紛争）は、社会と人々の人間の安全保障に最大の打撃を与える」というものです。どちらも正論です。

人間の安全保障７つのカテゴリー

① 環境の安全保障（自然災害）
② 経済的な安全保障
③ 食料の安全保障
④ 健康の安全保障
⑤ 個人の安全保障
⑥ コミュニティの安全保障
⑦ 政治的な安全保障

上図のように、人間の安全保障には７つのカテゴリーがあると言われています。そして自然災害は、第１のカテゴリー、環境の安全保障に分類されるとしました。ここには自然災害だけでなく、例えば、工場の廃物や排水、石油の流出などによる環境破壊や原子力発電所の事故などによる放射能汚染などの人為的な災害・事故なども含まれます。

このように見てみると、人間の安全保障という概念は、一般の人間生活に害を及ぼすものであれば、どんなものでも対象とするという気がします。それはさておき、大規模災害などで多くの被害が出るような状況もまた安全保障の問題として取り上げることが、現在の国際社会の通念となりつつあることは事実です。その災害対応について見ることにしましょう。

世界の自然災害の現状

平成27年の「防災白書」によれば１９７０年以降の世界の自然災害における被害者数は、次頁の図のとおりです。最も大きな人的被害は１９７０年のバングラデシュのサイクロン被害で死者推定50万人、避難者３８０万人という過去最大の台風被害でした。この災害時、バングラデシュは東パキスタンでしたが、この災害対応を巡って西パキスタンと対立、結果的にバングラデシュの独立の契機となった

1970年以降の世界における自然災害による人的被害の推移

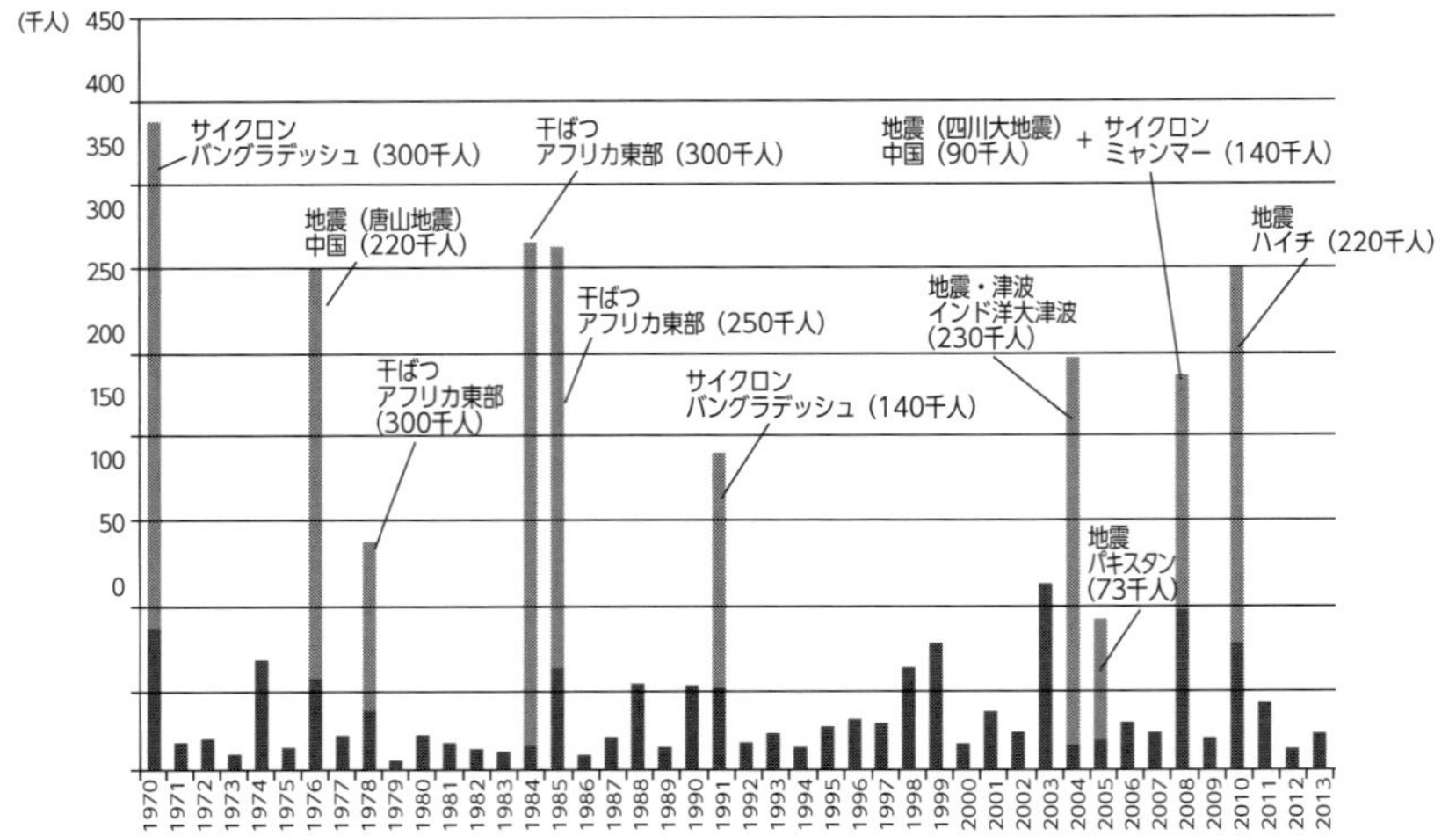

出典:EM-DAT (The OFDA/CRED International Disaster Databse-www.emdat.be-Université Catholique de Louvain-Bru)

注:■は当該年以発生した災害のうち著しく規模の大きい災害による死者及び行方不明者を示す

災害となりました。２０００年以降を見ても、大規模な自然災害で多くの被災者が発生しています。

死者数で見れば、２００４年地震に伴うインド洋津波災害で約23万人、２００８年にミヤンマーを襲ったサイクロンで約14万人、２０１０年のハイチ大地震で約32万人です。２０１１年の東日本大震災で２万人の被害があったことが霞んでしまうような数字です。この数字の差は、平素からその国家が自然災害のためのどれだけの準備をしているかに大きく左右されることが分かります。

また、２０１０年の１年だけで自然災害のために家を失った人が４２００万人もいることが分かっています。国際紛争や内戦だけでなく多くの人が難民となったのです。

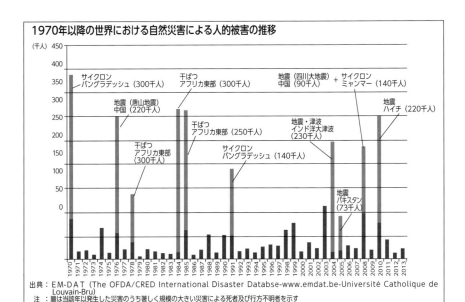

３　地震大国・日本

自衛隊の災害派遣の法的根拠

２０１１年３月11日午後２時41分、三陸沖を震源地とするマグニチュード９・１の大地震が発生しました。最大震度７を記録した地震は、東京から北海道に至る東日本の太平洋岸全域に大きな津波を引き起こしました。交通網の寸断、通信の途絶、インフラの崩壊という事態の中で、発生直後から自衛隊が出動し、最大時で10万人規模の陸・海・空自衛隊が人命救助、災害復旧に従事しました。

日本はフィリピン海プレートの西端にあり、古くから地震の多発地帯にあります。地震災害対応を中心に自衛隊の災害派遣について見てみたいと思います。

第2次世界大戦後、創設された自衛隊は、実際の戦争を経験していません。その自衛隊が平和な世の中で唯一国民の命を救う行動が「災害派遣」です。

災害派遣は、自衛隊法第83条に規定されています。その内容は、以下のとおりです（傍線は引用者）。

自衛隊法第83条

1　都道府県知事その他政令で定める者は、天災地変その他の災害に際して、人命又は財産の保護のため必要があると認める場合には、部隊等の派遣を防衛大臣又はその指定する者に要請することができる。

2　防衛大臣又はその指定する者は、前項の要請があり、事態やむを得ないと認める場合には、部隊等を救援のため派遣することができる。ただし、天災地変その他の災害に際し、その事態に照らし特に緊急を要し、前項の要請を待ついとまがないと認められるときは、同項の要請を待たないで、部隊等を派遣することができる。

3　庁舎、営舎その他の防衛省の施設又はこれらの近傍に火災その他の災害が発生した場合においては、部隊等の長は、部隊等を派遣することができる。

自衛隊法を見る限り、災害派遣は自衛隊の主任務ではありません。第3条任務には、災害派遣のことは書かれていません。83条の1で見るとおり、災害派遣は都道府県知事の要請に基づいて行われる行動です。すなわち勝手に災害派遣してはいけないということです。我が国の場合、災害への対応は基本的に各知事の所掌業務です。政府には防災担当大臣が置かれていますが責任者はあくまでも県知事なのです。但し、東海地震や広域で大規模の災害の場合、国の災害対策本部が置かれ、首相が本部長となって各県の災害対応を統制することがあります。その一例が83条の二にある「大規模地震対応特別措置法」です。

しかし、１９９５年1月、阪神淡路大震災が発災したとき、通信途絶や混乱から県知事からの災害派遣要請が遅れたという事例がありました。その反省を踏まえ、引用した法律の条文の傍線部にあるように、「特に緊急を要し、前項の要請を待ついとまがないと認められるときは、同項の要請を待たないで、部隊等を派遣することができる」と改正されました。東日本大震災では発災直後の1分後にはヘリコプターが飛び立ち、20分後には部隊が出動していますが、誰からも命令されたわけではありません。部隊が計画に基づき自主的に派遣したのです。

考えてみれば、一国の軍隊が誰からの命令も受けずに行動することは、あり得ないことです。実は、その制度については各国の陸軍も一様に驚いているのです。

例えば米国の陸軍は、災害派遣の任務を持っていません。それどころか、米陸軍は国内で作戦行動することができません。国内で作戦するということは、国内が内戦状態にあるということですし、そのような権限を大統領に与えるのは危険であると考えているからです。米国でも災害派遣は州知事の仕事であり、州内で災害派遣するのは州兵（陸軍予備）です。また、海外で災害派遣に任ずるのは海兵隊で、米陸軍は海外においても災害派遣で行動することはほとんどありません（例外が、東日本大震災で行われた「ともだち作戦」です）。

日本独特ともいえる災害における自衛隊の行動形態は、日本が地震大国・災害多発国であることとこれまでの災害派遣で自衛隊が行ってきた数々の行動の結果だということが言えるでしょう。

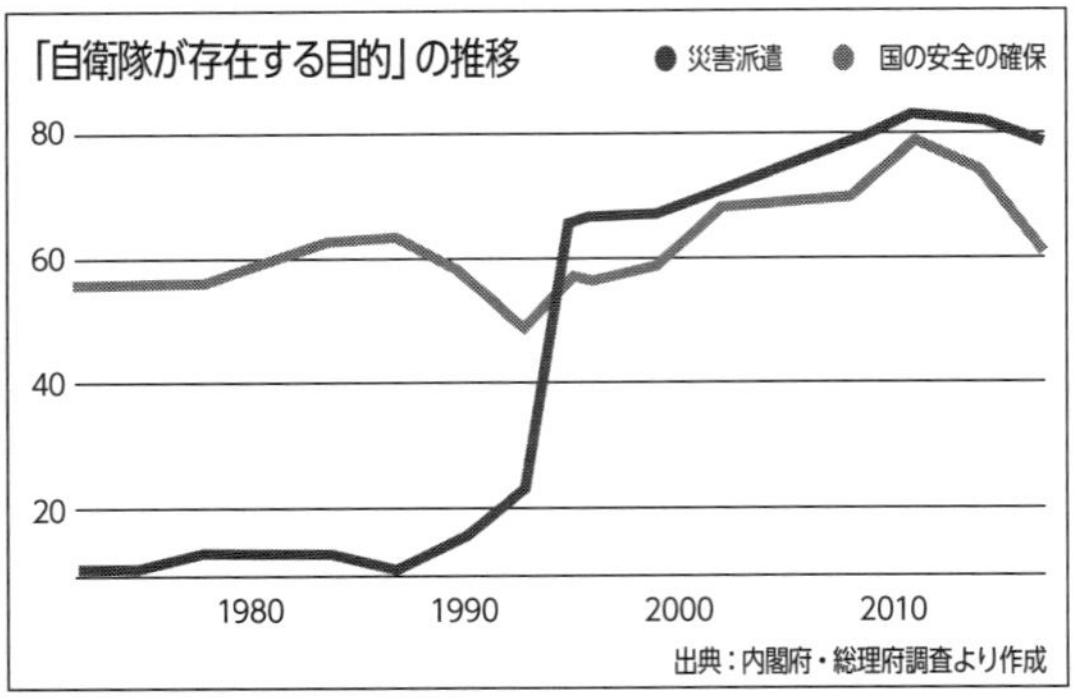

出典：内閣府・総理府調査より作成

災害派遣と自衛隊

上のグラフは、内閣府が行った自衛隊に対するアンケート結果を表にまとめたものです。「自衛隊が存在する目的はなにか?」という問いに、多くの国民が「国の安全の確保」と「災害派遣」を選んでいます。そして、１９９０年代の途中、すなわち冷戦終了後、特に阪神淡路大震災後は国民の80%が「災害派遣」を自衛隊の存在理由として挙げ、その値が「国の安全確保」以上になっていることは注目すべ

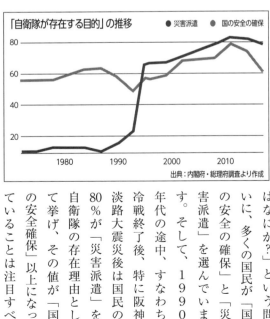

自然災害による死者・行方不明者数の推移

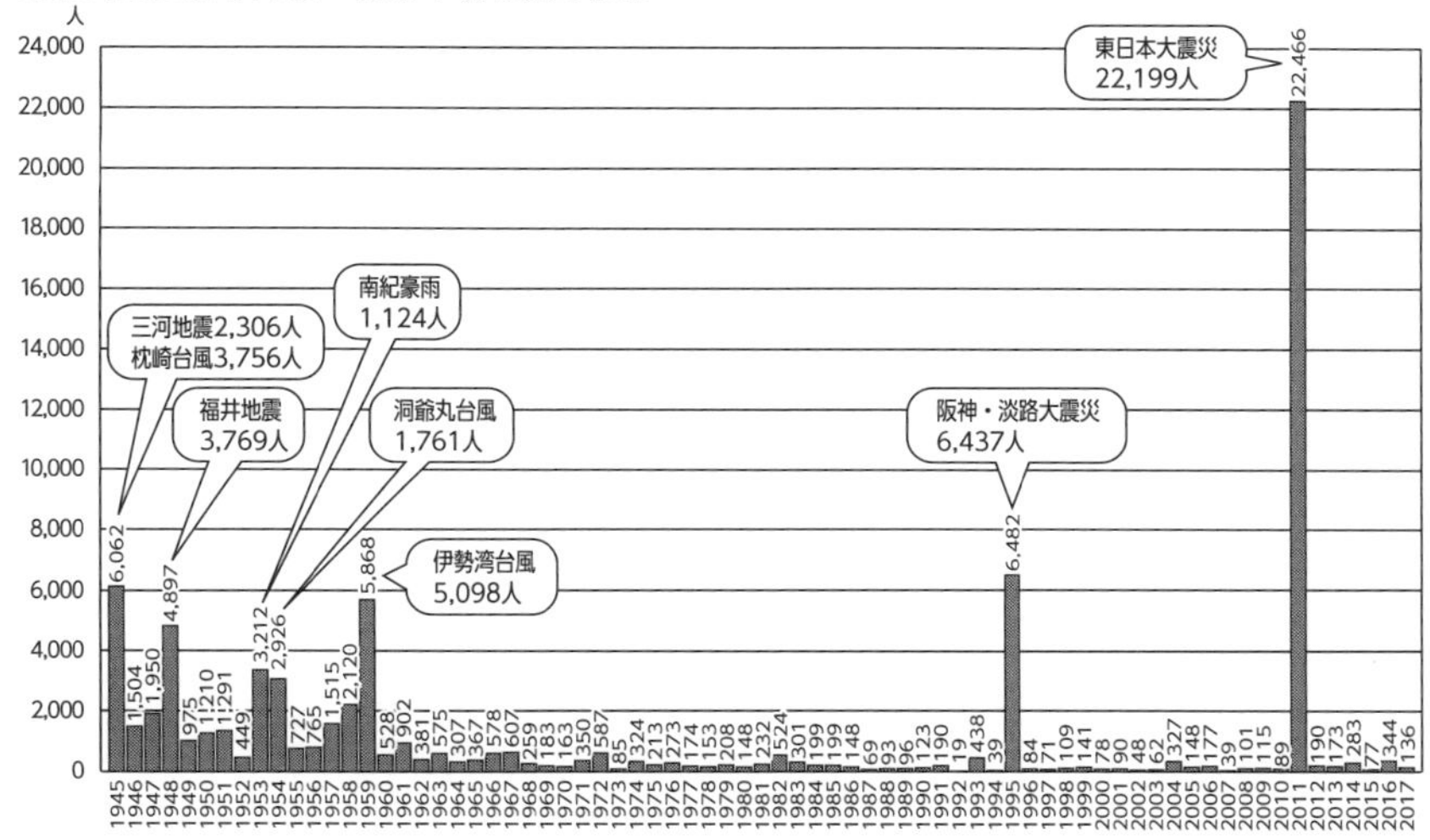

（注）1945年は主な災害による死者・行方不明者（理科年表による）。46～52年は日本気象災害年報、53～62年は警察庁資料、63年以降は消防庁資料に基づき内閣府作成。1995年の死者のうち、阪神淡路大震災の死者については、いわゆる関連死919名を含む（兵庫県資料）。2017年は内閣府とりまとめによる速報

（資料）内閣府「平成30年版防災白書」ほか

きことだと思います。

戦後の国内の災害における死者数の推移を表わしたのが、上の図になります。高度成長期以降の日本において「阪神淡路大震災」が如何に歴史的災害であったかがお分かりだろうと思います。東日本大震災では日本及び日本人の災害対応が高く評価され、自衛隊についての認知度も高まったのですが、その背景には１９９５年の阪神淡路における大きな反省があったことを忘れてはならないと思います。

4 国家の大規模災害対応

自助・共助・公助

現代は、高度に都市化された環境に国民のほとんどが生活しています。社会インフラが整備され、コンビニやスーパーが近くにあり、病院や救急体制も整っています。これらの都市では一定程度の地震や災害では市民の生活が脅かされることはめったにありません。「災害に強い街づくり」などという言葉が本当のように聞こえてしまいます。しかし、数年に一度、あるいは十数年に一度という一定以上の大きな災害に対して、都市型の生活は便利で効率が良い反

面、非常に脆い社会的基盤の上に存在しているのだということが分かってきました。

　これをイメージしたものが左の図になります。災害による被害は非線形であるというものです。インフラが発達した現代の社会では災害が小規模なうちは、その被害は微弱です。しかし、社会インフラや電気・水道・ガスなどのライフラインに大きな被害が出始めた瞬間に被害は級数的に拡大していきます。特に発災から48時間が人命救助のピークと呼ばれており、この時間と被害の増大が合わさると甚大な被害が発生する可能性があると言われています。このような状況で最も重要だと言われているのが災害の拡大に応じて、自助・共助・公助がうまく連携することが大事です。すなわち、個人レベル、家庭レベルで日頃から飲料水や非常用の食料などの防災用品をしっかりと準備しておくことと同時に、いざというときの避難場所や緊急時の連絡先などを確認しておくことです。次の段階は共助、すなわち地域コミュニティごとの対応です。隣近所やマンションの自治会、町内会、あるいは企業や学校などでしっかりとした防災訓練や備蓄などを推進することです。災害がさらに拡大すれば、警察、消防、自衛隊などの治安機関、災害救助機関をはじめ、地方や国の機関が本格的な人命救助や災害復旧活動を行うというものです。

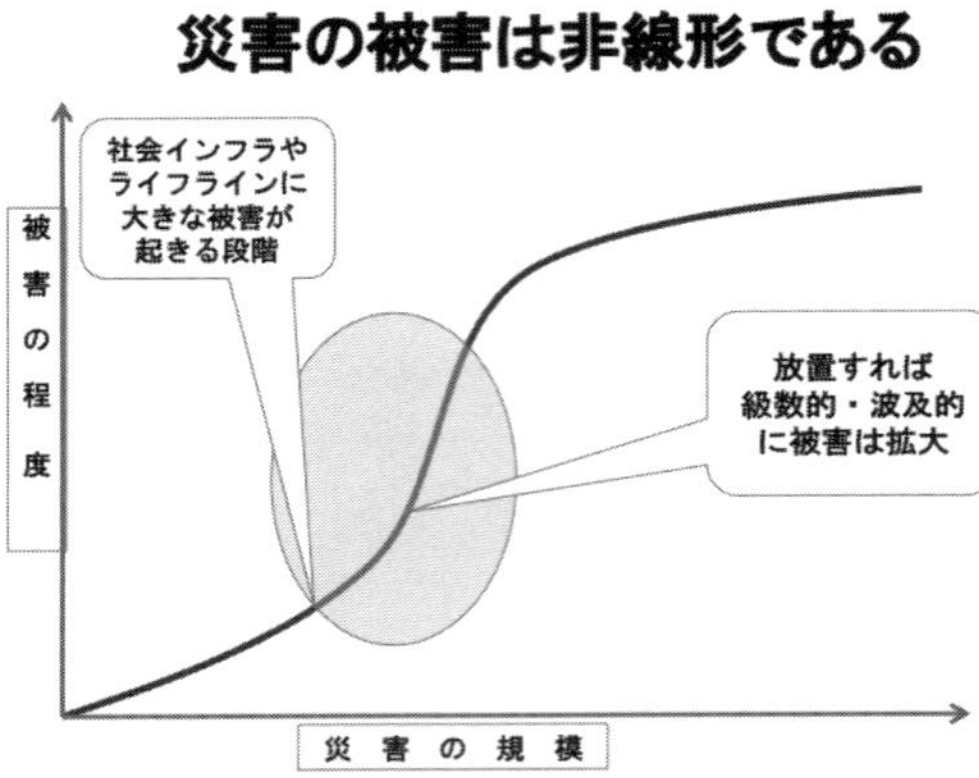

　東京都は「東京防災」という黄色い防災ハンドブックを配信しています。無料で各人のスマートフォンにダウンロードできるシステムで、災害の概要やどのように行動するかなどの情報を発信してします。一度、ご覧になるべきだと思います。

関東大震災、南海トラフ地震対応

　現在、大規模災害で高い関心を集めているのは、首都圏直下型の大規模地震です。関東大震災級の地震が南関東地域で起こったらというものです。現在はコンピューター解析によりハザードマップが作成されています。予想被害は、死者９７００人、負傷者14万８０００人、建物被害は倒壊が約12万戸、焼失が約18万戸であり、特に東日本大震災の経験から、最大約５００万人以上の帰宅困難者が発生すると言われており、対応について検討が進んでいます。南海トラフ地震についても同様に対策が検討されています。

5 自衛隊の災害派遣

最近の内閣府の調査では、自衛隊に対して「良い印象を持っている」とする者の割合が92・2％になったと公表されました。国民の９割以上が好感を持って自衛隊を評価していることは過去になかったことです。

一方で「自衛隊が今後力を入れていく面」について、「災害派遣（災害の時の救援活動や緊急の患者搬送など）」を挙げた者の割合が72・３％で一位でした。「国の安全の確保（周辺海空域における安全確保、島嶼部に対する攻撃への対応など）」を挙げた者の割合が69・９％ですから、国土防衛より災害派遣の期待度が高いことは、本末転倒という感じがすることも事実です。しかし、現実に国土防衛の実行動がない以上、災害派遣という現実をもって自衛隊が評価されるのはやむを得ないことです。

その他、毎年末に読売新聞と米ギャラップ社の日米共同世論調査で、「最も信頼できる組織」として、ここ5年間、日本では自衛隊が72％でトップです。調査開始以来、米国では軍隊が86％でトップであるという結果が出ています。

戦争に負け、戦後の混乱と荒廃を経て、日本人の軍隊に対する意識は大きく変わりました。今でも非武装中立を標榜する政党や、自衛隊は憲法違反で無くさなければならないと主張する人がいることも事実です。しかし、一般の国民の自衛隊に対する評価は総じて高いものです。この評価の高さは、政府の力でも国会の力でもありません。災害派遣に従事した全ての自衛隊員の汗と努力の結果なのです。

かつて所属していた組織のことですから、ひいき目があることは否定しません。機会があれば皆さんにも自衛隊の現実を知ってほしいと願っています。本日も時間が来ました。

東北方面総監として体験した3.11

国民が等しく思いを共有する……そんな一日が国家にはあります。そのような一日は往々にして悲劇や災害と連動することが多いようです。最近の米国では、9.11がその日にあたります。日本の場合は、やはり3.11がその日に当たると思います。

2011年3月11日（金）14時23分、三陸沖を震源地とするM9.1、最大震度7という大きな地震が発生し、その地震で引き起こされた津波が東北の太平洋側を襲いました。当時、わたしは東京目黒にある統合幕僚学校の学校長でした。災害派遣を担当する指揮官ではないわたしは、当時の政府、防衛省、幕僚監部そして現地部隊の活動を第三者として眺めていました。現場で行動することを本旨とする自衛官としては、やや複雑な感情であったと思います。上司であり災害派遣全般を指揮する統合幕僚長に申し出て、初期救命活動が一段落したGW明けに、学生を引率して被災地と東北方面総監部を研修しました。統合高級課程の学生の一部は、卒業した後、直ちに災害派遣現場で部隊を指揮するか司令部で勤務することが予定されていたからです。その時、石巻市の海岸を一望する日和山公園からの眺めを、わたしは一生忘れることができないでしょう。津波によって、ほとんど全てが瓦礫となった市街地が眼下に広がっていました。まさに「言葉を失う」光景でした。

そして図らずも、私自身もその年の夏の異動で東北6県の防衛警備を担任する東北方面総監を拝命し、仙台に着任しました。行方不明者の捜索は継続していたものの、災害派遣の主体は被災者の生活支援に移行していました。未曽有の大災害に直面しながらも市民は悲しみを静かに噛みしめ、雄々しく復旧に立ち向かっていました。その中ですべての住民が避難を余儀なくされた東京電力第2発電所の周辺の町や村だけが、津波の傷跡を残したまま時が止まっていました。

翌年、わたしは東北方面総監を最後に退官しました。あれから8年の月日が流れ、災害の記憶も爪痕も薄れました。しかし、この未曽有の大災害を語り継ぐことが何よりも重要であり、わたしもの語り部のひとりになったのだと自覚する昨今です。

第23講

難民対策

難民はなぜ発生するのか、世界はどう向き合うか

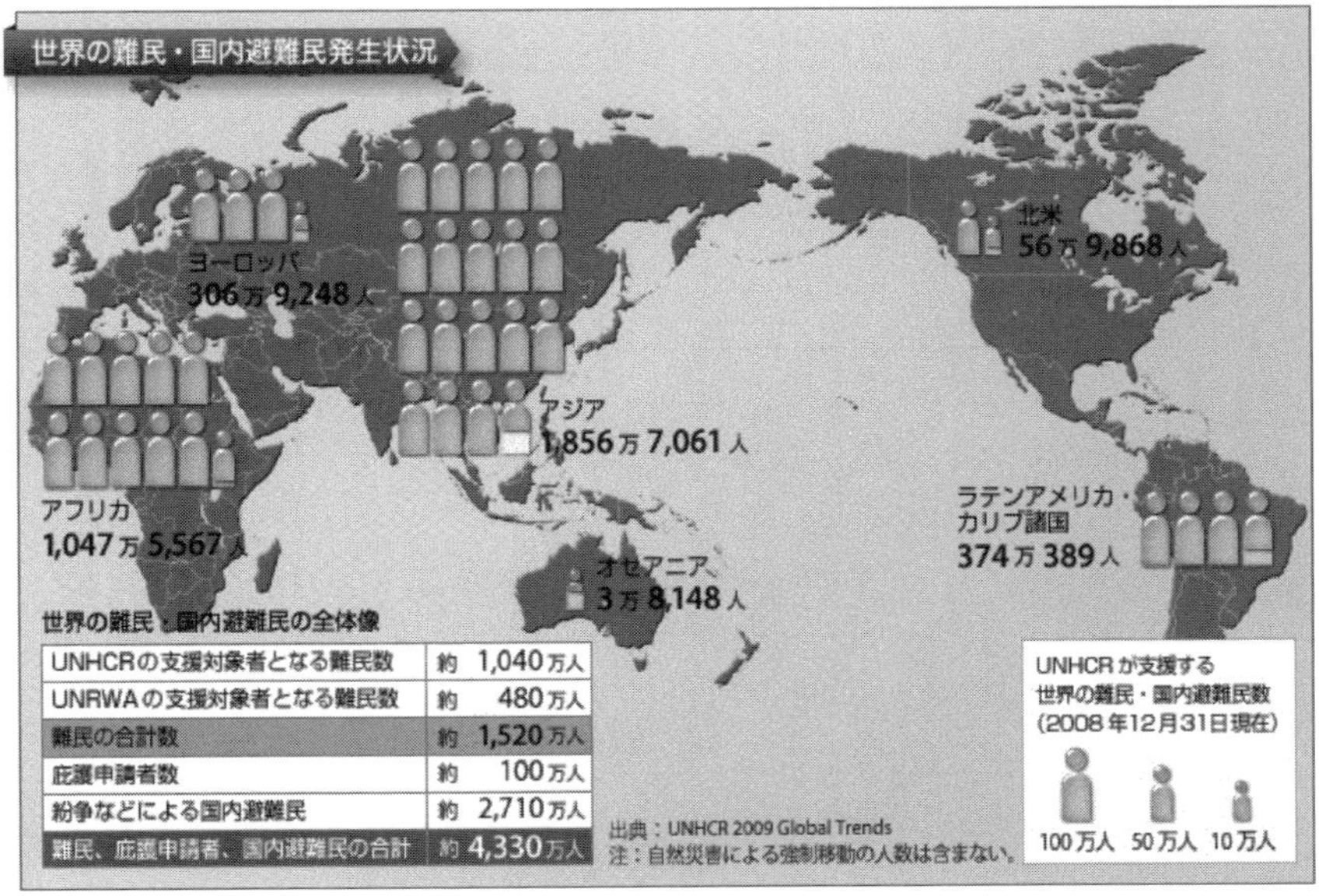

本日最初の地図は、世界の難民・国内避難民発生状況という地図です。この地図によれば、全世界の難民、あるいは庇護を申請した人、国内で避難している人は４３３０万人となっています。このような地域的な状況を数値的に表す図は、その値を大局的に把握するときには非常に有効です。この地図を見ると世界のどこで多くの難民が発生しているのか、どのくらい発生しているのかが一目でわかります。しかし同時に、その数値がどこから出ているのか、誰が調べたものなのか、その出典をしっかりと確認しておくことが重要です。この地図の場合、右下にその出典が書かれています。UNHCR 2009 Global Trends とありますから、少し古いデータで国連難民高等弁務官事務所（United Nations High Commissioner for Refuges）という国際連合の組織が調べて発表したものから作られています。したがってこの図はある程度信頼でき、国際的に認められた数値をもとにしているということが分かります。

国連難民高等弁務官事務所は、１９５１年に採択された難民の地位に関する条約と１９６７年の議定書に基づく国際連合による難民や国内避難民の保護など、難民に関する諸問題の解決を任務とした組織で、本部はスイスのジュネーヴに置かれています。我が国の外交官であった緒方貞子さんが１９９０年から２０００年まで高等弁務官であったことは、知っている人もいることでしょう。本日は、難民について見ていくことにしましょう。

1　何故、難民問題なのか

安全保障と難民の関係

これまで安全保障について色々な角度から見てきました。難民問題を見ることは安全保障とどんな関係があるのでしょうか？　そもそも難民とはどのような人たちのことをいうのでしょうか？　最初の世界地図をもう一度みてみましょう。

注意書きに「自然災害による強制移動の人数は含まない」と記述しています。ですから、難民とは東日本大震災のように地震や津波で避難している人ではないということになります。１９５１年の難民に関する条約には次のように書かれています。

「人種、宗教、国籍、政治的意見やまたは特定の社会集団に属するなどの理由で、自国にいると迫害を受けるかあるいは迫害を受ける恐れがあるために他国に逃れた人々」
この定義を見る限り国際法上は、難民と言うのは政治的に迫害された人、集団、民族などのことを指すようです。これを政治難民と言います。いわゆる狭義の難民です。難民条約の成立は１９５１年、第2次世界大戦後のことです。すなわち、戦後の東ヨーロッパにおける相次ぐ親ソ連系の社会主義国の成立で多くの難民が発生したことが背景として考えられます。これらの難民を救うことが当初の目的であったのです。その後、アジア、アフリカにおける植民地や中国の国共内戦、朝鮮戦争、ベトナム戦争などの内戦や民族対立などが続発し、現在では難民とは、政治的な迫害のほか、武力紛争や人権侵害などを逃れるために国境を越えて他国に庇護を求めた人々を指すようになっています。

難民の現状と問題点の所在

ＵＮＨＣＲの最新の世界の難民の状況を表わした下の図を見ることとしましょう。一番上の三つに分けられた難民の数を見ると、６８５０万人が世界の難民の総数です。その内、４０００万人がInternally Displaced People（国内避難民）で、２５４０万人がRefuges（難民）であり、その内１９９０万人がＵＮＨＣＲが管理し、５４０万人がＵＮＲＷＡ（国際連合パレスチナ難民救済事業機関）が管理しています。その他３１０万人がAsylum-seekers（庇護申請者）となっています。数字で見ると難民問題は国際社会にとって喫緊の課題であることが分かってきます。

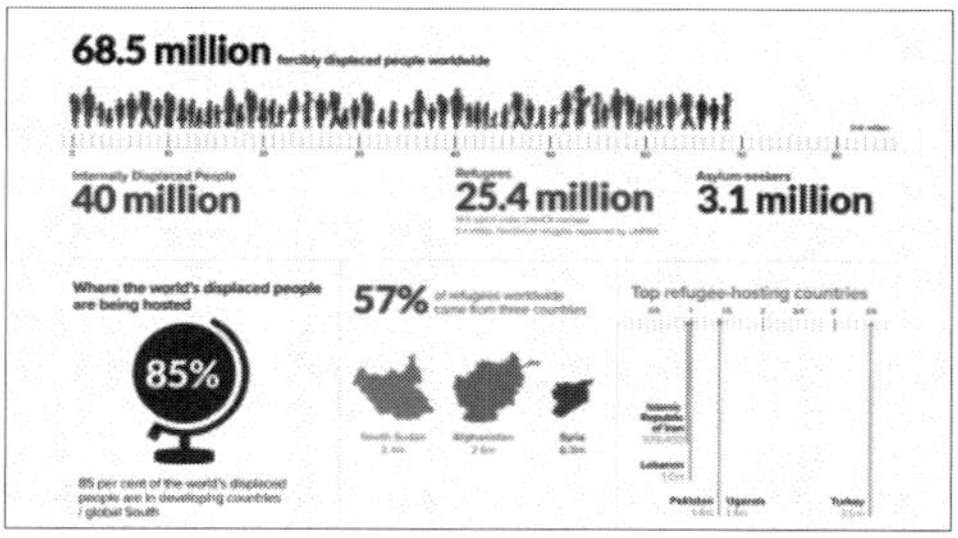

２０１７年に新たに移動を強いられた人は、１６２０万人。この内、国内避難民が１１８０万人、難民と庇護申請者が４４０万人です。受け入れ国でみると、トルコが３５０万人で第１位、ウガンダとパキスタンが１４０万人、レバノンが99万８９００人、イランが97万９４００人と続いています。受け入れ国のうち85％が開発途上国です。人口に占める難民の数では、レバノンは人口の６人に１人が難民で第１位、ヨルダンの14人に1人、トルコの23人に１人と続いています。難民発生国の57％が3か国に集中して

おり、57%の難民がシリア（６３０万人）で、あとふたつはアフガニスタン（２６０万人）、南スーダン（２４０万人）で発生しています。

　無国籍者、すなわち国籍が与えられず、教育、保健医療、雇用、移動の自由などが認められない無国籍者は、各国政府が取りまとめたデータとＵＮＨＣＲに報告された数を基にした統計では３９０万人。ＵＮＨＣＲの推計では１０００万人となっています。また、各国政府の統計によると、２０１７年に第三国定住を許可されたのは10万２８００人で、庇護申請者は３１０万人、この内の半分は開発途上国です。新たな庇護申請１７０万人のうち、アメリカが33万１７００人で第1位、ドイツが19万８３００人、イタリアが12万６５００人、トルコが12万６１００人と続いています。そして、全ての難民のうち18歳未満の子どもの割合は52%です。２００９年は41%なので増加を続けています。保護者を伴わない、避難の途中で離れてしまった子どもは17万３８００人という結果が報告されています。この数字の背景には、主として戦争や内戦やあるいはテロなどの安全保障上の多くの問題があるのは、理解できます。

　さて、この数字を我々はどのように捉えるべきでしょうか？　日本の難民政策は後程見ていきますが、日本には馴染みのない難民が世界中でこれほどいるのだという事実には驚かされます。勿論、この数字に嘘はないのですが、非常に恣意的（難民問題を強くアピールするために）に取り上げられていることは否めません。

世界の難民対策

　左の図は、２０１２年の世界のＵＮＨＣＲへの民間からの寄付額の国別状況を表わしたものです。寄付額の大きさが国旗の大きさですから非常に分かりやすいものになっています。ランキングでいうと一番はオランダ、スペイン、オーストラリアと続いて、日本は第4位、その次がイタリアです。その活動のほとんど任意の拠出金によって賄われますが、その93％は政府からの拠出金で、4％は政府間機関や「国連中央緊急対応基金」などにプールされた資金調達メカニズムから受け、残りの3％は民間部門からの寄付であるとしています。さらに、UNHCRは管理費として国連の通常予算から補助金を受けています。UNHCRはまた、テントや医薬品、トラック、空輸など物資による寄付を受け、2012年度予算は35億9000万ドルであったと発表しています。

しかしながら、何にどれほどのお金が支払われたのか、調べた限りでは分からないのが実情です。NGOの活動について皆さんと見てきたように、難民支援の多くが予算的に不透明な部分が多いことが知られています。寄付行為は無償の行為（見返りを求めない）だと言われますが、やはり寄付をする以上はお金が純粋に難民の支援に役立っていることが重要ではないかと思います。余談になりました。現在の世界の難民対策を見ることにしましょう。

2　難民対策と安全保障

EUの難民政策

近年、湾岸戦争、アフガン・イラク戦争、その後のイスラム国やシリア内戦など、多くの紛争が中東からアフリカ地域にかけて発生しました。そのため、多くの難民が発生し難民の多くがトルコなどを経て欧州に流れています。これらの難民に対しEU各国がどのような難民対策を採っているのかみてみましょう。

2018年6月EU首脳会議でイタリアの首相が各国に対して難民受け入れを強く求めたことが記事になっていました。トルコから海を渡って難民が押し寄せる玄関口ともいえるイタリアにとっては、重要な問題なわけです。しかしながら、二日間にわたって行われたEU首脳会議は対策の基本方針で合意したものの、加盟国の立場の違いを映して具体策の先送りが目立つ内容だったようです。結論から言えば、難民申請手続きのための施設設置をEUの中と域外でそれぞれ目指す方針を決め、イタリアの負担を減らし、経済活動などを目的とする不法移民をより分けて出身国に送り返すことなどを狙うものとなりました。
２０１６年、トルコのリゾート地の海岸でシリア人の３歳児の少年が溺死した写真がＥＵ各国の主要な新聞に載りました。メトロ紙の見出しは、「ヨーロッパは彼を救えなかった」とありますし、ガーディアン紙では「ヨーロッパ難民危機のショッキングな悲劇の現実」とあります。シリア、アフガニスタン、そしてエリトリアといった国々から、毎日数千人がヨーロッパの国々への渡航を試みている。国際移住機関によれば、２０１５年だけで35万人以上の人々が地中海を渡ったと言われ、実に４０００人が地中海で命を失ったといいます。命の危険にさらされた難民から一人当たり１０００ユーロをとって密入国させていたマフィアが非難されました。格安航空券は50ユーロほどです。難民の多くは中産階級でそこそこのお金も持っています。何故、かれらが１０００ユーロも出して悪徳業者のボロボロのゴムボートで地中海を渡らなければならなかったのでしょうか。

難民の大量発生に伴い、２００１年にＥＵが出した指令は、不法移民に対抗する手段を各加盟国に認めたものでした。その内容は、航空会社やフェリー会社は入国許可証（ビザ）のない人をヨーロッパに運び込んだ場合、母国に送り返す費用をすべて自社で負担しなければならないと規定していました。ですから航空会社のカウンターに難民が来ても明確な入国許可証のない者は搭乗することができないのです。ジュネーヴ条約に基づき保護を求められる難民はこの例外であるとも規定されていましたが、多くの人で混雑している空港やフェリーターミナルのカウンターで難民か不法移民かを判断できるわけがありません。難民が難民として認定されるためには、各大使館で難民審査が必要ですが、その審査には何か月もかかるのが通常です。シリア難民は、理論上条約に基づいて難民認定され、ＥＵに入国する権利を有しているのですが、実際には公共交通機関を使えず不法であることを承知で法外な料金のゴムボートに乗るしかなかったのです。しかも対岸にわたれば、国境を警備する軍隊または警察によってゴムボートは没収されてしまう。だからボートは常にボロボロで、なおさら危険な乗り物になるわけです。

各国の難民受け入れ状況

そもそもＥＵという国家共同体は、加盟国の統治権を認めながら域内の関税や人と行き来に対する規制を完全に撤廃しています。ですからEU内の人々はEU内であればどこにでも行けますし、どこでも住んで商売することができます。これを定めた取り決めをシェンゲン協定といいます。このシェンゲン協定によって、域内の全ての加盟国の国境の警備と税関が無くなるわけですから、極めて合理的です。しかしルーマニア、ハンガリーのようにEU加盟国でありながら、シェンゲン協定を承認していない国もあります。また英国は島国ということもあり、シェンゲン協定の運用除外を認められている国でもあります。同時にスイス、ノルウェーのようにEU加盟国ではないけれど、シェンゲン協定を受け入れている国もあります。

EUは域内で流通するユーロという通貨をつくりました。もともとユーロは決済用の仮想通貨で、現金として存在していませんでした。その後2002年、ユーロはEUの法定通貨となり、その国本来の通貨の代わりに流通することになり、EU以外の国においてもユーロが普及、今では25か国で統一の通貨となり米ドルに次いで重要な通貨の地位を有しています。よく基軸通貨という言葉を耳にしますが、基軸通貨とは国際取引や為替取引に使用される信頼のおける国際通貨のことですが、一時期は第2の基軸通貨と呼ばれたこともありました。ところが、ギリシャの経済危機やスペイン、イタリアの財政悪化などを受けて、ユーロは一気に信用を失う結果となりました。英国が国民投票によってEU脱退を決めたのが2017年、過去2回の国民投票のように当時のキャメロン政権としてはEU離脱議論に決着をつける意図があったと思われますが、世界もそして英国国民自身もが驚く結果となりました。その背景に移民問題とEU各国の経済的問題があったことは紛れもない事実です。

英国の多文化主義、仏国の同化政策、独国の社会統合

ここでEUの移民受け入れに対する基本的な政策を比較してみましょう。英国は、一般に「多文化主義」という政策で呼ばれます。もともと世界に多くの植民地を持っていた英国は、かつての植民地国家が独立した後も宗主国であった関係から多くの留学生や移民を受け入れていました。英語を話すということ以外の共通基盤を持たない多くの民族・人種が英国を構成しています。多文化主義は1940年代後半に始まりましたが、それ以前の英国は同

質の社会であり、日本と同じように単一文化でした。英国政府は1948年から、英連邦の国々から移住してきた多くの人々を呼び入れました。その主な目的は当時の英国の労働力不足を穴埋めすることでした。移住してきた移民の多くはカリブ海、インド、パキスタン出身の人々です。その後、数十年の間に大勢の人々がイギリスに移住しましたが、英国はまだ単一文化でした。しかし1997年に労働党が総選挙で勝利した後、全国レベルで多文化政策を開始させました。これは英国への入国が大幅に増加し、多文化主義を促進するための新しい法律が制定されることを意味していました。それ以降、英国は世界で最も多文化な国のひとつとなったのです。

フランスはどうでしょうか? 2018年のサッカーワールドカップで2回目の優勝を果たしたのはフランスでした。ベンチに入る25名のナショナルチームメンバーの内、正式な本国出身者は僅か2名と言われています。これがフランスの移民政策を象徴していると言えるでしょう。英国の「多文化主義」と対照的な「同化政策」を伝統的に採ってきたのがフランスです。それぞれの文化的背景などとは関係なく、移住国のルールに合わせて「フランス人」となること、そしてフランス語をしっかりと習得することが求められています。「多文化主義」と比較すれば、寛容さが少ないように感じますが、一方で人種や宗教などによる差別は「自由・平等・博愛」を掲げる共和国の建前から許されない。事実として9割以上の移民たちが、家庭内でも母国語ではなく、フランス語を使い、徐々にフランス人としてのアイデンティティを醸成していくと言われています。

ドイツの移民政策は、「社会統合」と呼ばれます。ドイツでは、少子高齢化の急速な進展により、将来人口が大幅に減少することが予想され、このため2001年以降、人口減少に伴う労働力不足に対処する総合的な戦略を策定するための議論が活発に行われ、04年7月に新移民法が成立し、05年1月から施行されました。この辺りの論理的な思考、法的手続きなどをみるとドイツらしいという気もするのですが、ドイツでは移民をゲストワーカーと呼びます。現在、移民とその子孫が1600万人程度、ドイツの人口全体の20%。特に、ドイツ全体でトルコ系は300万人という数字は、大きな社会的インパクトを与えるものとなっています。次頁の図は、2016年の欧州に到着した難民・移民の状況です。各国の中でドイツが圧倒的に移民を受け

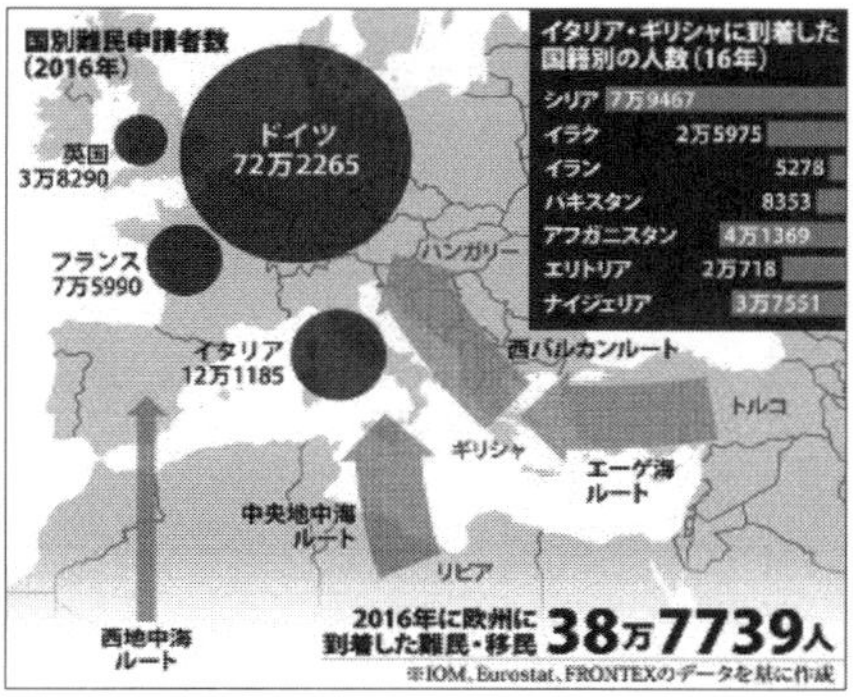

入れていることは注目です。第1次世界大戦でドイツは、オーストリア・ハンガリー帝国とオスマントルコと中央同盟を結んで英・仏・露と戦ったわけですが、このためトルコは歴史的に親ドイツの国であると言われています。

さて、イスラム国などの紛争地帯から多くの難民・移民が流入することで、ヨーロッパは社会的な不安定状態になりました。ロンドンの地下鉄爆破テロ、パリの同時多発テロ、そしてベルリンでもクリスマスにテロが起きました。現在、これらの国では移民に対する反対運動が起きています。前回のフランスの大統領選挙で決選投票となった候補者の一人が移民排斥を掲げる極右勢力のルペン候補であったことが話題となったことは、覚えている方も多いと思います。

3 日本の移民政策

閉ざされた国・日本

我が国の移民政策はどのようになっているでしょうか？最近では観光客を含め多くの外国人を見る機会が増えましたけれど、日本に住む外国人は決して多くありません。我が国の場合、30日以内の観光であればビザ（査証）がいらない国が増えています。ロシアを除くヨーロッパ、北・南米、オセアニア諸国ではビザがいりません。一方で中国、韓国、台湾を除き、アジア・アフリカ地域の多くの国で事前にビザの取得が必要とされています。当然、外交は相互主義ですから、日本人がビザなしで行ける国の人はビザなしで日本に来ることができます。最近外国人の観光客が増えている背景にはそのようなことも関係しています。しかし観光と就労では全く事情が異なります。その国で外国人が働くためには、就労ビザが必要です。移民のように、そこで永住しようと思う人はさらに多くの制約事項があり、日本はその制約事項が非常に厳しい国の一つです。

次頁の表を見てください。これは全国難民弁護団会議と

G7諸国＋韓国・オーストラリアにおける難民認定数等の比較

国名	UNHCR拠出金		未処理（年数）	申請／申立数	処理					未処理（年末）	比率（1）			
	金額（百万ドル）	順位			条約難民	補完的保護等	不認定	取下・却下等	処分合計		難民認定率	庇護立	取下・却下等	未処理増減
米国	1,493.8	1	285,611	261.965	20,437	—	12,659	54,852	87,948	542,649	61.8%	61.8%	55.0%	52.1%
ドイツ	283.9	3	420,625	745,545	263,622	179,588	196,184	127,035	776,429	587,346	41.2%	69.3%	27.0%	86.0%
日本	164.7	4	13,831	16,098	28	97	9,604	1,497	11,226	18,801	0.3%	1.3%	16.0%	48.0%
カナダ	117.3	5	8,483	23,619	10,226	—	4,970	1,253	16,449	23,935	67.3%	67.3%	5.0%	17.5%
英国	113.9	6	45,857	54,941	13,554	1,534	25,577	6,117	46,782	46,784	33.3%	37.1%	11.0%	26.1%
オーストラリア	39.9	12	24,243	33,454	6,567	—	12,859	572	19,998	29,590	33.8%	33.8%	21.0%	152.8%
フランス	39.0	14	63,527	125,682	24,007	12,617	84,690	10,532	131,846	62,771	19.8%	30.2%	7.0%	12.9%
イタリア	24.6	16	60,156	122,972	4,498	30,606	54,469	—	89,873	99,921	5.3%	39.4%	0%	31.5%
韓国	20.1	19	5,387	7,542	57	248	5,542	730	6,577	6,861	1.0%	5.2%	8.0%	75.1%

いう組織が２０１６年の難民認定数等の比較として一覧にした表です。

見ていただくと分かるように、日本はＵＮＨＣＲに拠出した金額で米国、ＥＵ、ドイツに次いで４位、しかし難民認定率は０・３％でＧ７の中で最低の数字となっています。すなわち日本は、民間からの寄付も含め資金は出すが難民は受け入れないという姿勢です。最近のシリア難民対策に関して見ると、ドイツが２万人、カナダが１万人、オーストラリアが５６００人の受け入れを公約しました。日本の安倍首相が公言したのは資金援助でした。そして日本が認定した難民は３名です。日本の難民認定の厳しさについては、国際社会から批判があるのも事実です。

入国審査の所掌と新しい移民政策

さて、日本で入国を審査している組織はどこかご存じですか？ 入国管理局と言います。入国管理局は正式には、出入国在留管理庁という国の機関です。それではこの出入国在留管理庁はどの省庁に属しているでしょうか？ 外務省？ 総務省？ いいえ、実は法務省の管轄になります。

法務省の仕事は、「基本法制の維持及び整備、法秩序の維持、国民の権利擁護、国の利害に関係のある争訟の統一的かつ適正な処理並びに出入国の公正な管理を図ること」です。日本に難民申請する外国人の場合、政治的な迫害や紛争など理由とするものは少なく、経済的な理由、すなわち日本でお金を稼ぎたいという理由が多いのが実態で、難民ではなく日本での就労を目的とした移民になってしまいます。また、制度的に難民申請をして半年が経過すれば、就労が可能とされていたので、難民申請を何度も繰り返すことが可能でした。つまり申請をして働き、認定されなければ再度申請し働く、この繰り返しが可能だったのです。就労を目的とした難民申請を「偽装難民」と呼びます。この「偽装難民」の事案が多く、本当に逃げ場を求めて日本に来る人たちの妨げにもなったと言われています。２０１７年に法務省は制度改正を行いました。申請を受理する前に審査を設け、就労目的の「偽装難民」を事前に除外することになりました。また、母国での借金や失業などの理由での申請は、前もって却下されることになりました。しかし、２０１７年末の時点で日本国内の外国人労働者は、厚生労働省の発表では１２８万人を超え過去最大となっています。日本の難民受け入れと労働者受け入れには大きな矛盾があるようです。

２０１８年6月、「骨太の方針２０１８」が閣議決定され、今後、外国人に対して新たな在留資格を設けることなどが明らかにされました。これまで認めてこなかった外国人の単純労働に門戸を開き、２０２５年までに50万人超の就業を目指すという方針です。これを受けて、出入国管理法も改正されました。すなわち従来より日本で働きたいという外国人をもっと受け入れる体制になったということになります。

日本の難民対策を皆さんはどう考えるか

それでは、皆さんに考えてもらいましょう。日本は、もっと難民・移民を受け入れるべきか？ ＹＥＳまたはＮＯで結論をもってください。そして、何故ＹＥＳなのか、何故ＮＯなのか、その理由も考えてもらいたいと思います。

…………

皆さんは、これから就職する立場ですから、自分の将来にとって外国人労働者の動向は他人事ではありません。一方で、人道的な立場から日本はもっと世界の難民を受け入れるべきだという意見もあります。「好むと好まざるとにかかわらず、貧困や迫害のために自分の国から押し出された外国人を受け入れるのは国際社会の責務である」という人もいます。そんな人も自分の仕事を外国人に奪われるとなれば、話は変わってくるでしょう。これは、原子力発電所や沖縄の米軍基地移転の問題でも同じような傾向があります。すなわち総論賛成、各論反対。または隣町はいいけど自分の裏庭におくのはやめてほしいなど、その人のことを利己的だと非難することは簡単ですが、不利益を被る当事者が利己的になることもやむを得ないというところがあると思います。皆さんは、どのように考えますか？

第24講

周辺事態シナリオ研究

もし、日本が危機事態に巻き込まれたら？

本日の講義は、ケーススタディの2回目です。1回目のケーススタディでは、架空の国で行われるPKOに自分が参加するならどうなるだろうかというシナリオで皆さんに研究してもらいました。2回目は、日本を取り巻く周辺事態を研究します。

シナリオは架空のものですが、情勢はおおむね現在の国際情勢を前提にしています。すなわち、現実のものに極めて近い状況が多く出てきます。しかし、あくまでも研究のために作った教育上のシナリオであることを忘れないでください。あくまでも皆さんにリアリティある研究をしてもらいたいためのもので、このような現実を予測しているわけではありません。

実際の日本が置かれている現実の安全保障上の懸案事項は、この後、あらためて研究することになります。それでは、日本を取り巻く環境がどのようなものか、全般状況から説明します。

周辺事態シナリオ全般状況

２０ＸＸ年５月頃の状況

ア　北朝鮮

２０ＸＹ年は、東アジアにとって異常気象の年だった。中国東北部、朝鮮半島（北朝鮮・韓国）は、深刻な冷害となり農作物の収穫は例年の50％以下となった。夏から秋にかけて大型の台風が続けて朝鮮半島に上陸し、韓国・北朝鮮ともに大きな被害を受けた。特に、北朝鮮の農村部では餓死者が相当数発生したとの報道があったが、北朝鮮労働党指導部の動きに特段の変化は見られず、北朝鮮国営放送も平常のままであった。

２０ＸＸ年５月、韓国のＴＶが一斉に北朝鮮の国家指導者金正恩の暗殺、クーデターが起きたらしいとのテロップを流した（発信元は、韓国情報部、米軍情報部の情報ではないかと解説された）。次いで米ＣＮＮ、日本の共同・時事、英国ＢＢＣ、北京人民日報などが次々と「金正恩暗殺、クーデターにより平壌市内で銃撃戦が起こっている」と報じた。

イ　韓国及び在韓米軍

２０１Ｘ年、戦時統制権が在韓米軍から韓国軍に移譲されて以降、縮小を続けてきた在韓米第８軍は、38度線に付近にある米陸軍第２師団を主体として、引き続き情報収集と不測事態に備えている。しかしながら、毎年行われていた米韓合同軍事演習が隔年実施へと変更された他、戦力は逐次に縮小し続けている。クーデター報道に前後して在韓米軍司令部（米第８軍司令部）は、ＤＥＦＣＯＮ４（防衛体制の５段階の４：オレンジ）を発令、かねてより準備していた「ＰＬＡＮ００２９※」の準備命令を発動した（※朝鮮半島事態発生に対応する米軍の作戦計画）。

ＰＬＡＮ００２６：北朝鮮の核攻撃

ＰＬＡＮ００２７：北朝鮮の通常攻撃（38度線を越える地上侵攻）

ＰＬＡＮ００２８：北朝鮮特殊部隊によるテロ攻撃（韓国、日本、米国）

ＰＬＡＮ００２９：北朝鮮内部崩壊

①政治的なスキャンダルにより任期途中で辞任した前大統領の後を受けて就任した韓国の大統領は、反日・反米を

旗印に前政権を批判していた野党推薦の活動家で、政治経験がほとんどなく、未だに米国及び日本との間で良好な関係を構築できずにいる。一方で、経済的に大きく依存している中国の影響下にある。

②韓国政府は、情報の収集に努めているとコメント。DMZ（非武装地帯）付近の韓国軍は、即応レベルにあり、緊急事態に備えていると発表した。一方、ソウル市内は平穏であり、韓国国民の動きは冷静であった。一部の報道には、38度線を越えて北に逆侵攻すべきとの論調もあったが、総じて状況の推移を慎重に見極めるべきとの政府の見解を支持した。

ウ　中国の動き

（ア）２０X0年代以降、中国のGDP伸び率は低下し、かろうじてプラスを維持している状態を続けている。経済発展の鈍化とともに、都市部での人口高齢化と農村部との経済格差はさらに拡大し、地方の共産党指導部の汚職問題も解消する兆しがなく、多くの地域で住民の抗議行動が暴動に発展する事態が多発している。中国政府は多くの兵力を地方の安定化のために投入するとともに、党内の綱紀粛正を強化している。

②２０１X年末、金正恩指導部が次々と政権内の要職を粛清したことから、北朝鮮政権内部における恐怖政治に距離を置く軍部の一部がロシア・中国と接近していると米国のシンクタンクは分析した。２０００年代はじめに北朝鮮と共同開発した羅先特区は中国・吉林省の延辺朝鮮族自治州琿春市から約50キロの距離にあり、香港など中華圏からの投資による外国人向けのカジノでにぎわっていたが、中国人のギャンブル熱が深刻な社会問題となったことから、中国政府は国境地域住民を除き北朝鮮観光通行証（ビザ）の発行を全面的に中断した。数少ない北朝鮮の外貨獲得の手段はさらに制約を受ける形となった。北朝鮮政権と中国の関係はさらに悪化した。

③クーデターの起こる数日前から、中国人民解放軍の数個師団が中国北朝鮮国境の鴨緑江の北側に展開を開始したと、アメリカの一部メディアが報じた。クーデター報道後、国境の検問所は閉じられたままであり、鉄橋・道路などの陸上輸送は止まったままである。米国情報筋が今回の北朝鮮のクーデターを北朝鮮軍部の親中国派が起こしたものではないかと見ているとのCNN報道がなされた。中国政府

はこれを否定している。

④一部の愛国的急進派（上海に指導部）は、「中台統一」、「北朝鮮併合」、「尖閣諸島は、中国の領土であり今こそ日本から力で奪い返す時だ」とのスローガンを掲げている。「新民晩報（上海）」「香港ポスト（香港）」は、連日特集を組んで民意を促している他、インターネットでの数億人が台湾・北朝鮮・尖閣諸島が中国の領土であるとして政府に実力行動を要求している。

エ ロシア

ロシア極東軍管区に特段の動きは見られない。プーチン大統領は、軍の警戒レベルを1段階にあげたことを発表した。北朝鮮とロシアの国境の検問は中国と同じく閉鎖されている。ハバロフスクからのロシア軍長距離偵察機の活動が活発化しており、北日本におけるロシア機に対する航空自衛隊のスクランブルは、一時的に冷戦時代のレベルに上昇した。

オ 米国

２０１７年1月に大統領に就任したトランプ大統領は、「アジアの国内問題でアメリカの若者が血を流すことはない」と発言したことでアジア各国から批判を受け、その後、その発言を軌道修正した。しかし、その後のアメリカ第一主義は、アジアにおける米国のプレゼンスの低下を招いていると批判されている。

カ 日本・在日米軍

①クーデター報道以後、日本政府は韓国政府と同じく状況の推移を慎重に見定めていると発表。同時に米国、関係諸国と緊密に連携する旨、コメントした。

②自衛隊が不測の事態に備え準備を開始したとＴＶ各局が報道した。東京・大阪などの主要都市及び沖縄の警備を担任する第１・第３師団、第15旅団は、主要訓練を中止、待機態勢に移行した。海上自衛隊は、イージス艦２隻を日本海に配置、情報収集・監視態勢を強化した。航空自衛隊は、首都圏及び沖縄の基地においてペトリオットミサイルを配置するとともに、韓国からの邦人等空輸の準備を開始した。海上保安庁は、主力巡視船を日本海～対馬海峡～東シナ海に展開させている。

③在日米軍は、不測の事態に備えＤＥＦＣＯＮ４（在韓

米軍と同じ）を発令した。

カ 国際連合

①グテーレス国連事務総長は、事態の推移を注視している旨コメントする他、事態の推移に伴い、安全保障理事会の開催を示唆した。

②UNICEF及びUNHCRは相次いで、児童及び避難民の発生に対する配慮について北朝鮮国連代表部に要請するとともに、救済支援の可能性について言及した。

研究課題と参考資料

第1状況

1 現時点（20XX年5月○○日）

（1）北朝鮮クーデター報道がなされてから1週間後

（2）これまでに判明した事項

・北朝鮮では、クーデターを起こした一部の軍部と、前政権側との間で内戦が起きつつある。内戦は平壌市内から地方に拡大し、地方都市においても銃撃戦が起きている。

・韓国合同参謀本部議長は、北朝鮮の軍部が旧体制派と改革派に割れて武力衝突しているらしいと記者団の質問に答えた。クーデターを起こした改革派は、平壌所在の軍団であり、金正恩指導者及び中央軍事委員会のメンバーを暗殺して実権を奪取した模様。暗殺を逃れた朝鮮労働党中央軍事委員会の幹部は、地方の軍団と連携して金政権の正統性を訴え抵抗している様子である。弾道ミサイル及び核開発関連施設をどちらが握っているのかは、現時点では不明である。

・平壌付近の多くの住民が戦闘を逃れて避難しはじめており、10万人を超える避難民が平壌から南及び東に向かって移動を開始したと伝えられた。

・北朝鮮・中国国境には、数万人を超える北朝鮮住民が押しかけているが、国境の手前で押し戻されている。

・在韓（日）米軍は作戦準備を完了し、直ちに行動を開始しようとしている。

2　設問その1

（1）　日本の○○首相は、国家安全保障会議（日本版NCS）に対し、じ後の日本の対応についての検討を指示した。

（2）　NSCは、北朝鮮クーデターが内戦に拡大する状況を踏まえ、日本として何をすべきなのか？　何が出来るのか？　について、国家の方針を決め、関係省庁・機関と調整し首相に報告した。

【研究課題その1】

安全保障の観点から、日本政府が最も注視（情報収集）するべきものは何か？　その優先順位はどうあるべきか？　左記の中から最も重要なものを選び、その理由を答えよ。

同時に優先順位を決めるために必要な判断基準は何か、考察せよ。

①　北朝鮮内戦の行方（誰が、政権を握るのか？）

②　在韓米軍、在日米軍の動向（特に地上軍、特殊部隊など）

③　避難民の発生状況（その場所、全体の数など）と予想人道支援内容

④　北朝鮮弾道ミサイル基地、核兵器貯蔵（予想）施設の状況

⑤　日本海・東シナ海の中国・北朝鮮の船（軍艦）の状況、天候・海流状況など

⑥　日本国内のテロ関連情報、重要警護対象・在日米軍基地周辺の動向

⑦　中国、台湾、ロシアの地上軍の動き

※　判断基準の例：国益、国民の生命・財産の確保、領域の保全、東アジアの安定、大規模テロの防止、国際紛争の未然防止

【解説】

1 情報は、使うためにある

> 情報活動の基本的目的は、我の次の行動を決心するためである。
> 言い換えれば、行動の是非や方策を左右する決定的な情報は何か？ということである。よって、重要な情報を入手してもそれを活用するための手段と能力を持たない場合の情報は無価値である。

2 情報は、状況の進展に伴い変化する

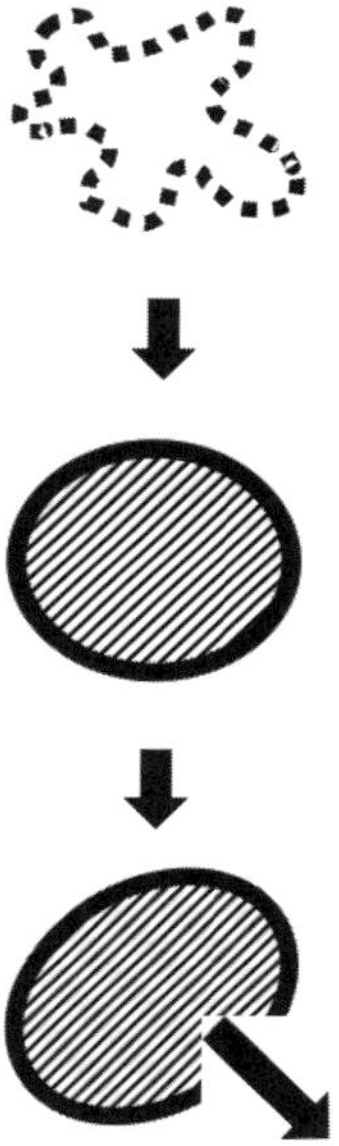

存在するか？　存在するならどんな形か？　それはどこに行くのか？

3 最も重要な情報は、自国の安全に決定的に重要なものである

・情報は曖昧で隠されているのが通常
・自分の安全情報は、自ら努力して獲得することが必要
・最も我が国に対して影響（損害）が大きい事態が優先度の高い情報

4 正しい情報は、取りうるオプション（行動方針）を決める判断の基礎である

・誤った情報は、誤った行動を取らせる結果となる。
・公開情報：ＯＳＩＮＴ（Open Source Intelligence）は、独自の情報によって裏付けられて初めてその確かさが判断できる。
・逆説的に言えば、最良の行動方針を決定するために、どんな情報が必要なのかをあらかじめ考えておくことが重要である。
・右記の情報を情報主要素：ＥＥＩ（Essential Elements of Information）と呼び、通常、次のような疑問文で表さ

れる。
・例：「○○は、大規模なテロ活動を実施するか？ するとすれば、その時期はいつか？ その標的、場所はどこか？」
「○○は、自暴自棄によるミサイルを発射するか？ するとすれば、その時期、方向は？」

5 意志は変化する、しかし能力は急に変化しない

・相手の行動は、相手の意図（意志）と能力（可能性）により決まる。
・ただし、意思はあっても、能力のないものにそれを行う可能性はない。
・一方で、意図（意志）は、指導者の交代や国内世論などによって急激に変化する。
・したがって、情報は相手の能力に着目し、相手の意図（意志）の変化に留意することが必要

第2状況

1 現時点（20XX年5月○○日＋2W）

※ 第1状況から2週間経過

（1）これまでに判明した状況
・北朝鮮のクーデターは、内戦状態に拡大したことが明らかになった。戦闘は平壌市内から地方都市に飛び火し、北朝鮮全土に広がっている模様である。
・中国・北朝鮮国境の検問所に数万人の北朝鮮難民が押し寄せている。当初、中国は避難民を押し返していたが、難民救済の国際世論の高まりを受けて国境付近の中国側に難民キャンプを構築した。しかし、難民キャンプがすぐに避難民で溢れかえったため、再び国境を閉鎖した。中国は国際連合に、食料と医療支援を主体とする人道支援を要請した。各難民キャンプ内では、暴動・殺人などが頻発しているが、中国軍がキャンプを包囲しており、暴動はキャンプ内にとどまっている。
・ソウル、釜山、済州島において、爆弾テロが発生。韓国政府は、内戦に乗じた北朝鮮特殊部隊の潜入によるも

のの公算が大とコメントし、韓国全土に厳戒態勢を引くとともに、大統領は、事態が拡大すれば戒厳令を布告すると発表した。

（2）国際社会の対応

・国連安保理は、「人間の安全保障」を根拠として具体的な安保理決議発出を調整中であるが、紛争当事者が特定できないことに加え、中国、米国が拒否権を出す可能性が高いため、水面下で交渉中であり時間がかかっている。

・国連人道問題調整事務所（ＵＮＯＣＨＡ）は、中国、ロシア、韓国、日本に対して、難民支援の具体的行動を準備するよう要請した。

・米国は、韓国を支援すると公式にコメントしている。一方で、既に独自に特殊部隊を派遣し核及び弾道ミサイル関連施設の確保・制圧に動いているとの報道がある。

・中国人民日報は、一時期疎遠だった北朝鮮との関係を改善することを狙いとして、クーデターの行動に理解する旨の記事を発表するとともに、中国は鴨緑江を超えて北朝鮮内に軍隊を派遣して北朝鮮の内戦を終結させるべきであるとの社説を展開した。

・北京、沖縄において爆弾テロが発生、同時期に横田、厚木付近で爆発物を所持していた外国人が逮捕された。国家公安委員長は、主要都市において対テロのための特別警戒態勢をとると発表した。

・日本政府は、中国国境沿いの難民キャンプに対する医療支援、人道活動支援のため自衛隊のＰＫＯ部隊の派遣を非公式に中国及び韓国に打診したが、両国ともこれを拒否した。ＪＩＣＡ及び一部のＮＧＯ団体が難民支援のため中国に渡航した。

・日本海側の海岸に多くのボートが漂着、ほとんどが内戦を逃れた北朝鮮の難民である。現場では、海上保安庁、警察、法務省（出入国管理局）、自衛隊、地方自治体などが混在し、錯綜している。現時点で確認された難民の数は３万５０００人、今後さらに拡大する可能性が大である。

【研究課題その2】

日本政府は、北朝鮮のクーデターが内戦状態になったことを受け、今後の対応について検討中である。

総理大臣は、在韓日本人約2万人の日本への退避（在外邦人の保護活動を発令）を最も重視して対応する事態として、その具体的な対応要領について、陸海空自衛隊に検討を命ずるとともに、その他の活動について検討中である。

左記内容を参考として、我が国の対処として優先すべき事態を二つ列挙し、その理由を述べよ。

【優先して対応すべき事態（具体的な対応）】

① 日本国内のテロ対策・治安対策（自衛隊に治安行動を発令）

② 韓国・中国に対する人道的支援活動（主として難民支援、資金援助とNGO）

③ 在日・在韓米軍の作戦を支援（重要影響事態に基づく後方支援活動を発令）

④ 日本への漂着が予想される難民対策（難民受け入れ施設の設置、支援活動）

⑤ 国外の国連UNHCRの難民支援活動に協力（人道支援活動、支援部隊を派遣）

⑥ その他、上記以外の支援活動があれば、列挙せよ。

※ 予想される事態に国家（機関）が主体となって対応することを研究。ただし、NGOなどの非国家組織の活動を含めて考えること。

【解説】

1 本状況の特質

◎ どのような事態が起こるのか？
考えられる事態を列挙。

その上で、そのまま放置すれば、日本にとって重要な影響を及ぼすいくつかの事態を特定し、その影響度、対策の可能度（資源・組織・人員）、実行の効果（国際社会へのアピールなどを含む）を比較・評価して、定量的に分析する。

【比較のための重要な要因】

・領域の保全
・国民の生命・財産の安全
・人間の安全保障（人命救助、難民支援）
・日米同盟の信頼性の確保・維持
・国際社会に対する責務の履行（国連の各種活動への参加、支援）

◎どのように事態が推移するのか？

・内乱が拡大し、これに中国・韓国・米国が関与して国際的な武力衝突に発展する
・難民の大量発生による大規模な混乱、犯罪の多発、暴動の発生など
・混乱に乗じて行われる政治経済の中枢、交通インフラに対するテロ攻撃
・核・化学兵器などの大量破壊兵器（ＭＤＷ）の拡散、流出
・自暴自棄による上記大量破壊兵器の使用（弾道ミサイルの発射など）
・内乱状態の中で行われる集団暴行、大規模略奪、大量虐殺など

2　存立事態、周辺事態（重要影響事態）との関連

◎有事（我が国に対する急迫不正な侵略）以外では、防衛出動（武力の行使）は下令できない。

◎存立危機事態：「我が国と密接な関係にある他国に対する武力攻撃が発生し、これにより我が国の存立が脅かされ、国民の生命、自由及び幸福追求の権利が根底から覆される明白な危険がある事態」（２０１５年に成立した平和安全法制で事態対処法に規定）。

◎本状況は、上記の「存立危機事態」に該当するか？

※仮に米軍が特殊部隊を北朝鮮内に派遣して、核兵器関連施設を制圧する作戦を行う場合、日本の自衛隊がこの作戦を後方支援することは可能か？

第3状況のA（難民対策）

・北朝鮮から多くの難民が国外に流出している。北は鴨緑江を越えて、西は対岸の青島へ、そして東海岸から多くの漁船やボートにのって日本を目指している。
・日本海側の海岸では、多くの避難民が漁船や手漕ぎのボートなで続々と流れ着いている。入国管理局は、避難民は10万人を超えており今後も増大する一途だと発表した。
・九州6県（福岡、佐賀、大分、長崎、熊本、鹿児島）及び本州日本海側の9県（島根、鳥取、京都、福井、石川、富山、新潟、秋田、青森）の各県にそれぞれひとつ、または数か所の難民受け入れセンターが設置され難民の受け入れが開始された。しかし避難民の数は、施設の受け入れ可能数を大幅に上回っており、流れ着く多くの避難民を収容できず、一部プレハブやテントなど仮設の受け入れ施設を構築中である。
・避難民の中には、入国手続きを経ずに入国（不法入国）したものもあり、日本各地で窃盗・強盗、傷害事件が多発している。

【研究課題その3A】

日本政府は、北朝鮮からの避難民受け入れの基本方針を検討中である。
政府の対応として相応しいと思われるものを、下記事項を参考として研究せよ。
① 北朝鮮から来た避難民なのだから、韓国政府に受け入れてもらう
② 日本に漂着した避難民なのだから、日本で受け入れる。
③ 避難民の希望に応じ、日本以外の受け入れ先国と調整し、受け入れてもらう（第一義的に、日本では受け入れない）。
④ 一時的に避難民を受け入れるが、内戦が終結したら北朝鮮に帰国してもらう。

※ 難民の定義からすると、今回内戦を逃れてきた北朝鮮人は、難民条約で規定する「難民」ではない。

「難民」の定義：「人種、宗教、国籍若しくは特定の社会的集団の構成員であること又は政治的意見を理由に迫害を受けるおそれがあるという十分に理由のある恐怖を有するために、国籍国の外にいる者であって、その国籍国の保護を受けることができない者又はそのような恐怖を有するためにその国籍国の保護を受けることを望まない者」「難民の地位に関する条約（1951年）」

第3状況のB（テロ対策）

在日米軍航空基地では、米空軍の戦闘機・偵察機の往来が急増している。特に沖縄と横田基地における活動量が倍以上に増加している。一部の市民団体が「米軍の介入反対」のプラカードを掲げて基地周辺で抗議活動を開始した。

・韓国の首都ソウル及び主要都市で、小規模のテロが続発している。そんな中、北朝鮮の内戦に呼応して南北統一を目指す急進派が大統領官邸である青瓦台に爆薬を内蔵したドローンを多数突入させるテロ事件が勃発。韓国は夜間外出禁止、観光事業などを制限する戒厳令を発令した。

・日本が設置した各地の難民収容施設では、窃盗・暴行・騒乱が起こっている。また、国内にいる非合法の支援グループの力を借りて多くの難民が施設を脱走し、一部は東京、大阪などの大都市に潜伏した模様である。

・日本国内では、外国人難民排斥を標榜する極右団体の活動が活発化している。警視庁及び各県警本部は、異例の全国一斉の対テロ特別警戒を開始した。

【研究課題その3B】

日本政府は、大規模なテロを警戒し、警察、消防、自衛隊などの治安機関に対してテロ対策の準備を命じた。

大規模テロを未然に防止するため政府の対応として相応しいと思われるものを、下記事項を参考として研究せよ。

① 政経中枢施設、米軍基地などを重点に警察（機動隊）を重点的に配置、テロを未然に防止する。

② 自衛隊に治安出動準備命令を発令し、生活、交通インフラなどを重点に自衛隊をもって災害派遣に準じる活動ができるように待機させる。
③ 自衛隊に治安出動を命じ、警察と協同して主要な公共施設・機関に事前に警察・消防・自衛隊の混成チームを配置してテロを防止する。
④ 総理大臣の権限で緊急事態の布告を行い、一部国民の権限を制限し、あらゆる政府機関を総動員して事態を処理する。

※ 緊急事態の布告
警察法第71条「緊急事態の布告」
災害対策基本法第105条「災害非常事態の布告」

第3状況のC（尖閣諸島領有権事態）

朝鮮半島の混乱に乗じて、かねてから魚釣島が固有の領土であることを標榜していた台湾の市民団体が十数隻の漁船を仕立てて尖閣諸島に向け出港したとのニュースがインターネット上で拡散した。

・同じく魚釣島は自国の島であると標榜する中国の一部の市民団体は、上記インターネットに刺激され、台湾に対抗するため数十隻の漁船をチャーターして翌日に尖閣に向けて出港した。中国の海監（海上保安庁に相当）は、これを制止することなく一定の距離を維持して追随している。
・上記の行動を察知した日本政府は、情報の真偽を確認するため海上保安庁に出動を命ずるとともに海上自衛隊に海上警備行動の準備を命じた。
・台湾の漁船団の一部は、海上保安庁の警備網の間隙を縫って一部島に上陸した模様である。一方でそれを非難する中国の漁船団も上陸を企図して、台湾・中国・日本（海上保安庁）という三者と官と民が同一地域に存在して衝突寸前の状態になっている。
・米国は、早期解決を望みながら、今のところ直接的な介入は考えていない。

【研究課題その3C】
日本政府は、尖閣の状況を解決（安定した状態

に）することを企図している。
政府の対応として相応しいと思われるものを、下記事項を参考として研究せよ。
①海上保安庁の巡視艇を増強するとともに、あくまでも外交的な話し合いで事態の解決をめざす（その間、不法占拠を許す）。
②海上保安庁によって取り締まりを強化するとともに、海上自衛隊に海上警備行動を発令して務めて早期に海域の安定を図る（海域を封鎖する）。
③上記に加え、治安出動を発令して陸上自衛隊を尖閣に逆上陸させ、不法入国者を逮捕するとともに、尖閣諸島に部隊を配置する。
④朝鮮半島情勢が落ち着くまで何もしない（難民対策やテロ対策などの対応を優先する）。
（※最終的には、外交的、防衛的に尖閣諸島海域の安定を図る。）

【解説】

1　はじめに

状況を研究するためにケースを3つに区分しました。①難民対策、②テロ対策、③尖閣諸島領有権事態です。何れの事態も日本にとって深刻な事態であると同時に放置すると大規模な危機事態や国際紛争に発展（エスカレート）する恐れのある事態です。勿論、これらの事態がそれぞれ独立に起こることもありますが、全般の状況を考えると3つの事態が同時に起こる可能性も否定できません。本来であれば、国家は持てる資源（この場合は、持てる国家の手段や能力）の配分を考えなければなりませんが、そうすると状況が複雑になりますので、今回はそれぞれの事態の対処に焦点を当て、それぞれのグループが各事態対処を研究するというスタイルを取りました。

2　難民対処

この設問で対象とする難民の総数は、状況によって変わります。しかし、難民の数そのものが問題ではなく、我が国の難民に対処する平素から準備している能力を超えるような事態が生起した場合と考えて下さい。したがって国家としては事態に有効に対処するための対処の方針と具体的な対処要領を決定し、行動しなければならないということになります。その観点からみると、設問にあるように、対処の基本的方針の決定は極めて重要です。そしてその方針というのは、結局のところ国家としての意志を決めることなのだということが分かります。勿論、日本の難民対処に関する姿勢は世界が注目しているでしょうし、外交的な圧力もあるだろうと思います。しかし、何と言っても重要なのは日本及び日本国民が難民をどのように受け入れるかを考えることです。

3 テロ対策

テロは、今この瞬間にも起こる可能性があります。しかし、テロ対策にはおのずと限界があります。本設問は、大規模なテロが予想される事態において、我が国が国家として、「何を守るのか？」、「どの程度まで準備するか？」というテロ対処の重点とそのための国家としての準備の程度を課題としています。国民生活を維持しながら、全てのテロ事態を未然に防ぐことは出来ません。したがって、重点を決める必要があります。

一方で、全てのテロを未然に防ごうとするなら、平素の態勢から危機事態対応の態勢へと国の対処レベル、システムを変える必要があります。問題なのは、日本の憲法や治安システムには、そのことが決められていないことです。我が国には戒厳令や緊急事態宣言などの規定がありません。唯一、警察法第71条に「緊急事態の布告」と、災害対策基本法第１０５条「災害非常事態の布告」という規定があるのみで、新憲法の下で一度も発令されたことがありません。実は、自衛隊と警察は、テロに対する共同訓練を実施しています。しかし、想定されている事態では、さらに緊密な共同や相互連携が必要となるでしょう。

4 尖閣諸島領有権事態

本状況は、一部の民間人が尖閣諸島に不当に上陸したという状況にしています。また、中国と中華民国（台湾）という3つの国家が混在する状況としていますが、本状況では国家の意志による占領の企図は明らかではありません。どちらかというと関係する国家の政府は事態の早期解決と収集を希望しているように見えます。勿論、最初から軍隊による領海侵犯や離島占領などがあれば、軍事的行動に移行してしまうので、まずは民間団体を装った特殊部隊員などを上陸させるという偽装作戦かもしれません。この事態を収拾させるという目的や自国民保護を大義名分で行う実質的な軍事侵攻もなしとはしません。深読みすぎるとか思うかもしれませんが、ナチスドイツのズデーテン進駐など歴史的には良く使われた手法であることも事実です。

ここでの国家の方針は、大きく4つ列挙されています。①あくまでも外交的手段で解決を目指す、②海上封鎖（周辺の日本の領海を封鎖して、不法上陸した者の撤去を促す）、③強制的処置（自衛隊の治安出動）、そして④テロや難民対策を重視して対処する関係から、尖閣諸島については、情勢を注視、監視にとどめる（国際社会が我が国に対して有利な条件となるまで待つ）というものです。

お分かりのように、この国家の方針がどうなるかは、相手の意図、すなわち対象とする中国と台湾の両政府が尖閣諸島を領有する企図を有しているのかいないのかによって、大きく異なることが分かります。国家の企図を読み間違えると取り返しのつかない事態になることも予想されますし、もしかすると我が国の領土の一部が易々とどこかの国に取られてしまうことを許す事態にもなりかねません。

結局のところ、この設問も国家の意志というか、国民の覚悟を問う事態といえるのかもしれません。

5 終わりに

「結局、どれが正しいんですか？」と皆さんは問われるかもしれない。そういう意味では事態対処に「正しさ」を求めることは難しい選択です。「では、どうすればいいのか？」という疑問を持つことは当然だと思います。わたしは、事態対処の方策を決めることよりも、国家や国民がこの事態にどのように向き合うのかという国家の意志や姿勢を確認することの方が極めて重要だと考えます。いかなる理由をもって、何のために、何を根拠として、国家の意志を決め、その決定された国家意志の下に、如何にして持てる資源を有効に使用するのか。その思考過程と決心こそが肝心なのではないか、そのようにわたしは思います。

危機事態や考えたくないことを考えるのは慣れないことであり、その決断・決心は非常に重圧のかかることです。だから国民一人ひとりが平和の時代の間にしっかりと考え、準備しておくことが重要です。

そのような準備、検討はどのようになされ、どのように準備されているのでしょうか。次週は、最終回となります。我が国の安全保障政策、防衛戦略について見ることにします。


「研究課題」に対する読者の皆さんの考えをメールでお送りください。タイトルに「シナリオ研究への応募」とつけてください。いくつかまとまった段階で、著者の渡邊隆さんからコメントしていただき、ホームページで公表します。

メールの送り先は以下です。(info@kamogawa.co.jp)

第25講

我が国の安全保障政策、防衛戦略

我が国の安全保障の課題と将来

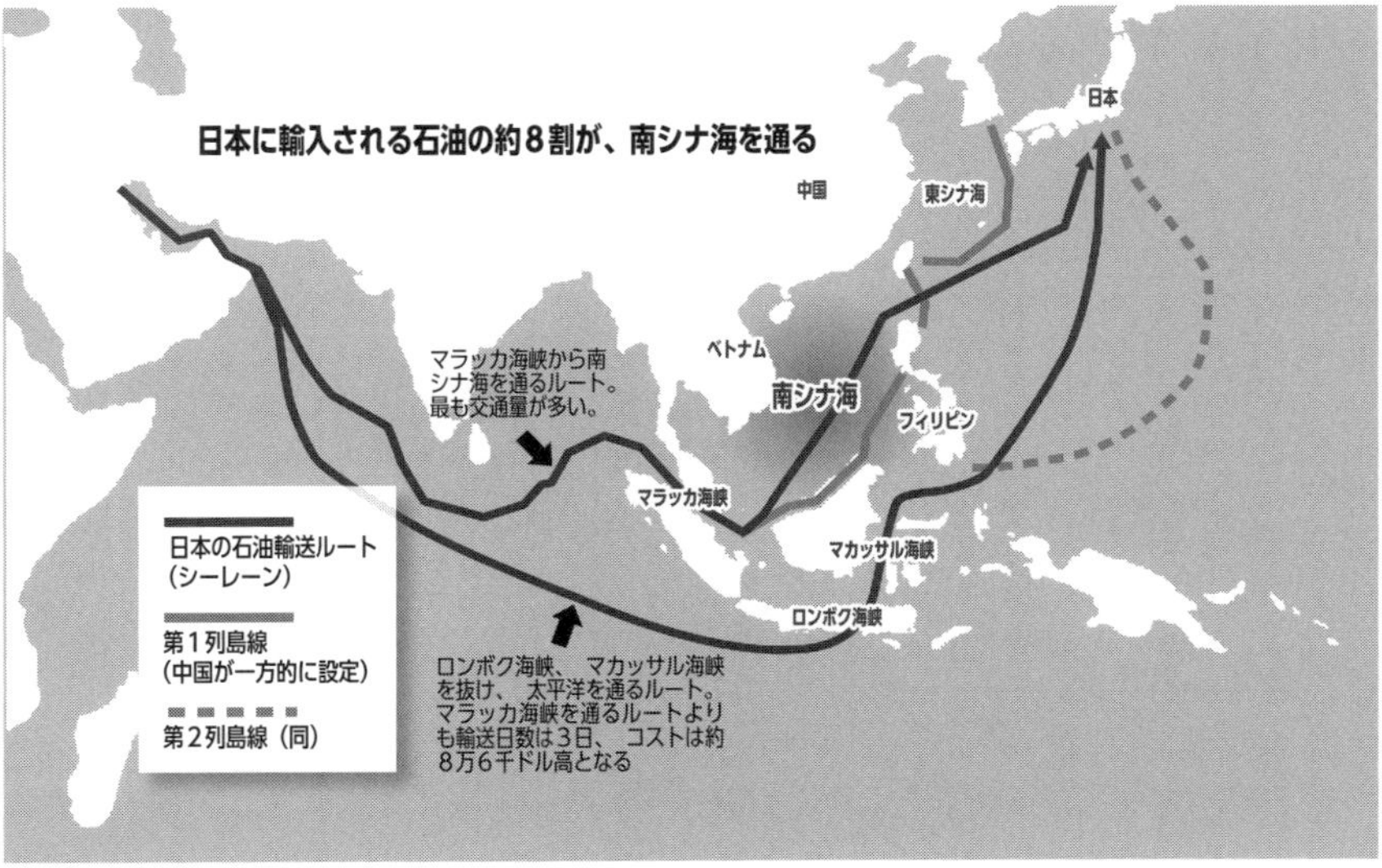

本日最初の地図は、インド洋から南シナ海を経て極東アジアにつながる石油輸送ルートを表わすものです。日本は、石油のほとんどを中東諸国から輸入しています。その細部は省略しますが、石油全体の内、どれだけの石油が中東から輸入しているかという数字を「中東依存度」といい、２０１7年現在87・３％となっています。すなわち日本に運ばれる石油のほとんどがアラビア海から船に載せられて、ホルムズ海峡、インド洋、マラッカ海峡を通り、南シナ海を北上して日本に到達するということです。非常に高い依存度ですが、過去には90％を超えた時代もありました。中東の石油を輸入するのは、何といってもそれが一番安かったからです。しかし、１９６7年、第4次中東戦争が起きて、状況は一変しました。石油が入って来なくなったからです。これを第1次オイルショックといいます。皆さんは知らないでしょうが、スーパーからトイレットペーパーが無くなってしまうということで、トイレットペーパーの買い占め奪い合いが起きました。このように世界のどこかで紛争が起きれば、それが一般国民の生活に直接影響を与えるような安全保障環境に我が国は置かれています。これまで安全保障の色々な面を見てきましたけれど、本日が最終の講義となります。

本日は、現下の安全保障環境で、我が国がどのような安全保障政策を構築し、どのような防衛戦略を選択しているのか、そして出来れば日本の安全保障の将来について、見ることにしましょう。

1 我が国の安全保障環境

我が国の地政学的特性

皆さんは、我が国、日本のことをどれだけ知っているでしょうか？「自分の国のことなんだからだいたいは知っているよ」と思っているでしょうか？中国の孫子は、その著書「孫子」の中で「敵を知り、己を知れば百戦危うからず」と言っています。戦う相手と自分の状況を知れば、絶対に負けることはないということですが、実は「己を知る」ということは意外と難しいものなのです。安全保障の観点から、我が国・日本のことをもう一度、おさらいしたいと思います。

第1の特性、日本は島国です。狭い国土と周りを海に囲まれていて（これを四面環海といいます）、世界第6位の広さの排他的経済水域を有しています。国内に資源がほとんどなく、基本的にエネルギー、鉄鋼、非鉄金属、レアメタル、レアアースなどほとんどの資源と大部分の食料を海外に依存しています。食料自給率は39％であり、エネルギー自給率は6％です。この自給率の意味するところは、日本は生存を海外に依存しているということです。

日本の国土は、西太平洋の端、フィリピンプレートがユーラシア大陸プレートに沈み込む境界線上のほぼ真上にあり、定期的に大きな地震が発生するとともに、太平洋火山帯の一部です。毎年秋にフィリピン東沖で発生する台風の通り道に当たります。

これらの特性は、変化することはあっても、その本質的な部分が変わることがありません。これらを称して「地政学的特性」と呼んでいます。

このような静的要因の他に、日本には、勤勉で高い教育レベルを持つ日本国民が住んでいます。日本民族は日本国を形成する単一の民族でＤＮＡの最近の調査によれば、中国とも韓国とも違う祖先をもち、2万年から1万5０００年前に日本列島に到達し、各地に拡がっていったと考えられています。極小な国土の内、70％は急峻な山岳地帯であり、居住が容易な平野部は限られており、水田農耕を主体とした古代から近代まで、農耕地による村社会を中心に発展したため、多民族国家や騎馬民族、遊牧民族と比較して集団生活志向が強く、自己主張よりも自己犠牲を美徳とする父系社会を構成した長い歴史を有しています。近代以降は、国民の高い教育レベルを背景にアジアの中で最も早く工業化に成功し、経済大国、福祉国家として発展した半面、現在は、少子高齢化と閉鎖性によって多くの課題に直面しています。

日本を取り巻く安全保障環境

ユーラシア大陸の東岸のカムチャッカ半島から千島列島を経て台湾につながる、列島で構成される日本は、北にロシア、西に中国、朝鮮半島、南を台湾に面しており、歴史を通じて北・西方からの影響を受け、協調と対立を繰り返してきました。特にロシア（旧ソ連）に対しては、海洋戦略の重要な拠点であるウラジオストックに所在するロシア極東艦隊の西太平洋への出口である宗谷、津軽、対馬の三海峡を制する国土であり、中国の北海艦隊（青島）、東海艦隊（上海）が東シナ海から太平洋への進出路を制する南西諸島を有しています。このため、第2次世界大戦後、冷戦時代にはアメリカにとっての「共産主義の防波堤」と呼ばれた時代もありました。

近代以降、歴史を通じて日本の仮想敵国は一貫してロシアであり、大きな戦争（日露戦争）を経験したほか、第2次世界大戦後の講和条約の非署名国のひとつであり、平和友好条約を結んでいない唯一の国家です。冷戦後となってもヨーロッパと異なり、日本を取り巻く極東アジア、東南アジアからインド、中東に至るまでの地域で、多くの不安定要素が存在しています。その概要を列挙しておきましょう。

①朝鮮半島
②ふたつの中国
③インド・パキスタン対立
④ロシア（旧ソ連）

の四つの地域です。

また、我が国には領有権を異にする3つの島嶼部があります。北から北方四島（実効支配ロシア）、竹島：韓国名独島（実効支配韓国）、尖閣諸島：中国名魚釣島（実効支配日本）です。これらは、現在武力衝突に至っていませんが、状況によって武力紛争に至る可能性を秘めています。

2 我が国の安全保障政策

国家安全保障戦略の位置づけ

我が国の防衛政策は、これまで1957（昭和32）年に国防会議と閣議で決定された「国防の基本方針」にその基礎を置いていました。この短い基本方針が、我が国の安全保障戦略防衛なのかどうか別として、この基本方針以外のものは何一つ明らかにされてきませんでした。この基本方針は4つの基本的考え方からなります。

①国際連合との協調
②民生の安定と安全保障基盤の確立
③必要最小限度の防衛力の整備
④限定小規模侵攻独力対処＋日米安全保障条約を基調

どれもが納得のいくものですが、いわば総論です。それぞれの項目について具体的にどのように施策化するのかについては明らかになっていませんでした。考えてみれば、冷戦間いささかの変化もなく、わずか1ページの戦略で国家の安全を表わしていたわけで、それだけ日本が平和だったのだということも言えると思います。

この基本方針は、冷戦が終わり国際環境の変化や自衛隊の海外派遣などがあっても特段の変化がありませんでした。しかし、２０１３（平成25）年、この基本方針に代わるものとして我が国として初めての「国家安全保障戦略」が国家安全保障会議及び閣議において決定されました。その位置づけは、従来から策定されていた防衛計画の大綱や中期防衛力整備計画の上位にあるというものです。具体的に自衛隊にどのような能力を持たせるか、戦車や護衛艦や戦闘機が何両、何隻、何機必要かという前に、その前提となる国益や戦略がなければならないわけで、その意味では日本の安全保障戦略策定の意義は大きいと言えるでしょう。

政府が公表した安全保障戦略はＡ４横書きで32ページ、「国防の基本方針」の1ページに比べると非常に長い文章です。では、その安全保障戦略（ＮＳＳ）には、具体的に何が書かれているのでしょうか。　我が国の安全保障戦略は次の４つの項目からなります。

Ⅰ策定の趣旨

Ⅱ国家安全保障の基本理念

Ⅲ我が国を取り巻く安全保障環境の国家安全保障上の課題

Ⅳ我が国がとるべき国家安全保障上の戦略的アプローチ

勿論、全文を読む必要がありますが、時間の関係上、安全保障戦略の具体的内容となるⅡ項とⅢ項を見てみましょう。先ずは、基本理念です。

安全保障戦略の基本理念

Ⅱ項の国家安全保障の基本理念は、ふたつに区分されています。我が国が掲げる理念として謳われているものは、①国際協調主義、②軍事大国とならないこと、③積極的平和主義です。この理念を受けて、我が国の国益と国家安全保障の目標が記述されています。我が国の国益については、①我が国自身の主権・独立を維持し、領域を保全し、我が国国民の生命・身体・財産の安全を確保すること、②経済発展を通じて我が国と我が国国民の更なる繁栄を実現し、我が国の平和と安全をより強固なものとすること、③自由、民主主義、基本的人権の尊重、法の支配といった普遍的価値やルールに基づく国際秩序を維持・擁護すること、の３点が挙げられています。

そして我が国の安全保障の目標は、第1目標：我が国の平和と安全を維持し、その存立を全うするために、必要な抑止力を強化し、我が国に直接脅威が及ぶことを防止すること。第2目標：日米同盟の強化、域内外のパートナーとの信頼・協力関係の強化、実際的な安全保障協力の推進により、アジア太平洋地域の安全保障環境を改善し、我が国に対する直接的な脅威の発生を予防し、削減すること。第3目標：不断の外交努力や更なる人的貢献により、普遍的価値やルールに基づく国際秩序の強化、紛争の解決に主導的な役割を果たし、グローバルな安全保障環境を改善し、平和で安定し、繁栄する国際社会を構築すること、が述べられています。

全ての項目について内容的にはこれまで論じられてきたことで、特に目新しいものはありません。ただ、このような基本的な事柄を国内外に明確にアピールしたというところに、この戦略の重要性があると思います。米国は国家安全保障戦略や防衛戦略などを公刊物として発表していますが、その真意のひとつは米国の意図や行動を関係国が誤らないことであり、相手国に対して同様の姿勢を求めることにあります。「政策の透明性」という言葉をよく聞きますが、安全保障には秘密がつきものです。すなわち相手に手の内を見せない、重要なことを隠すといったことが過去には行われてきました。ゲーム理論ではこれを、「不完全ゲーム」と呼びます。ポーカーや麻雀がこのゲームに相当します。一方で「完全ゲーム」とは、双方の手の内がすべて盤上に明らかにされているゲームで、将棋やチェスなどがこれに該当します。完全ゲームは「まぐれ」や「運」にほとんど左右されません。そのような戦略的対立の構図を米国は望んでいて、我が国もある程度そのような意図を持っていると考えられます。

安全保障戦略の環境と課題

Ⅲ項では、我が国を取り巻く安全保障環境と国家安全保障上の課題が述べられています。すなわち、我が国の安全保障に影響を与える「脅威」を分析しています。項目を列挙すると以下のとおりです。

1 グローバルな安全保障環境の課題

①パワーバランスの変化及び技術革新の急速な進展

②大量破壊兵器等の拡散の脅威

③国際テロの脅威

④国際公共財（グローバル・コモンズ）に関するリスク

⑤「人間の安全保障」に関する課題

⑥リスクを抱えるグローバル経済

右記の内、「国際公共財（グローバル・コモンズ）」については、やや説明が必要かもしれません。グローバル・コモンズとは、地球規模で人類が共有している資産のことで、主権国家の管轄を超えて人類全体が生存していくために必要とする大気や大地、太陽、海洋、水、気候、氷層界といった、世界が共有している生態系そのものをさすととらえられます。さらに、宇宙やサイバー空間、国連や国連のＰＫＯ、国際条約といった、人類が平和に存在していくために必要な多くの活動までをも含む幅広い概念になっています。

2　アジア太平洋地域における安全保障環境と課題

①アジア太平洋地域の戦略環境の特性

（※北東アジア地域には、大規模な軍事力を有する国家等が集中し、核兵器を保有又は核開発を継続する国家等も存在する一方、安全保障面の地域協力枠組みは十分に制度化されていない。域内各国の政治・経済・社会体制の違いは依然として大きく、このために各国の安全保障観が多様であること）

②北朝鮮の軍事力の増強と挑発行為

③中国の急速な台頭と様々な領域への積極的進出

この2項において、具体的な防衛上の課題、すなわち脅威が語られています。概括すればロシアの脅威は①の中に漠然として記載されている一方で、北朝鮮と中国は名指しで記載されています。これからの10年を単位として見るというのが本安全保障戦略の時間的スパンですから、ロシアの脅威が低下している点は納得できます。脅威の度合いをレベルで見れば、①北朝鮮が最も蓋然性が高く、②このまま放置すればやがて中国との間で軍事的な対立や衝突が起こる可能性があるとみているわけです。③そしてその他にもアジア太平洋地域は不安定な状況にあり、ロシア、インド、東南アジア諸国の動向によっては、偶発的、あるいはエスカレーション的に紛争が起こる可能性は否定できないとみています。

この後、安全保障戦略では、「Ⅳ我が国がとるべき国家安全保障上の戦略的アプローチ」として、①我が国の能力・役割の強化・拡大、②日米同盟の強化、③国際社会の平和と安定のためのパートナーとの外交・安全保障協力の強化、④国際社会の平和と安定のための国際的努力への積極的寄与が打ち出されています。この中で具体的な内容と方向性が示されるのですが、これを説明すると時間が無くなってしまいますので、情報や宇宙やサイバーなど新しい概念も取り入れつつ、広範囲に示されていることだけを付け加えたいと思います。この戦略を受けて、我が国の現状、すなわち陸・海・空自衛隊のハード、ソフトの能力と投入できる資源（すなわち予算環境）を勘案して、防衛計画の大綱と中期防衛力整備計画が作られるのです。

さて、日本政府の基本的考え方や我が国の安全保障戦略などは、読めば内容はわかります。しかし、実際色々な事態に我が国がどのように対処するのか、出来るのかについては、分かりづらいところがあるのは事実です。前回、ケーススタディその2で、我が国が周辺事態にどのように対処するのかについて皆さんと考えましたが、一番大事なのは国民がここから先は断固として許さないという覚悟をもてるかどうかであるとわたしは思います。

3　エネルギーから見る日本の安全保障

国家100年の計：日本と中国の比較

さて、ここで最初の地図に戻りましょう。日本に輸入される石油の8割がマラッカ海峡を通過するという話をしました。しかし、当然、マラッカ海峡を通る船は日本の船だけではありません。左の図を見ていただければわかるように、石油だけでも日量1200万バレルの石油がこの海峡を通過しています。図の上にあるように海峡を通過した石油のほぼ半分は、中国に行くのです。日本が320万バレル、韓国は240万バレルです。ですからマラッカ海峡に一番依存しているのは、中国であることは明確です。

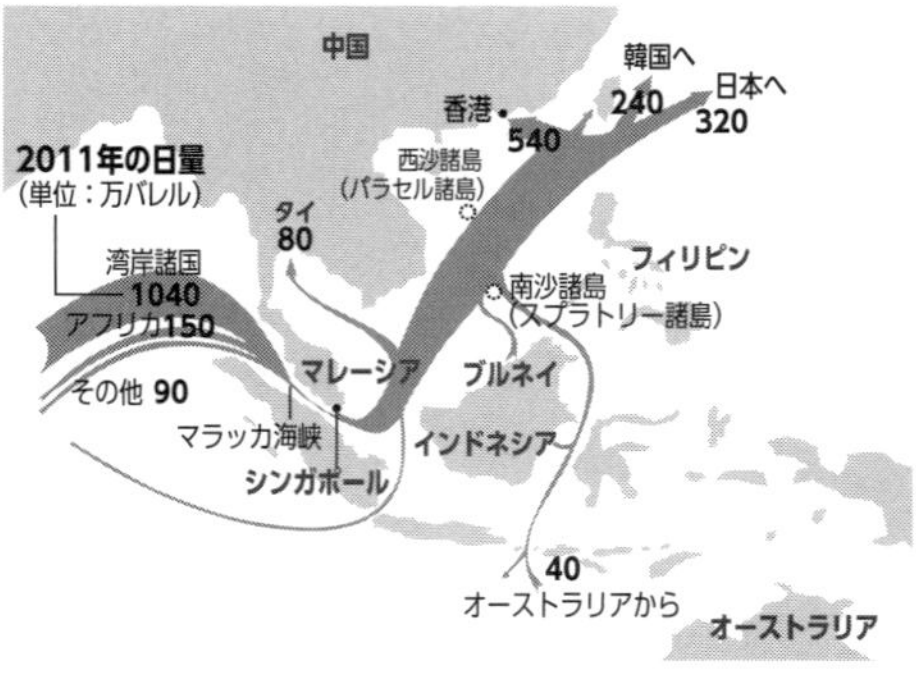

南シナ海の主な原油ルート
(出典)米エネルギー省エネルギー情報局(EIA)

この海峡が何らかの問題で通過できなくなったら、大きな問題となることは目に見えています。オイルショックの反省から、日本は一時期、中東に過度に依存することを緩和しようと石油の輸入先の分散を考えました。しかし、結局のところ高い中東依存度に大きな変化はありません。日本の場合石油備蓄は政府と民間合わせて90日の目標ですが、２０１７年調査で実は１７８日分であると発表されています。半年以上の備蓄があれば多くのことが解決できるので、我が国のリスク対応は一応整っているとみるべきです。

　中国はどうでしょうか？中国も90日を目標として国家備蓄を進めているようですが、同じ時期の調査で37日分しかないと報道されています。人口比で言っても日本と中国では石油の消費量が違います。しかも、エネルギー効率が悪く、まだまだ改善の余地があるようです。この観点から言えば、マラッカ海峡を封鎖されて一番困るのは中国自身であるといえるようです。

　このため、中国は東南アジア地域に多くの資源や投資を行っています。これが下の図にある「真珠の首飾り」なのですが、ミヤンマーのシットウェイ港、バングラデシュのチッタゴン港、スリランカのハンバントタ港、パキスタンのグワダル港は中国が資本を投下して港を整備しています。さらに、マラッカ海峡が中国のチョークポイント（生命線）であることから、新たな運河をマレー半島に建設しようとしています。この運河を「クラ運河」と呼びます。かつて旧日本軍が同じようにこの地域に目をつけて「クラ鉄道」を建設しており、同じようにここに東南アジア版のパナマ運河を建設したいというのが中国の狙いのようです。蛇足ですが、中国はかつてパナマとの国交がありませんでした。それゆえ、パナマの北の国のニカラグアに新しい運河の建設を持ちかけて実際に工事が開始されています。しかし、その後中国とパナマの国交が樹立したため、現在、ニカラグア運河の建設が中断しているという話もあります。何れにしても日本は10年後の世界を見据えて安全保障戦略を確立しましたが、中国の国家戦略・世界戦略は50年、１００年先を見ていると多くの中国専門家が指摘しています。

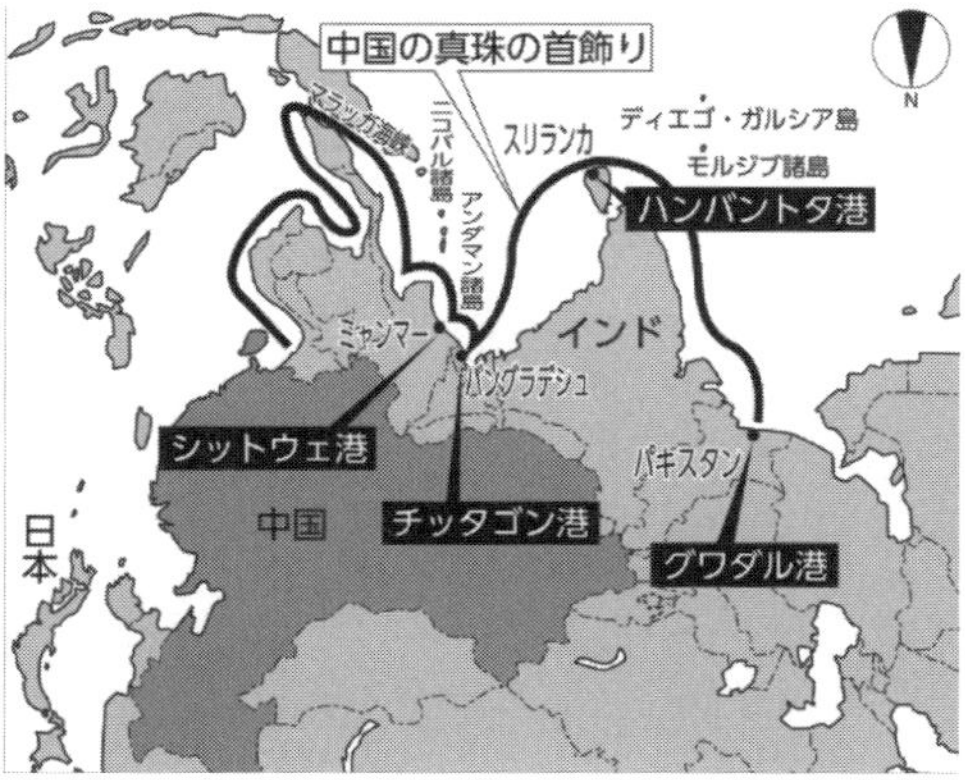

石油の埋蔵量

さて、皆さんはアメリカが石油の取れる国だと知っています。テキサスを中心とする西部には多くの油田がありますす。一方でアメリカは多くの石油を中東から輸入していま す。日本や中国のように、石油が取れない国であれば仕方がないのですが、自分の国に大量の石油があるのに、どうしてアメリカは石油を輸入しているのでしょうか?

ひとつの理由は中東から石油を買う方が安いからです。もうひとつの理由は、石油はやがて枯渇するといわれていたからです。「石油は化石燃料で、近い将来枯渇する」という説は、1949年にアメリカのキング・ハーバード博士が発表した「化石燃料から得られるエネルギー」という論文が元になっているようです。このキング・ハーバード博士は、1943年から1964年にかけてシェル石油で働いていた地質学者です。つまり石油メジャー側の学者です。1956年には更に「原子力と化石燃料」という論文を発表し、その中で「アメリカにおける石油生産のピークは1960年代の半ばから1970年代の初頭」としており、この内容が政治利用もされ、私たちにも刷り込まれたのです。実際に1970年初頭にアメリカの産出量が減少したため、1973年にオイルショックが発生し、日本だけで無く世界中でとてつもなく大きな混乱となりました。今でも、インドの全国民がアメリカと同じような消費を始めればあと10年で、さらに世界人口の70億人に拡大すればあと5年で原油はなくなってしまうと、2014年にNHKは放送しました（「NHKスペシャル シリーズエネルギーの奔流（第1回）」）。これは、エネルギー資源危機を煽り、温暖化危機を煽る巧妙な洗脳番組と一部では指摘されています。実は、石油は無尽蔵にあることがわかっていながら、ロスチャイルド系のシンクタンクであるローマ倶楽部は、「石油は枯渇する」という説を立て、1970年初頭に石油ショックを演出したと言われています。ですから、米国は中東から安い石油を買い、世界から石油が無くなった頃にようやく自分の国から石油を取り始めるという戦略を立てたわけです。しかし、最近の調査では原油はほぼ無尽蔵に存在し、600万年分の石油があるということが分かってきました。あと10年しかないという数字と、600万年という数字では、比較にもなりません。世界のエネルギーは本当のところどうなっているのでしょうか?

シェールガス

実は、オバマ政権時代の2016年、米国は通年予算の可決にあわせて、1975年から禁止されてきた原油輸出の解禁に踏み切りました。方針転換の背景にあるのは、シェールガス（シェールオイル）の増産という米国の経済的な事情と、エネルギーを関係国に対する影響力行使の手段とするロシアなどへの警戒感だといわれています。米議会で共和党議員を中心に輸出解禁を求める声が強まるなか、民主党が要請する再生可能エネルギーへの優遇策の継続などと一本化することで妥協が成立したのです。上の図は、米国のエネルギー供給量の実績と将来予測を表にしたものです。在来型陸上の石油は減少し、シェールガスが大幅に増えていくことを予測しています。

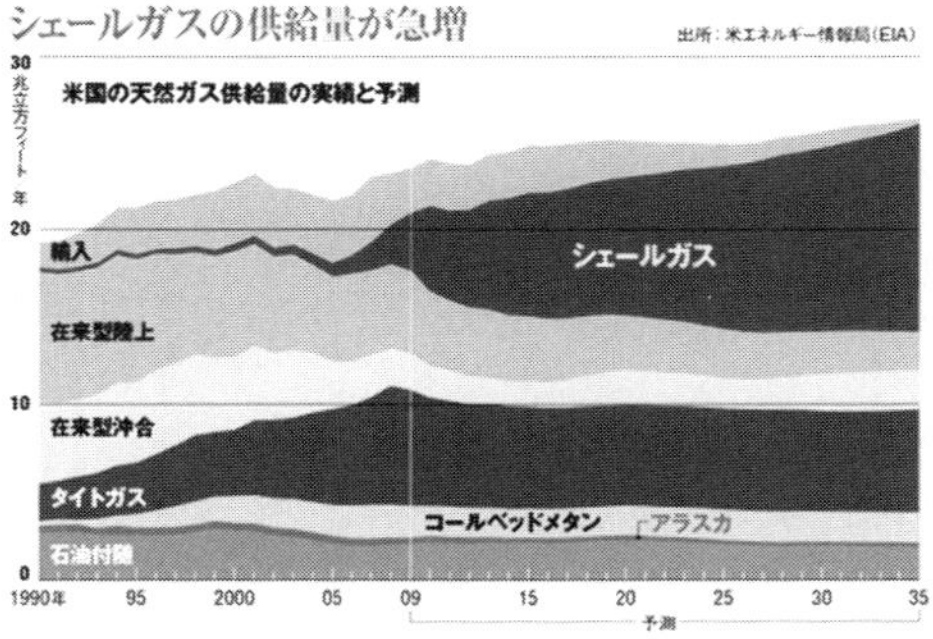

米国産原油（シェールガス）が世界市場に出回ることで、石油輸出国機構（OPEC）加盟国など既存の輸出国とのシェア争奪戦が激しくなることは、避けられません。

左の図は世界のシェールガスの埋蔵分布を表わしています。見てわかるように、世界中に分布しています。その埋蔵量を国別に見ると、1位が中国、2位がアルゼンチン、3位カナダ、4位が米国です。アメリカは一番ではないのです。そして残念ながら、日本は比較的新しい地層にある国なので、シェールガスはありません。

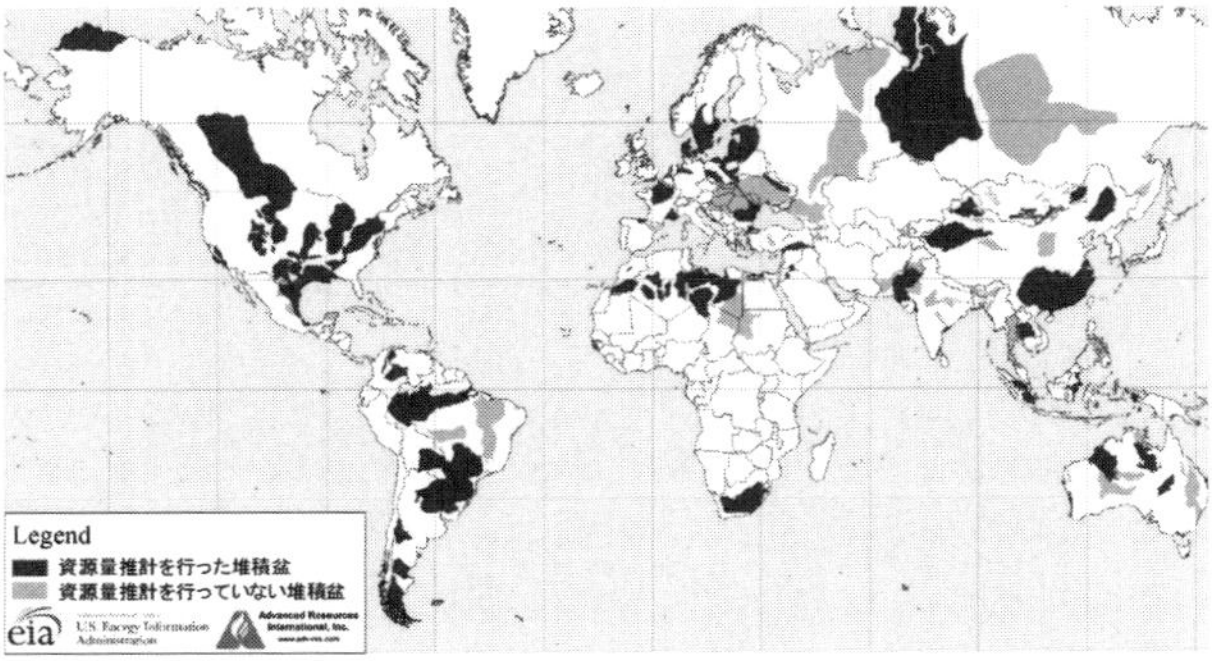

さて、中国は、シェールガス埋蔵量一番ですから、もっと積極的に開発してもよさそうなものですがどうでしょうか？　実は、シェールガスの存在は昔から分

かっていたのですが、採掘することが技術的に難しかったのです。深く掘り進むだけではシェールガスは採掘出来ません。3000mほど垂直に掘り下げて、その後水平に掘り進む必要があり、さらに大量の水を注入して頁岩の隙間にあるガスまたはオイルを取り出し、吸い上げる必要があるからです。中国はシェールガスを採掘する技術が喉から手が出るほどに欲しいに違いありません。ただし、その技術があっても大量の水が必要となるばかりでなく、環境汚染対策も必要です。未だに中国がシェールガス開発に着手していない状況にはそんな背景があるようです。

さて、米国は一気にロシアを抜いて天然ガス産出量第一の国（輸出量第1位はロシア）になりました。その輸出量は今後増えることが予想され、同時にシェールオイルについても輸出することになるでしょう。米国がエネルギー輸入国から輸出国に変わったことは、単なる資源エネルギーだけの問題ではありません。米の世界戦略特に中東政策や、世界の安全保障上の多くのことが変わっていく可能性を秘めています。

メタンハイドレードと日本のエネルギー政策

メタンハイドレートとは、「燃える氷」とも言われ、天然ガスの主成分であるメタンが、高圧・低温の海底下や凍土下でシャーベット状に固まったものです。その存在については、1990年代に確認されていましたが、数年前までは科学的な研究対象でしかなく、メタンハイドレートの採掘や商業利用は夢の領域でした。しかし、2007年に経済産業省が東部南海トラフ海域（静岡県〜和歌山県沖）を本格調査したところ、日本の天然ガス消費量の14年分にあたる約1・1兆立方メートルの埋蔵量が確認されました。関係者は、「日本近海の一部を調査しただけなのに、こんなにも良質な資源があったことに改めて驚いた」と言っています。もともとはメタンですから原油と違ってクリーンなエネルギーです。しかも、日本のEEZ：排他的経済水域を考えれば、取り敢えずの見積りでも、日本で消費される天然ガスの約90年分に相当する埋蔵量があると言われています。日本の中東依存度が著しく減った場合、日本の安全保障環境も変わるかもしれませんし、ある意味日米同盟の性質にも変化があるかもしれません。

そのような背景を踏まえて、将来の日本の安全保障について見ていくことにしましょう。

4 将来の日本の安全保障政策

日米同盟はどうなるのか？

NSS：国家安全保障戦略は10年先の日本を取り巻く安全保障環境を前提にしています。それでは20年後、50年後の日本の安全保障はどうなるのでしょうか？

先ず、人口問題を見ていきましょう。世界の人口は増え続け、国連の2011年版「世界人口白書」によると、2011年10月31日に世界人口が70億人に到達したと推計されています。人口推移予測は、例えば経済や地球温暖化などに比較しても、推移予測が容易と言われています。国連は2年おきに最新の推計値である「世界人口展望」を発表しており、2013年に国連が発表した「世界人口展望」では前回の予測値より増加傾向にあり、中位値として2025年に約81億人、2050年に約96億人、2100年には約109億人に達するとの予測がされています。その中で日本は人口が減少しているのです。我が国の総人口は、今後、長期の人口減少過程に入り、2016（平成38）年に人口1億2000万人を下回った後も減少を続け、2048年には1億人を割って9913万人となり、2060年には8674万人になると推計されています。もっと重要なのは人口構成です。総人口が減少するなかで高齢者が増加することにより高齢化率は上昇を続け、2013年には高齢化率が25・1％で4人に1人となりました。2035年に33・4％で3人に1人となり、2042年以降は高齢者人口が減少に転じても高齢化率は上昇を続け、2060年には39・9％に達して、国民の約2・5人に1人が65歳以上の高齢者となる社会が到来すると推計されているのです。このような国家、社会が自らの国家を守る人材を確保することは相当に難しいということが分かります。実際のところ、現在の防衛省・自衛隊で一番頭を悩ませているのは、自衛官募集なのです。自衛官になろうとする若者が減っているのではなく、若者そのものが減少しているのです。

解決する方法は、3つしかありません。イスラエルのように女性も防衛に従事するという女性を活用する案。フランスやアメリカで一部導入されている、日本人以外の外国人を自衛官に採用する案。そして、人間以外の手段、すなわちロボットに国家の安全保障を担わせる案です。ひとつ目の案もふたつ目の案も実行は非常に難しいというのはお分かりになると思います。しかし、ロボットに国を守ってもらうとも本講義で皆さんと見てきたように、多くの問題があります。とすると、日本は同盟国にとって価値のある国ではなくなっていくかもしれませんし、日米安全保障条約で見たように、どちらかがやめると宣言すれば日米同盟は簡単に崩壊するということを考える必要があるのではないかと思います。現在の東アジア情勢だけを見ると、そんな未来は考えられないのですが、30年後、50年後のことを真剣に考え、準備している人が日本にどれだけいるのでしょうか？

日本の姿——憲法改正などの動き

日本国憲法の前文には以下のような文章があります。

「日本国民は、恒久の平和を念願し、人間相互の関係を支配する崇高な理想を深く自覚するのであって、平和を愛する諸国民の公正と信義に信頼して、われらの安全と生存を保持しようと決意した」

この「平和を愛する諸国民の公正と信義に信頼して」という前提は、現在そしてこれからも担保されているのでしょうか？　例えば、日本周辺の国に公正と信義はあるでしょうか？　自衛隊を憲法に記載する、しない、あるいは集団的自衛権を認める、認めないといったことは、実は国家の成り立ちとしては比較的小さなことなのだとわたしは思います。第2次世界大戦の大きな反省に立って、平和な国際社会の一員として戦争しない国家を目指した日本の決意の最も大きな前提は、世界の全国家が平和を愛し、恒久平和を希求する世界でした。しかし、それはどのように見ても現実の世界とはかけ離れています。日本国憲法が信じる「政治道徳の法則は普遍的なものであり、この法則に従うことは自国の主権を維持し他国と対応な関係に立とうとする各国の責務である」という理想は、現在の国際社会でなされているでしょうか？

わたしは、まさに今、我が国の国民が憲法の精神を真剣になって議論しなければならない時代を迎えているのではないかと思っています。そして、それを決めるのは、新しい世代すなわち皆さんの時代なのだと思います。

最後の最後の舌足らずで終わることを申し訳ないと思いながら、本講義が皆さんにとって何らかの参考となればこれに勝る喜びはありません。

補　講

テロとの戦い

テロとの戦いに、終わりはあるのか？

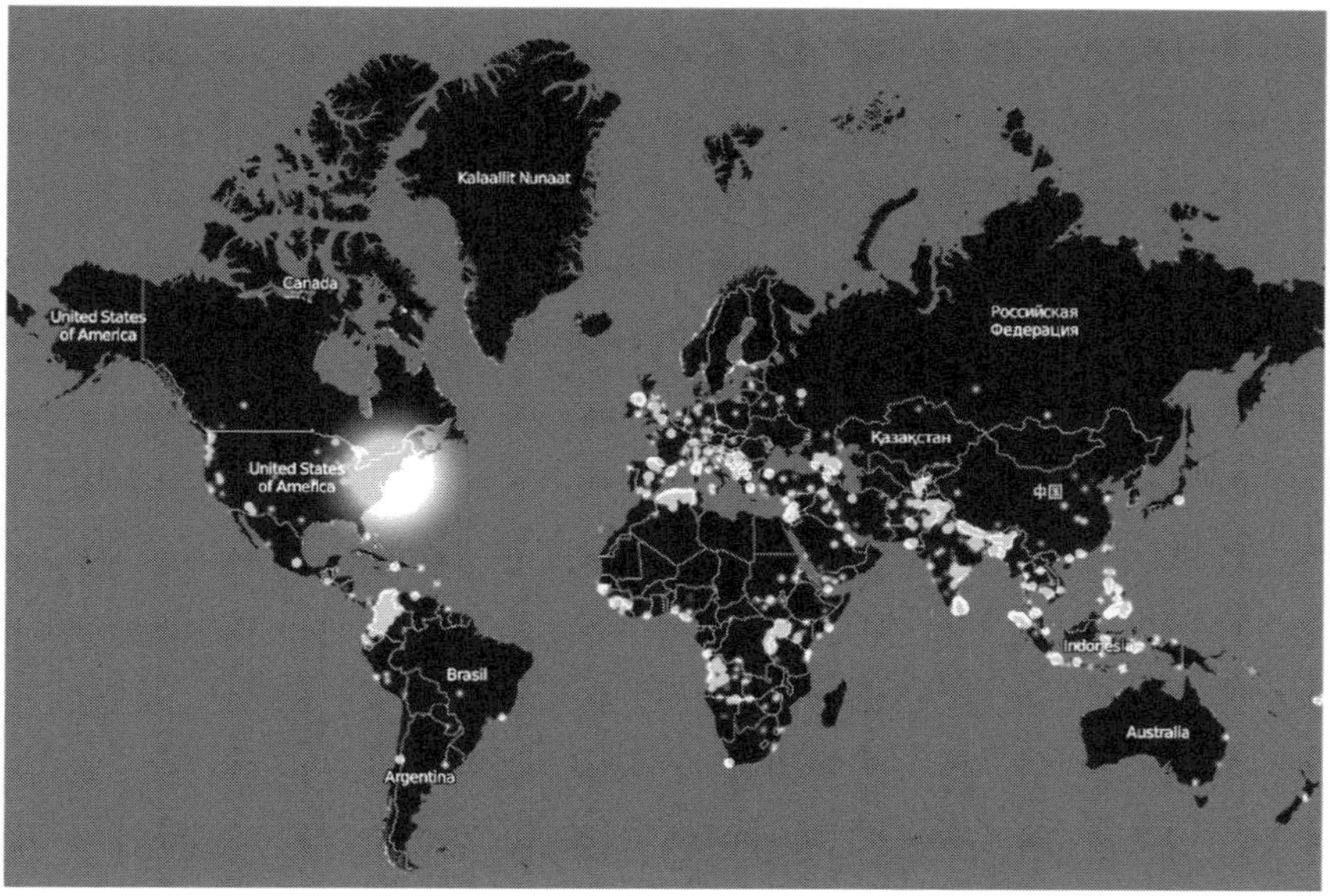

1 はじめに

今日の最初は、1997年から2016年までの20年間で起こったテロ事件を展開した世界地図です。この地図は、2001年に焦点を当てています。2001年と言えば、皆さんご存知のように9・11（米国同時多発テロ事件）が起こった年で、アメリカ東海岸付近に大きな白い丸が描かれています。皆さんは9・11というと世界貿易センタービルに2機の民間航空機が突っ込んだ自爆テロ事件を思い浮かべると思いますが、それだけが9・11ではありません。このテロ事件は、イスラム過激派のテロ組織アルカイダによる4つのテロ攻撃の総称です。世界貿易センタービル以外に標的になったのは、ペンタゴンと呼ばれる米国防省ビルと、ペンシルバニア校外に墜落したユナイテッド航空93便で、このテロ未遂事件の標的は議会議事堂かホワイトハウスであったと推測されています。その他、世界中の多くの国でテロ事件が発生していることが見て取れます。国際紛争が主として中東、アジア・アフリカで起こっているのに比べ、テロは先進国を含め地球の至る所で起こっていることに着目する必要があります。日本も例外ではありません。日本の東京に白い丸がありますが、これは1995年3月、オウム真理教による地下鉄サリン事件を表わしています。本日は、テロとの戦いについて見ていくことにします。

2 テロとは何か？

テロリズム、テロとは？

テロは、フランス革命末期のジャコバン派による恐怖政治体制を指して用いられたル・レジーム・ドゥ・ラ・テラールという言葉が語源です。フランス語で「テラール（terreur）」とは、「恐怖」「脅威」を表わし、権力者が対立する者を抹殺した場合や、その恐慌や追従も含めて「テラール」と呼ばれました。「広辞苑」には、「テロリズムとは、政治目的を実現するために、暴力によって相手に恐怖を与えることを手段として用いる傾向・主義、およびそれによって行われた行為。または、恐怖政治のこと。」とあります。

テロとの戦い（Global）War on Terrorism

9・11の後、米国のブッシュ大統領はテレビの前で「これは戦争だ！」とアメリカ国民に訴えかけました。ある意味9・11の報復行為を宣言し、正規軍をこの戦いに投入することの正当性を訴えたわけです。その後、アフガン戦争、イラク戦争と対テロ戦争は継続されましたが、9・11の主犯であるオサマ・ビン・ラーディンを捕まえることはできませんでした。2009年1月、アフガン戦争に参加した英国の外務大臣は、新聞紙上で「『対テロ戦争』なる定義は誤りだった、かえって諸勢力を団結させることに繋がった」と述べました。その後、2009年3月、バラク・オバマ政権は「対テロ戦争」なる用語の使用を中止しています。

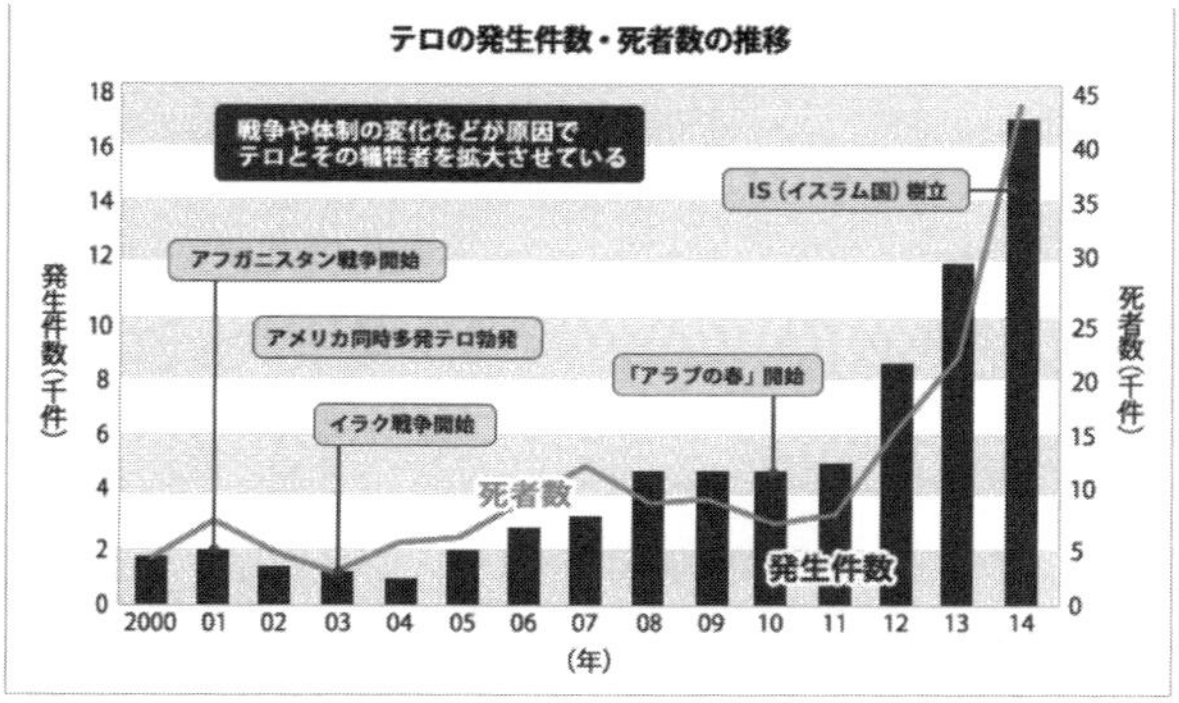

※出典：メリーランド大学など

テロの現状

上は、2000年から2014年までの国際テロ事件を件数と死者数を表わしたグラフです。グラフを見る限り、テロの件数もその被害者数もなくなるどころか級数的に増えているのが分かります。この件数、死者数増大が2010年の「アラブの春」を契機として上昇し、イスラム国の建国に伴って急上昇していることは、注目すべきだと思います。これらのテロはいわゆる無差別テロと呼ばれるもので、交通インフラや著名な建物などを多くの人を無差別に殺傷することにより社会的不安を煽ることを狙ったテロであるといえます。最近では、パリの同時多発テロに見られるように、豊かな民主主義国家に生まれながらテロリストになってテロ行為を行うという「ホームグローンテロリスト：Home Grown Terrorist」が問題になっています。その多くが紛争地からの移民の2世・3世であるという指摘があります。自国民ですから水際でテロを防止するということは不可能です。アルカイダは、世界各地に「スリーパーセル：潜伏させた細胞」を配置し、入念な計画のもと命令すれば攻撃できる体制を築いていました。イスラム国も戦闘員を欧米諸国から応募してキャンプで訓練し、その後、スリーパーとして自国に送り返しているといわれています。細胞同士は連絡を取り合わないため、その存在の把握が困難です。そしてテロに対する当局の警戒が強化されると、テロ組織は攻撃対象を監視が厳重な官公庁や軍事施設、空港といったハードターゲットを避け、ソフトターゲットと呼ばれる不特定多数の人が集まる劇場や学校、ホテル、公園などを狙ったテロを志向するようになりました。このため、一般市民の被害が急増しているのです。

3 対テロ作戦

非対称戦・非正規戦

交戦形態としてみると、戦う主体が正規軍同士ではない戦闘を非正規戦と呼びます。また正規軍とゲリラやテロ組織との戦いを非対称戦と呼んでいます。ゲリラ戦とは、相手と同じ戦術では勝利が困難な交戦集団が、相手にとって予想も対抗も困難な別の手段によって戦闘をしかけるもので、軍隊では一般に対ゲリラ作戦・特殊作戦として区分されています。その戦いは、交戦集団の量的な戦力差や組織・戦力の大小に着目した概念ではありません。現在、主要各国の軍隊には特殊部隊：Special Force と呼ばれる組織があり、特殊部隊が行う作戦を特殊作戦：Special Operation と呼びます。米国のグリーンベレー、ロシアのスペッナズ、英国のＳＡＳなどが有名です。日本にも陸上自衛隊の特殊作戦群、海上自衛隊の特殊警備隊があります。これらの特殊部隊は、正規軍の作戦に連動して行動することが基本で、主として情報収集や敵の後方かく乱、指揮中枢への襲撃などにより、主力（正規軍）の作戦を容易にすることを本来の目的としています。しかし、最近ではテロ組織やゲリラ組織に対抗するために特殊部隊を単独で派遣することが主流になってきました。米国のNAVY Sealsやデルタフォースなどは、軍の作戦とは別に単独で特殊作戦を行う組織で、軍人で構成されていますが軍の組織ではありません。

弱者の戦法 テロ、ゲリラ

さて、圧倒的に強い相手と戦わなければならない場合、弱いと自覚する側はどのように戦うでしょうか？ まともに戦っては勝ち目がない、数的にも個人の技術も資金も相手の方が圧倒的に強い場合、大きくふたつの考え方があると思います。ひとつは相手の弱点を探して徹底的にその弱点を攻撃することです。もうひとつは、相手の嫌がること、相手がしたくない行動に相手を引きずり込むことです。例えば、要人暗殺、司令部や指揮中枢への襲撃、手薄な後方施設（燃料や補給施設や輸送中の部隊）などを襲撃することであり、あるいは、一般の民衆の中に紛れ込んで、いわば民衆を盾にして戦う方法です。イラク戦争で米軍が苦労したのは、米軍自身が残した不発弾などを利用して、携帯端末で起爆する簡易爆弾（ＩＥＤ：Instant Explosive Device）の攻撃でした。このＩＥＤを処理する爆発物処理班：ＥＯＤを描いたハリウッド映画があります。キャサリン・ビグローという女性監督が描いた「ハートロッカー」という映画で、２０１０年、第82回のアカデミー賞の作品賞・監督賞などを獲得しています。興味のある方はご覧になってください。

そして、「抑止」の講義で明らかになったように「テロには（報復的）抑止が効かない」ということです。自らを犠牲にしてでも目的を達成しようとするテロ攻撃を防ぐことは非常に難しい。そして民衆の中に恐怖を植え、その民衆を隠れ蓑にすることでテロは生き延びています。テロを計画するテロ組織のリーダーは、自分ではテロを実行しません。そうです、自爆テロなら実行犯は確実に死んでしまうわけですし、捕まることは避けなければならない。これらテロ集団は、テロの実行犯を選んで養成しているのです。内戦や紛争によって悲運な人生や、肉親・家族の死に悲嘆し絶望した人につけ込み、その復讐心を煽ることでテロの実行犯を仕立て上げているのです。

民衆の心の中にある恐怖と戦う

テロを生み出す背景・要因は、様々です。大きく分けて、①弱体化して不安定な国家や、②汚職や腐敗により機能しない国家、③殺傷能力の高い武器が容易に入手できる環境、④自爆テロ攻撃の高い成功率、⑤宗教的な教義 特にイスラム教における聖戦（ジハード）思想、⑥長期化した内戦、紛争による難民、孤児、無国籍者の発生などが考えられます。テロと戦うということは、実はテロを生み出した背景・要因と戦うということです。

米軍には「対反乱作戦 Counter-Insurgency ＝ COIN」という概念があります。この作戦は、ゲリラ、テロリストなどの反政府勢力などを撲滅・制限する作戦のことで、対革命戦（Counter Revolutionary Operations：CRW）とか、対内乱作戦、治安戦とも表記されていて、対テロ作戦、対ゲリラ作戦を包括する上位の概念です。その中身は、①民事作戦、②保護プログラム、そして③対ゲリラ作戦に区分されます。すなわち、民事作戦とは、現在の政府と対ゲリラ作戦に対する国民的な支持を維持増加させることで、医療サービスの無償提供や学校、病院、電気・水道などの社会インフラの整備、都市計画の支援や経済援助などを通じて民心を獲得する上で有効性が見られる活動を行うことです。保護プログラムとは、反政府勢力などが武力を背景として行う脅迫・プロパガンダ・暴行などから一般住民を守ることで、イラクでは米軍は街の主要な地点に兵士を配置することで、間接的に住民を守ることに留意していました。最終的にゲリラやテロ集団が特定できれば、捜索・追跡してこれを武力で制圧するテロ・ゲリラ作戦を遂行することになります。広範囲なテロとの戦いの中で、この活動は純粋な軍事作戦に相当します。

4 論点

ドローン攻撃の妥当性

敵対するテロ集団が特定できた場合、速やかに攻撃しなければなりません。何故ならテロ集団は少人数で動きが早く、頻繁に所在地・拠点を移動させるからです。その位置を特定しても、大部隊で対処するのは困難であり、比較的準備が短時間なミサイルや航空攻撃でも対処が間に合わないとされていました。そこで最近の対テロ作戦は、ドローン（UAV：Unmanned Aviation Viecled）が多用されるようになりました。ドローンは一定時間、上空で待機することが可能です。最近は、ドローンは偵察ばかりでなく、ミサイルなどを搭載してテロの拠点を直接攻撃するようになりました。

このドローン攻撃には、様々な問題点が指摘されています。ひとつ目は、戦時国際法の問題です。ドローンを操作しテロリストを殺傷する者は、交戦者の資格があるのか？ということです。ハーグ陸戦法規は、戦場における交戦者を規定しています。少年兵や自爆テロなどのテロリストが戦争法規違反であることは明らかです。しかし、テロに対処する側が何千キロも離れたシェルターからドローンを誘導して、特定の標的を攻撃することが正当な戦闘行為であるのか疑問が残ります。アメリカの場合、レーガン大統領の時代に非合法であるとして政治的暗殺が禁止されています。2011年9月30日に、アラビア半島のアルカイダの中心的な指導者だと目されていたアンワル・アル・アウラキという人物は、潜伏していたイエメンにおいて無人航空機からのミサイル攻撃によって殺害されました。彼はアメリカ国籍を持っているアメリカ人でした。アメリカ連邦刑法は、アメリカ国外においてアメリカ国民がアメリカ国民を殺害することを「不法な殺害」として禁じています。ふたつ目は、一般市民の付随的被害、いわゆるコラテラルダメージ（Collateral Damage）です。2009年8月5日にパキスタン国内でCIAが行った無人機によるタリバン指導者の殺害では、その場にいた親族などを含む11人が死亡する事態をもたらしただけでなく、それに至るまでの2008年6月から1年の間に9回の未遂に終わった無人機のミサイル攻撃で、その都度、数人から数十人に及ぶ一般市民の犠牲を生じ、その中には10人の子供と4人の部族長も含まれていたと報じられています。

テロに対するドローン攻撃に正当性はあるか？

補講につき、本日は討論する時間がありませんが、講師から皆さんに対してテーマを提供しますので、是非、皆さんで機会があったら話し合ってほしいと思います。そのテーマとは、「テロは容認できない行為である。しかし、ドローンを使用してテロの容疑者を攻撃、殺害することは、法的に容認できるだろうか？」というものです。

テロが卑劣で戦時国際法を含めても非合法の戦いであることは、本人たちは別として異論のないところでしょう。だからと言ってテロと戦うためにドローン攻撃することは、法的に許容されるでしょうか？　許されるとすれば、それはいかなる法的根拠に基づくのでしょうか？　なお、講師は、ドローンによる攻撃そのものを問題としているわけではありません。物理的破壊の手段として、航空機を操縦しているパイロットがミサイルを発射する行為とドローン攻撃が本質において変わらないと思っているからです。しかしながら、自分はアメリカ国内の絶対安全なシェルターにいて、ゲームのようにディスプレイに映し出される標的に向かってミサイルを発射してテロリストを殺害することが、戦争行為であるということについては疑問があります。米政府は、そのような疑問に対して以下のように説明しています。基本方針として強調されていることは、無人航空機による攻撃は、最も優先されるべき選択肢ではないということ。そして、テロリストを拘束できる場合には、拘束が優先されること。なぜならば、「拘束によって、情報を引き出し、テロリストの拠点を無力化する可能性が高くなるためである」とし、無人航空機による攻撃は、「テロリストの拘束が不可能であり、脅威に対抗するための代替手段がない場合に限られる」としています。このような基本方針に基づいて、以下のような条件が、アメリカ領土外の無人航空機による攻撃には必要だとされています。①無人航空機による攻撃は「テロ組織の指導者に対してのものであるか、テロ攻撃に用いられる兵器そのものに対してでなければならない。②無人航空機による攻撃は、標的となるテロリストが、「アメリカ国民に対して、継続的かつ切迫な脅威となっている場合にのみ」行われる。③「ターゲットとなるテロリストの確保が不可能であり、本来対応するべき現地政府が、脅威に対応できない場合」に限られること。④無人航空機による攻撃を予定している場所に、「ほぼ確実に、ターゲットが存在しており、非戦闘員には被害が及ばない」場合に限られるとしています。

２０１９年9月14日、サウジアラビア東部の石油生産プラントがドローン攻撃の標的にされました。イエメンのテロ組織による攻撃声明が出されましたが、アメリカ合衆国はイランがその背後にいるものと断定しています。この事件から見えることは、ドローン技術はもはや先進国の占有するものではなくなっているということです。多くのテロ組織がドローンという手段で攻撃を行う可能性が増大していることも事実です。テロに対してドローン攻撃することは、まさにドローンによる報復を助長することになるのではないでしょうか。そして何度も言うようですが、テロに抑止は効かないのだということを深く考える必要があるように思います。

あとがき

人を教える仕事に就くことなどないと思っていたわたしですが、どういう巡り合わせか若い人を教える仕事の一部を任せられる身になりました。

教える際に常に気を付けているのは、正しい答えを出すことが大事なのではなく、何故それが正しいと思えるのかということを学生諸君に考えてもらうことです。社会科学の分野で「正しさ」は、相対的な概念です。安全保障の中核的な課題である戦争の抑止、防衛力の運用などの分野においても、ある意味「正しさ」は主観的なものです。人類の歴史をふり返れば、総じて戦争とは双方の国家が正しいと信じていたからこそ起きたものでした。結果として、正しい方が勝つのではなく、勝った方が正しかったのだと歴史は語っています。現代に生きる私たちは、現在の視点で歴史を振り返り「正しかった」や「間違っていた」を判断しがちです。気づかないうちにその判断は、バイアス（先入主）がかかっているのかもしれません。

わたしは、前半生のほとんどの年月を安全保障や国家の防衛の現場で過ごしてきました。わたし自身が信じる「正しさ」や「在るべき姿」のようなものは、経験し体得したものから生まれてくるもので、その経験や体得を共有していない方々に理解していただくことは難しいのかもしれません。もしかすると、それは教えられるものでも教えるべきものでもないかもしれません。しかしながら、安全保障に限らず建設的な議論や客観的な分析の前提となる知見や視座を得ることは、信ずるものとは別に必要なことです。トゥキディデスがいう目の前の「利益」や「恐怖」や「名誉」を一旦脇において、冷静に白紙の状態で物事を見ることが若い世代には必要なのではないかと思っています。すなわち人類の歴史の中で、その時の国家や国民が知り得た判断資料と決断に至った経緯がどのようなものであったか、そして戦争に至った、あるいは戦争を回避した際に最も重視した要因が何であったのかを知ることは、学問としても重要であるばかりでなく、現実の世界においてはもっと重要です。

ほとんどの学問・勉学の分野では、求める努力さえ惜しまなければ情報は必ず手に入れることのできる時代にわたしたちは生きています。政府や企業・団体の情報開示やパブリシティをはじめ、インターネットや各種アーカイブ、過去の文献資料や映像資料にアクセスして必要な情報を軽易に入手できる環境になりました。この知識や知見の拡散・共有は、同じ価値観を共有する地球規模のネットワークを構築するまでに至りました。しかし安全保障、特に軍事の分野では、必要な情報は私たちの前にその全てが明らかにされているとは言えません。むしろ、意図的に隠されている分野が多くあります。その閉鎖性、独善性を問題視する方々の気持ちも分かります。一方で責任を有する者だけが知り得る情報があるのだという主張もある程度納得できるものです。

さて、「戦争：War」の対義語は何だと思いますか？それは「平和：Peace」に決まっているじゃないか、と皆さんは思われるでしょうか。一説では「戦争：War」の対義語は「対話：Talks」または「交渉：Negotiation」というものです。ですから「対話」や「交渉」が尽きてしまうと「実力行使」である軍事行動や経済封鎖などが全面に出てくるようになるのです。まさにクラウゼヴィッツが定義するところの「戦争とは、異なる手段をもってする政治の延長である」のです。

かつて戦争に勝利し、あるいは戦争を抑止するという国家共通の課題を取り扱うことが主体だった安全保障の分野は、現在では、「人間の安全保障」、「テロ対応」、「難民対策」、「地球温暖化・異常気象の抑制」、「災害対応」、「貧困の撲滅」などの多くの課題を幅広く議論する場となっています。いわば国際社会や国家のあらゆることは、全て「安全保障」の対象であると言っても過言ではありません。そして、安全保障が過去のみならず、現在と将来を考える学問であることから、必然的に大学での講義ばかりでなく、色々な場所で安全保障に関わる各種のテーマで議論することが増えてきたように思います。

冷戦時代には、自分と違う考えを持つ人々との間で建設的な議論することは非常に難しく、中には会話そのものが成立しないようなこともありました。しかし、冷戦の終結とともに我が国の安全保障は、議論の構図がイデオロギーから具体的な方法論に移りつつあるように思います。その議論の中心にあるのは、「何が正しいのか」というよりは、「何が問題なのか、それを解決するためにどのようなオプションがあるのか」、「その中で最適なオプションはどれなのか」という「選択」が主体になっています。

講義の中でわたしは、学生に討議してもらう前提として、常にオプションを提示できるように意を尽くしたつもりです。問題点を明らかにして、解決策を案出してもらうのではなく（実はこの作業が一番難しいのですが）、あらかじめ問題点とその解決の選択肢の全てを提示して、一番ふさわしいと思う選択肢を選んでもらうことです。その際に最も重視しているのは、「何故、その選択肢を選んだのか？」という理由を考えることです。何となくこの方が良いというのではなく、結論に至った合理的・客観的な理由を考えてもらうことが何より重要だと思うからです。大学を卒業して一般社会に出れば、毎日が選択の連続です。学生諸君にはその選択において、しっかりとした意志の表明と決断する勇気を持ってもらいたいと思っています。

安全保障を学んでいると、必然的に多くの戦争の悲惨な歴史や人々の悲劇に遭遇します。出来れば考えたくないことを考えなければならないときがあります。しかし、その現実を見ない限り、戦争や紛争を抑止することは出来ないのです。

先日、わたしはとある国の戦没者追悼式に招待され参列してきました。横浜市保土ヶ谷の丘の上にその墓地はあります。日本の一般的な墓地や慰霊碑と違う開放的な空間に過去の戦場で倒れたひとりひとりの兵士の名前、階級、部隊名、戦没年月日が刻まれています。過去の選択の延長線上にある明確な結果としてこの兵士たちの墓はあります。戦死した兵士ばかりでなく、ひとつの選択の結果として引き起こされた多くの悲劇の現実をわたしたちは学ぶことができます。それは安全保障を学ぶことと同じくらい重要なことだと思います。

第２次世界大戦で日本帝国陸海軍と戦い、戦後日本の占領政策の司令官であったダグラス・マッカーサー元帥は、1951年4月朝鮮戦争の途中で更迭され、米国議会において退任の演説をしました。兵士が戦場で口ずさんでいた替え歌を引用した「老兵は死なず、ただ消え去るのみ」という将軍の最後の言葉は、一定の年齢以上の軍人になると切実に心に響くもののようです。生き残ったことは偶然であり、運命であったことを老兵は知っています。彼らに残された共通の責務は戦場で倒れた兵士を追悼することであり、次の世代に申し送ることです。

日露戦争で騎兵第1旅団を指揮して日露戦争を勝利に導いた立役者の一人、秋山好古大将は、元帥叙任を固辞して故郷の北予中学校（現県立松山北高校）の校長に就任しました。陸軍大将から一地方の中学校の校長先生への転身は、前例のないことでした。比較にもなりませんが、自衛官の制服を脱いだわたしにとって教壇に立つことは、老兵の最後の仕事なのだと思っています。

本書は、安全保障にあまりなじみのない若い世代を対象とした講義の内容をそのまま活字にしたものです。ですから安全保障の専門家や興味を持って勉強されている方々には物足りないものであると思います。それでも何かのご参考となればこれに勝る喜びはありません。

渡邊隆（わたなべ・たかし）

1954年生まれ。元陸将。陸上自衛隊幕僚監部装備計画課長、カンボジア派遣ＰＫＯ初代大隊長、幹部候補生学校長、第一師団長、統合幕僚学校長、東北方面総監などを歴任。共著に、『新・自衛隊論』（講談社新書）、『自衛官の使命と苦悩――「加憲」論議の当事者として』（かもがわ出版）など。

平和のための安全保障論　軍事力の役割と限界を知る

2019年12月8日　第1刷発行

著　者　ⓒ渡邊隆
発行者　竹村正治
発行所　株式会社　かもがわ出版
〒602-8119　京都市上京区堀川通出水西入
TEL 075-432-2868 FAX 075-432-2869
振替　01010-5-12436
ホームページ　http://www.kamogawa.co.jp
印刷所　シナノ書籍印刷株式会社

ISBN978-4-7803-1063-4　C0031